Lecture courante. — COURS MOYEN et COURS SUPÉRIEUR

Henry MARCHAND

TU SERAS AGRICULTEUR

Histoire d'une Famille de Cultivateurs

L'agriculture est la plus noble des professions.

Vie agricole.

Économie rurale.

160 gravures.

Armand COLIN et Cie

ÉDITEURS

du Petit Français illustré, du Volume, du Dictionnaire Gazier

---

Tu seras Soldat. Histoire d'un soldat français, par M. ÉMILE LAVISSE. 1 vol. in-12, avec gravures, cart. **1 40**
La Première année d'Agriculture, par MM. RAQUET, FRANC et GASSEND, 1 vol. in-12, avec gravures, cart. **1 50**
La Première année d'Enseignement scientifique, par P. BERT. 1 vol. in-12, cartonné .... **» 90**

« TU SERAS AGRICULTEUR »

Histoire d'une famille de cultivateurs

LIVRE DE LECTURE

SUR L'AGRICULTURE ET L'ÉCONOMIE RURALE

PAR

HENRY MARCHAND

Chef de bureau au Ministère de l'Agriculture.

« L'agriculture est la plus noble des professions. »

Ouvrage illustré de 160 gravures

PARIS
ARMAND COLIN ET Cie, ÉDITEURS
1, 3, 5, RUE DE MÉZIÈRES

1889

Tous droits réservés

AVANT-PROPOS

Ce petit livre n'est pas un *Traité d'agriculture* : c'est l'histoire bien simple d'une honnête famille de cultivateurs qui, par l'ordre, le travail et l'intelligence, s'élève graduellement et finit par trouver le bonheur.

Ce que nous avons cherché à démontrer, c'est qu'on peut vivre heureux à la campagne ; que si la profession agricole exige un pénible labeur, elle conserve la santé, procure l'indépendance, amène quelquefois l'aisance, et que toujours elle donne des satisfactions et des jouissances qu'on ne rencontre nulle part ailleurs.

Si, parmi les enfants qui liront cet ouvrage, nous pouvons en détourner quelques-uns des fallacieux mirages que leur présente l'existence des villes ; si les exemples, mis sous leurs yeux, parviennent à en retenir aux champs un certain nombre et les décident à cultiver cette terre que leur père et leur aïeul ont arrosée de leurs sueurs, nous nous déclarerons satisfait, car nous estimerons avoir fait œuvre utile.

Henry Marchand.

« TU SERAS AGRICULTEUR »

CHAPITRE Iᵉʳ

PIERRE DURIER

Pierre Durier vient d'acheter la ferme des Ajoncs. — Marthe Durier venait de coucher ses enfants; elle rangeait leurs effets sur une chaise placée auprès de leurs lits, lorsque son mari rentra.

— Enfin te voilà! lui dit-elle en courant l'embrasser. Eh bien, est-ce terminé?

— Oui, nous sommes propriétaires de la ferme des Ajoncs, et dès demain nous allons nous y installer. Depuis trois mois qu'elle est pour ainsi dire abandonnée, l'incurie et la négligence l'ont mise dans un état pitoyable; il n'est que temps de porter remède à un pareil désordre. En revenant ici, j'y suis entré; croirais-tu que les bêtes n'avaient pas à manger? Je leur ai donné quelques bottes de foin et Michel fera le reste; il doit coucher à la ferme cette nuit. Mais je meurs de faim, donne-moi vite à souper, nous causerons ensuite.

— Tu as raison..., assieds-toi; je vais te préparer une bonne omelette au lard.

Marthe Durier quitta la chambre et passa dans la cuisine où bientôt on l'entendit qui battait les œufs.

Pierre Durier était un homme d'une trentaine d'années. Grand, robuste, agile, tout en lui annonçait la force et la santé. Une barbe noire, abondante et soyeuse, encadrait son visage qu'éclairaient deux grands yeux très doux et très francs. Son nez droit et un peu fort dénotait l'énergie et la résolution. D'un naturel gai, il riait volontiers et laissait alors voir des dents blanches et bien rangées.

Pendant que sa femme préparait son repas, il ôta ses habits du dimanche et se mit à son aise. Vêtu d'un chaud tricot de laine et d'une vareuse de gros drap, les pieds dans des chaussons, il s'assit près de la cheminée (fig. 1) et attisa le feu qui se mourait dans le foyer. La flamme ne tarda pas à jaillir et cette flambée lui fut agréable, car la bise avait été aigre toute la journée, quoiqu'on fût au printemps.

Fig. 1. — Pierre Durier s'assit près de la cheminée et attisa le feu qui se mourait dans le foyer.

Enfance de Pierre Durier. — Pierre Durier était le second fils d'un taillandier qui avait acquis une petite aisance. Son frère aîné, nommé Étienne, plus âgé que lui de quelques années, avait été le préféré de son père qui n'avait reculé devant aucun sacrifice pour perfectionner son instruction. Étienne avait été mis au collège; puis, ses études achevées, ses parents, qui considéraient les travaux manuels comme indignes de lui, le placèrent chez un notaire; mais les ressources que présentait sa ville natale lui paraissant insuffisantes, il partit pour Paris, où il entra comme comptable dans une importante maison de passementerie*. Très travailleur, très ponctuel, il gagna promptement l'estime et la confiance de ses patrons qui se l'attachèrent par des appointements convenables.

Tandis qu'Étienne Durier était l'objet des soins et de la sollicitude de ses parents, Pierre grandissait, un peu abandonné à lui-même.

Son père, qui projetait de lui laisser sa boutique de taillandier, l'avait simplement envoyé à l'école communale, estimant que l'instruction qu'il y recevrait serait bien suffisante pour vendre des faux, des haches et des socs de charrue.

Comme son frère aîné, Pierre était laborieux; il fit de bonnes études primaires, et, à treize ans, il commença son apprentissage dans la boutique paternelle, malgré l'aversion qu'il éprouvait pour ce genre de vie. Le dégoût, l'ennui, le manque d'air altérèrent promptement sa santé. Il s'anémia*, devint pâle, perdit l'appétit. Les parents voyant leur enfant dépérir, prirent peur et consultèrent le médecin. Celui-ci prescrivit l'envoi immédiat de Pierre à la campagne, et ne dissimula pas les dangers qui menaceraient sa vie, si on le contraignait à vivre à la ville.

Il fallut bien se résigner et obéir au médecin : Pierre fut placé chez un des clients de son père, gros fermier des environs. Il s'y rétablit en peu de temps et recouvra ses belles couleurs et sa gaieté. En même temps, il prit goût aux travaux des champs, si bien qu'au lieu de le renvoyer à ses parents, le fermier, sur la demande de l'enfant, leur proposa de le garder, offrant de le nourrir pour prix de son travail.

Comment Pierre Durier devint cultivateur. — Pierre Durier avait trouvé la carrière qui lui plaisait. Il s'initia bientôt aux occupations multiples de la ferme; successivement berger, bouvier, porcher, charretier, il se familiarisa promptement avec les soins à donner à tous les animaux, qu'il traitait avec douceur et qui semblaient lui en être reconnaissants. Il apprit à semer, à herser, à sarcler, et il était heureux, quand on lui permettait, dans les sols légers, de tenir les mancherons de la charrue (fig. 2). Agile et

Fig. 2. — Pierre Durier était heureux, quand on lui permettait, dans les sols légers, de tenir les mancherons de la charrue.

adroit, il sut promptement construire les meules et établir les **silos**. Au bout de deux ans, il était devenu

---

Leçon de choses : **Silo**. — Le silo (fig. 3) est une fosse creusée

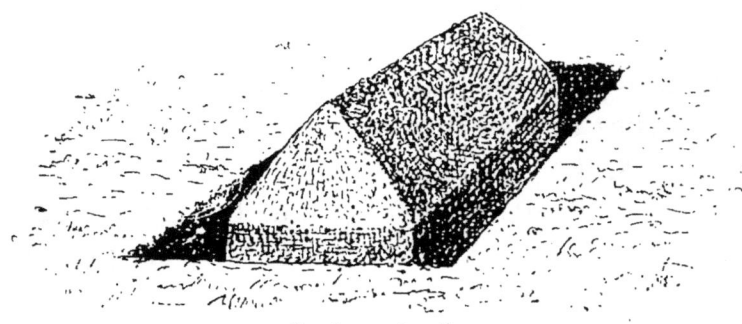

Fig 3. — Le silo.

dans le sol, où l'on dépose certaines récoltes pour les conserver. Cette opération s'appelle **ensilage**.

Pour construire les silos, on choisit des *terrains secs*, à température égale, et dans lesquels l'*humidité* ne peut pénétrer. On les recouvre de terre jusqu'au jour où l'on veut se servir des produits qu'ils renferment.

L'usage du silo, devenu très commun en Algérie et en Europe, date des temps les plus reculés. Chez les peuples nomades et guer-

un ouvrier agricole des plus habiles, et ce fut avec regret que son patron le vit partir pour entrer dans une ferme-école du voisinage.

Les trois années que Pierre Durier passa dans cet établissement lui furent des plus profitables. Très adroit déjà dans les travaux pratiques par l'apprentissage qu'il avait fait, il se perfectionna rapidement. Personne mieux que lui ne savait tracer un sillon, diriger un semoir, conduire une faucheuse ou une moissonneuse. Les instruments agricoles perfectionnés avaient pour lui un attrait particulier. Il se plaisait à en pénétrer les secrets, et plus d'une fois il lui arrivait de les améliorer en modifiant un léger détail de construction, afin de les rendre plus maniables et moins fragiles. Tous les instants de liberté que les travaux du dehors lui laissaient, il les consacrait à l'étude ; il avait lu et relu tous les livres de la bibliothèque, et quand il passa ses examens de sortie, les examinateurs furent étonnés de son savoir qui était de beaucoup supérieur à celui de ses camarades.

---

riers, les silos remplaçaient les *greniers* et étaient employés seulement pour conserver les *grains* et les mettre à l'abri du pillage.

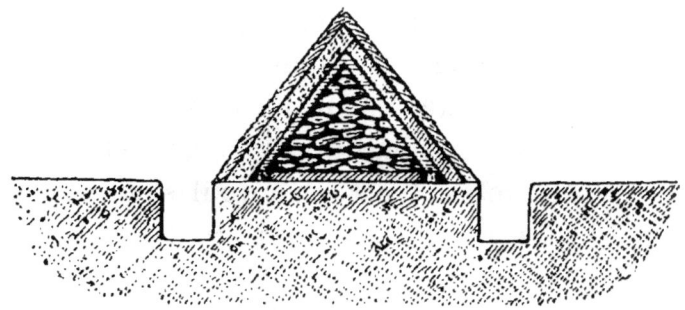

Fig. 4. — Coupe d'un silo.

Aujourd'hui, ils reçoivent les *résidus de distillerie* destinés à la nourriture du bétail, les *betteraves*, les *maïs fourrages*, les *carottes*, les *choux*, les *pommes de terre*, etc.

Pierre Durier chef de culture. — Aussi était-ce sur la recommandation du directeur de la ferme-école qui s'était intéressé à lui, que Pierre Durier, quelques années plus tard, était entré comme chef de culture à Beauvoir, chez M. Germain, un des grands propriétaires du pays. Par suite de la perte prématurée de ses parents, M. Germain, marié tout récemment, s'était trouvé très jeune à la tête d'une fortune considérable qui consistait principalement en un magnifique domaine de cinq cents hectares, dont deux cents en bois et trois cents en prairies et en terres labourables. D'un caractère un peu sauvage, M. Germain préférait la vie des champs à celle de la ville et dirigeait lui-même ses cultures. Mais il lui fallait, pour le seconder dans cette tâche, un homme intelligent et dévoué qui pût le suppléer au besoin. Quoique ce fût une lourde tâche, Pierre Durier se montra à la hauteur de sa mission, si bien qu'au bout de peu de temps, M. Germain lui accorda toute sa confiance. Cette confiance se transforma bien vite en une amitié véritable doublée d'une grande estime pour ce jeune homme si vaillant, si intelligent, si plein d'entrain et qui exerçait un ascendant indiscuté sur tous les ouvriers.

Sous des dehors un peu rudes, M. Germain était le meilleur des hommes, et quand il s'était pris d'amitié pour quelqu'un, cette amitié ne consistait pas en des démonstrations purement extérieures, elle se manifestait par des actes. C'est ainsi qu'il s'était occupé du mariage de Pierre Durier. Il lui avait fait épouser la fille d'un cultivateur, Marthe Voisin, qui lui avait apporté une petite dot : cette union était heureuse. Marthe, de goûts simples, active et travailleuse comme son mari, le secondait dans ses travaux. Elle préparait la nourriture des ouvriers, soignait la basse-cour, s'occupait de la laiterie. Pierre et Marthe habitaient dans les bâtiments de la ferme où M. Germain leur avait installé un logement sain, aéré et confortable. Pierre et Marthe voyaient grandir deux beaux enfants qu'ils adoraient, Maurice qui venait d'avoir cinq ans et Marie âgée de deux ans.

M. et madame Germain demeuraient à quelque distance de la ferme, dans une jolie maison, moitié château, moitié villa; mais leur intérieur était triste, car ils étaient seuls, et le luxe et le confort dont ils étaient entourés ne pouvaient suppléer à l'animation, à la joie que donnent les cris et les rires de jeunes enfants.

Aussi madame Germain enviait-elle le sort de Marthe Durier et lui disait-elle souvent : — Ah! ma chère madame Durier que vous êtes heureuse! A quoi nous sert notre fortune? Je la donnerais bien volontiers pour avoir un bébé comme Maurice ou Marie.

Lorsqu'à la mort de son père, survenue depuis peu, Pierre Durier s'était trouvé, par suite de son héritage, grossi de ses économies et de la dot de sa femme, à la tête d'un petit avoir, c'était M. Germain qui l'avait engagé à devenir propriétaire à son tour; il lui avait indiqué la ferme des Ajoncs

Fig. 5. — Marthe Durier, portant l'omelette dorée et appétissante, entra dans la pièce où son mari se réchauffait.

qui, mal cultivée depuis plusieurs années, pouvait être acquise dans des conditions avantageuses.

Pierre, tout en regrettant de quitter M. Germain, tout

en appréhendant les risques qu'il allait courir, s'était rendu aux conseils qu'on lui avait donnés et venait de signer l'acte de vente.

Lorsque Marthe Durier, portant l'omelette dorée et appétissante (fig. 5), rentra dans la pièce où son mari se réchauffait, celui-ci se mit vivement à table, et tout en mangeant, il raconta à sa femme les démarches qu'il avait faites, les discussions qui avaient précédé l'entente définitive et lui fit connaître les conditions auxquelles la vente avait été conclue.

Les inquiétudes de Marthe Durier. — Marthe l'écoutait en silence. Pierre Durier remarqua son attitude réservée, et, s'en étonnant, il lui dit d'un ton affectueux.

— Qu'as-tu, ma bonne Marthe, tu parais toute triste.

— Je ne suis pas triste, répondit-elle, mais préoccupée.

— Et pourquoi !

— L'avenir m'effraye : nous prenons une si lourde tâche. Nous allons risquer tout notre avoir, nous donner beaucoup de mal, et si nous ne réussissons pas, si nous avons de mauvaises récoltes au début, serons-nous assez forts pour résister !... Et puis, notre vie est si douce ici : sans soucis, sans inquiétudes... Que veux-tu, mon ami, j'ai peut-être tort de me tourmenter ainsi ; mais cela est plus fort que moi. Tu sais que je n'ai jamais eu le désir de m'élever au-dessus de notre condition où j'ai trouvé tant de bonheur.

— Ma chère Marthe, reprit Pierre Durier un peu ému, moi non plus je ne suis pas ambitieux, et je pense que le bonheur ne réside pas dans la richesse. Comme toi, je me trouve très heureux à Beauvoir; mais, tu ne l'ignores pas, c'est M. Germain qui m'a engagé à acheter les Ajoncs. Tu sais combien il s'intéresse à nous. J'ai longtemps résisté à ses conseils ; je lui ai dit que je me plaisais à son service, qu'il ne trouverait personne plus dévoué que moi. Il m'a répondu que l'amitié qu'il me portait lui faisait un devoir de m'endonner un témoignage certain en ne nuisant pas à mon avenir. Il a ajouté que l'achat de cette exploitation était une excellente affaire, qu'il était certain que je réussirais... Bref, je me suis laissé convaincre.

— Eh bien, Pierre, franchement, sans arrière-pensée, crois-tu avoir eu raison de suivre les conseils de M. Germain ?

— Oui, plus je réfléchis, plus je me convaincs que ses avis étaient excellents. Nous avons eu à très bon compte une propriété qui est, il est vrai, dans un état déplorable, mais dont les terres sont bonnes ; lorsqu'elles auront été amendées, fumées, drainées, elles rendront le triple de ce qu'elles produisent actuellement... Ah ! par exemple, il faudra nous donner du mal, et beaucoup, surtout pendant les premières années. Mais tu es une vaillante, ma chère Marthe ; moi je n'ai pas peur du travail et, si nous conservons la santé, j'ai la certitude de réussir et l'espérance de pouvoir laisser à nos chers enfants un patrimoine plus considérable que celui que nous avons reçu de nos parents.

— Dieu t'entende ! mon cher Pierre. Tu sais que j'ai la plus absolue confiance en toi ; maintenant, il ne me reste ni crainte, ni inquiétude. Tu as raison de compter sur mon dévouement, car il ne te fera pas défaut et je te seconderai de toutes mes forces.

— Ma chère femme, dit Pierre en serrant les mains de Marthe, ayons foi dans l'avenir ; faisons pour le mieux, et si les événements nous sont contraires, que nous n'ayons rien à nous reprocher !... Mais il se fait tard et demain l'ouvrage ne manquera pas.

Ils passèrent alors dans leur chambre, et avant de se coucher, Pierre embrassa doucement ses deux enfants qui dormaient.

Le déménagement. — Le soleil n'était pas levé que déjà Marthe et Pierre Durier procédaient à leur déménagement. Marthe vidait les armoires, faisait des ballots de **linge** et plaçait les vêtements dans des caisses, pendant que Pierre descendait les meubles et les mettait sur une charrette. Au milieu de tout ce remue-ménage, les enfants dormaient tranquillement ; on ne voulait les réveiller que le plus tard possible, afin de ne pas être embarrassé de leurs petites personnes.

Quand le moment fut venu, Marthe s'approcha de leurs lits et relevant les couvertures : (fig. 5.)

— Allons, mes chéris, dit-elle, éveillons-nous. (fig. 6.)

LEÇON DE CHOSES : **Linge.** — On appelle **linge** tout objet tissé avec des fils de *lin*, de *chanvre* ou de *coton*, et servant au vêtement intérieur ou aux usages domestiques.

On distingue différentes sortes de linge : 1° le *linge de corps* (chemises, mouchoirs, fichus, draps, etc.) ; 2° le *linge de table* (serviettes, nappes, etc.) ; 3° le *linge de ménage* (torchons, tabliers, essuie-mains, etc.).

Autrefois, le linge le plus riche et le plus recherché était produit par la Saxe et la Hollande. Maintenant, les fabriques françaises donnent des produits qui égalent, sinon surpassent, ceux des contrées voisines pour la *finesse* du tissu et le *goût* des dispositions.

L'usage du linge est relativement récent : les anciens ne s'en servaient pour ainsi dire pas ; il ne s'est généralisé en Europe qu'à partir du treizième siècle.

Lille, Rouen, Lisieux, Beauvais, Cholet, sont les principaux centres de fabrication des tissus de toile et de coton.

Par raison d'économie, il faut apporter le plus grand soin à *l'entretien du linge* qui doit être visité et réparé chaque fois qu'il a été lavé. On range ensuite le linge dans des armoires.

Les deux enfants, en se frottant les yeux, dirent bonjour à leur père et à leur mère.

— Dépêchez-vous, ajouta Marthe en sortant de sa couchette la petite Marie; votre papa a acheté une ferme et nous y allons tout de suite... Voyez les meubles sont presque tous enlevés.

— Papa a acheté une ferme, dit Maurice en sautant en bas de son lit, où ça?

Fig. 6. — Allons, mes chéris, dit Marthe Durier, éveillons-nous.

— Tu connais bien les Ajoncs?
— Oui, maman, au bout du pays, près de la rivière.
— C'est cela.

Tout en s'habillant, les enfants pressaient leur mère de questions, et quand celle-ci, très affairée, ne répondait pas, c'était Maurice qui donnait des explications à sa sœur. Il lui disait que les Ajoncs étaient une grande maison, bien plus belle que celle qu'ils occupaient à Beauvoir, avec des terres, des prés tout autour. Marie ne se préoccupait que d'une chose : c'était de savoir s'il y avait des cocottes.

Une fois habillés, les enfants descendirent dans la cour et regardèrent charger les meubles et les paquets. Ce mouvement les ravissait : ils riaient, gambadaient, s'embrassaient, parlaient au cheval attelé, lui disaient qu'il était mignon, qu'il allait les conduire dans une belle maison que leur papa venait d'acheter.

Le berger Jérôme. — Sur ces entrefaites, des aboiements se firent entendre, et peu après entraient dans la cour trois gros **chiens** de berger, la queue frétillante, le nez au vent, qui vinrent caresser les enfants.

A leur vue ceux-ci s'écrièrent :

— Voilà M. Jérôme ! Et ils se mirent à courir au devant de lui.

— Bonjour, mes enfants, bonjour... Vous nous quittez donc ?

— Oui, répondit Maurice ; nous allons aux Ajoncs, vous savez...

— J'ai appris ça hier soir, et je viens vous dire adieu avant votre départ... Où sont vos parents ?

— Là haut, répondit Maurice.

Le père Jérôme (fig. 7) était le berger chargé de la garde du troupeau de M. Germain. Agé d'une cinquantaine d'années, il paraissait très vieux parce qu'il avait

---

LEÇON DE CHOSES : **Chien**. — Le **chien** est un *mammifère* très répandu sur la surface du globe. Il marche sur le bout des doigts (*digitigrade*) qui sont au nombre de *cinq* aux pieds de devant et de *quatre* aux pieds de derrière. Ses ongles ne sont ni rétractiles, ni tranchants. Il a *quarante-deux* dents. Adulte à deux ans, il est vieux à quinze.

Le chien est un animal essentiellement domestique ; il est docile, intelligent, fidèle, caressant ; de tous les animaux, c'est le *meilleur compagnon* de l'homme.

Les chiens offrent de nombreuses variétés. Ils diffèrent les uns des autres par le poil, la taille, la couleur et la forme.

Les six races principales sont : 1° les chiens **lévriers** ; 2° les chiens **mâtins** ; 3° les chiens **laineux** (terre-neuve, chiens du Saint-Bernard, chiens de berger, chiens-loups) ; 4° les chiens de **chasse** (*chiens d'arrêt* : braques, épagneuls, griffons ; *chiens courants* : bassets, briquets, terriers, etc.) ; 5° les chiens **mêlés** ; 6° les **dogues**.

Le chien est utilisé comme bête de trait, de chasse, de garde et de guerre.

La *loi du 2 mai* 1855, qui a établi un impôt sur les chiens, a fait diminuer un peu le nombre de ces animaux.

les cheveux tout blancs et que son grand corps maigre était un peu voûté. Originaire de la Camargue*, il avait quitté le Midi et était entré au service de M. Germain. Excellent homme, très bon pour Maurice et Marie auxquels il racontait de belles histoires et de poétiques légendes, tout en leur taillant avec son couteau des flûtes en roseau : il en était adoré. Sa nature naïve et sauvage l'éloignait du contact des hommes, qui se moquaient de lui, et lui faisait rechercher la société des jeunes enfants dont les âmes innocentes comprenaient la sienne. Aussi ne parlait-il à personne, sauf à M. Germain pour lequel il avait un profond respect, et à Pierre Durier qui avait su, par la douceur, gagner son affection. D'une sobriété extrême, comme la plupart des habitants du Midi, il ne buvait que de l'eau et ne mangeait que du pain,

Fig. 7. — Le père Jérôme était chargé de garder le troupeau de M. Germain.

des oignons et du fromage, auxquels il ajoutait un morceau de lard les jours de grande fête.

Cet isolement avait, dans le commencement, étonné tout le monde; on avait cherché à le faire causer, à savoir ce qu'il faisait de son argent, mais il avait dédaigné de répondre à ces questions indiscrètes. Ayant des allures de fantôme avec son chapeau à larges bords, son ample manteau et son grand bâton, il faisait peur aux femmes qui redoutaient de le rencontrer dans les chemins à la tombée de la nuit. Certaines commères prétendaient même qu'il était sorcier. Indifférent à ce qui se passait autour de lui, il n'avait qu'une pensée : l'élevage de ses **moutons** pour lesquels il avait une vive sollicitude. Sans avoir rien appris (il ne savait même pas lire), tous les soins à donner à ces animaux lui étaient familiers. Il reconnaissait de suite au milieu des cinq ou six cents bêtes qu'il surveillait, celle qui était souffrante ; il la séparait des autres, lui parlait, la caressait, la dorlotait, la portait au besoin, et prévenait souvent, par ses soins assidus, la maladie qui la menaçait ou qui, par négligence, aurait pu s'aggraver. Aussi les cas de mortalité étaient-ils rares dans son troupeau, et quand un accident survenait, quand un bélier, une brebis ou un agneau venait à mourir, il en éprouvait une douleur poignante. Il y a quelques années, la clavelée * avait fait de nombreuses victimes

---

LEÇON DE CHOSES : **Mouton.** — Le mouton (fig. 8) est un animal du genre des *mammifères* et de l'ordre des *ruminants*. Il a trente-quatre dents, une tête allongée, ornée le plus souvent de cornes creuses, les oreilles petites et pointues, les jambes grêles. Son corps est *couvert de laine*. Doux de caractère, il manifeste très peu d'intelligence. L'instinct porte les moutons à s'assembler *en troupeaux* et à suivre le premier qui se met en marche.

Fig. 8. — Le mouton.

Le mouton est un des animaux les plus précieux par les services qu'il nous rend.

Sa **chair** est délicate ; elle entre pour une part considérable dans l'alimentation.

Sa **toison** nous donne la *laine* qui, après avoir été lavée, cardée, teinte, filée et tissée, est transformée en étoffe dont on se sert pour tentures, ameublement, vêtement.

La **graisse** du mouton produit le *suif* dont les usages sont nombreux.

Sa **peau** sert à la ganterie, à la maroquinerie, à la cordonnerie, à la gainerie, etc.

Enfin avec le **lait** des brebis on fabrique un excellent fromage, en particulier celui de Roquefort (Aveyron).

parmi ses moutons ; il en avait été tellement frappé que M. Germain et Pierre Durier avaient craint un moment pour sa raison.

— Bonjour M. Durier, salut madame Durier, dit le berger en ôtant son chapeau ; j'ai voulu venir vous voir avant votre départ et vous souhaiter bonne chance.

— C'est fort aimable à vous, M. Jérôme, répondit Marthe Durier, pendant que son mari donnait une cordiale poignée de main au bonhomme.

— Comme cela, vous voilà devenus maîtres[1] à votre tour.

— Mais oui, nous avons acheté les Ajoncs.

— Un gentil domaine.

— En bien mauvais état.

— Bast ! avec vous, M. Durier, il sera promptement florissant.

— Vous êtes bien bon d'avoir de moi une opinion aussi favorable.

— C'est vrai.., vous êtes habile à travailler, chacun le sait ; avec ces qualités-là, on réussit toujours, d'autant plus que madame Durier est là pour vous seconder : elle qui a tant d'ordre et d'activité.

— M. Jérôme, dit Marthe Durier, en souriant...

— Laissez-moi dire, reprit le père Jérôme ; je ne parle pas souvent, mais je ne mens jamais... Ça me fait de la peine tout de même de vous voir quitter Beauvoir ; vous partis, je n'aurai plus d'amis.

— Vous viendrez nous voir.

— Oh ! vous savez, je suis sauvage.

— Pas avec nous, et puis nos enfants vous aiment tant qu'il ne faut pas les oublier.

---

1. Dans certaines régions de la France le fermier est appelé maître et la fermière maîtresse. — Il en est de même, à plus forte raison, du propriétaire.

— C'est vrai, ces chers petits, je viens de les embrasser; ils sont tout joyeux de s'en aller, ça se comprend; du reste, les enfants aiment le changement... Et aux Ajoncs, continua le père Jérôme, en s'adressant à Pierre Durier, vous allez avoir un troupeau?

— Un troupeau? Vous voulez dire quelques moutons que j'enverrai sur mes **landes** et dans mes champs après récolte.

— M. Durier, dit Jérôme en s'en allant, si vous avez besoin de moi pour vos brebis, je serai bien content de vous rendre service.

— Merci de votre offre, M. Jérôme.

Les derniers paquets descendus et chargés, on donna l'avoine au cheval (fig. 9), et pendant que la bête mangeait, Pierre Durier, sa femme et les deux enfants se rendirent chez M. Germain.

Pierre Durier prend congé de M. Germain. — On les introduisit dans la salle à manger où s'achevait le déjeuner.

— Comment, s'écria M. Germain, vous voilà; un jour de déménagement!

— Nous n'avons pas voulu vous quitter, dit Pierre Durier, sans venir vous présenter nos devoirs et vous

---

LEÇON DE CHOSES: **Landes.** — On donne le nom de **lande** à tout terrain *inculte* qui ne produit qu'une maigre végétation (bruyère, genêt, fougère, etc.). Avec du travail et de la persévérance, la plupart des landes peuvent être défrichées et converties en *terres arables*: c'est ainsi que celles de la France ont moins d'étendue qu'autrefois.

Les landes les plus importantes se rencontrent au *sud de la Garonne* (où elles ont donné leur nom à un département); en *Sologne*, en *Bretagne*, en *Provence*, en *Roussillon* et en *Corse*. Elles portent le nom de **maquis** en Corse, et celui de **garrigues** en Provence et en Roussillon.

Le moyen le plus fréquemment employé pour la mise en culture des landes consiste à y planter des bois *d'essences résineuses*.

remercier de toutes vos bontés. Il m'en coûte beaucoup, je vous assure, de m'en aller ; Marthe aussi est toute triste : nous étions si heureux auprès de vous ! Et si vous-même, monsieur, n'aviez pas insisté pour me faire acheter les Ajoncs, nous serions toujours demeurés à Beauvoir.

— Mes chers amis, répondit M. Germain, je suis profondément touché des preuves d'affection que vous me

Fig. 9. — On donna l'avoine au cheval.

donnez.... Croyez-le bien, moi aussi j'éprouve de la peine à me séparer de vous ; jamais je ne retrouverai votre pareil, mon cher Pierre, vous qui m'avez si bien secondé ; grâce à vous, ma ferme a prospéré et j'ai pu faire de beaux bénéfices. Aussi je considère que j'aurais mal agi, si, guidé par mon intérêt personnel, je vous avais empêché de tirer profit, à votre tour, de votre intelligence, de votre travail et de votre activité. Tout en vous regrettant beaucoup, j'éprouve une vive satisfaction, car ma conscience me dit que j'ai eu raison de vous pousser à acheter les Ajoncs. Vous verrez dans dix ans ce que cette propriété sera devenue entre vos mains.

— Vous êtes bien bon, M. Germain, dit Marthe, et le ciel vous entende !

— Madame Durier, reprit M. Germain, il faut avoir foi en l'avenir. Les Ajoncs vaudront toujours ce que vous les avez achetés, et chaque année, grâce à l'intelligence et au travail de votre mari, ils augmenteront de valeur. Les terres sont bonnes : bien cultivées, elles vous donneront des récoltes abondantes. J'ai vu Pierre à l'œuvre, je sais ce qu'on peut attendre de lui… Croyez-moi, vous êtes sur le chemin de la fortune et ça me sera une grande joie d'avoir contribué à vous y guider. Quoique séparés, nous n'en resterons pas moins des amis.

— Monsieur Germain, fit Pierre Durier….

— Certainement des amis et de bons amis. Je veux que nous continuions à nous voir comme par le passé.. J'irai souvent aux Ajoncs suivre vos travaux, et quand vous viendrez à Beauvoir, soyez certains que vous y serez toujours reçus à bras ouverts.

Pierre Durier, très ému, serrait les mains de M. Germain, tandis que Marthe, laissant couler des larmes de joie et de reconnaissance, s'était jetée dans les bras de madame Germain qui lui rendait son étreinte.

— Je ne veux pas vous retenir plus longtemps, reprit M. Germain, vous avez beaucoup à faire aujourd'hui ; mais avant de nous quitter, nous allons boire à votre réussite.

Et se levant, il alla prendre sur un dressoir une bouteille et quatre verres qu'il remplit d'un joli vin blanc couleur de topaze*.

Puis élevant son verre :

— A la prospérité des Ajoncs ! dit-il, et à votre bonheur ! mes amis (fig. 10).

Les deux enfants qu'on avait oubliés regardaient et écoutaient silencieux. Madame Germain, les apercevant, les appela, les embrassa et leur donna à chacun un morceau de brioche.

Fig. 10. — A la prospérité des Ajoncs !

On se sépara. Les Durier retournèrent à la ferme. Les enfants furent installés sur la charrette au milieu des meubles et l'on partit.

La commune de Barville, dont dépendent Beauvoir et les Ajoncs, est située au milieu d'un pays fertile où se rencontrent des bois, des plaines, des prairies. La ferme de Beauvoir est placée sur le coteau à l'extrémité du village dont la rue principale descend vers la vallée qu'arrose un petit cours d'eau bordé de chaque côté de riches pâturages. Les Ajoncs se trouvent à l'autre bout du pays, vers la rivière, à environ deux kilomètres de Beauvoir.

L'installation aux Ajoncs. — Le passage de Pierre et de Marthe fut salué par les souhaits des habitants du pays qu'ils durent traverser d'un bout à l'autre pour se rendre chez eux, et, quand ils arrivèrent à leur porte, ils trouvèrent Michel qui les attendait.

Michel était un homme d'une quarantaine d'années. Il avait été employé chez M. Germain où Pierre avait pu apprécier son exactitude, sa sobriété et son ardeur au travail. Il n'avait qu'un défaut : c'était de trouver à redire à tout ce qu'on faisait et de discuter les ordres qu'on lui donnait. Il obéissait néanmoins ; mais tout le temps de son travail, il maugréait. Cependant, persuadé qu'il aurait en Michel un auxiliaire honnête, courageux et dévoué, Pierre n'avait pas hésité à le prendre à son service.

— Eh bien, Michel, quoi de nouveau? dit Pierre, en faisant entrer la voiture dans la cour.

— Rien, notre maître.

— Les bêtes ont-elles ce qu'il leur faut?

— Je leur ai mis une bonne **litière**, il y a du **foin**

LEÇON DE CHOSES : **Litière.** — La litière est la couche de *paille* que l'on place dans les écuries, étables, bergeries et porcheries. Employée par mesure d'*hygiène* et de *propreté*, elle permet aux animaux de se coucher et les préserve du froid. Lorsque la paille est rare, on lui substitue des *feuilles sèches*, des *ajoncs*, de la *sciure* de bois et même de la *tourbe* concassée.

La litière, à laquelle se sont mêlées les *déjections* des animaux, devient la base du meilleur *fumier*.

L'agriculteur doit donc se préoccuper des litières à un double point de vue : le bien-être et la santé de ses animaux ; la préparation d'un engrais indispensable à la terre.

LEÇON DE CHOSES : **Foin.** — L'herbe qui pousse dans les prairies naturelles, lorsqu'elle a été fauchée et séchée au soleil, porte le nom de **foin**. Le foin sert particulièrement à la nourriture des chevaux, des vaches, des moutons.

La première coupe de la prairie, qui se fait vers le 15 juin sous

dans les râteliers; vous n'avez donc pas à vous en occuper pour le moment. J'ai même donné un coup de balai dans la maison; mais je n'ai pu enlever toute la poussière, il y en avait trop... Madame Durier en trouvera encore sa part.

— Et où avez-vous couché?

— Dans l'écurie donc; il y faisait bien chaud... J'ai mis mon matelas sur la paille, dans un coin, et avec une bonne couverture, j'ai dormi comme un **loir**.

— Alors, vous allez pouvoir nous donner un coup de main.

— A votre service.

---

le climat de Paris, donne le **foin proprement dit**; le produit des coupes postérieures se nomme **regain**. Le regain n'a jamais la propriété nutritive du foin. Cependant il convient particulièrement aux vaches laitières et aux moutons. Les *emballeurs* le recherchent, et les *tapissiers* emploient, en général, du foin au lieu de laine ou de poils, pour la confection de certains ameublements communs, sommiers, paillasses, etc.

Rassemblé en *grandes meules*, le foin se conserve très bien en plein air. Il ne doit être rentré que lorsqu'il est parfaitement sec. Placé *humide* au grenier, il s'échauffe, perd sa qualité et peut même occasionner des incendies.

Le bon foin conserve sa couleur verte, sa souplesse et son odeur.

LEÇON DE CHOSES : **Loir.** — Le loir (fig. 11) est un petit mammifère de l'ordre des *rongeurs* et de la famille des *rats*. Il a le poil doux, la queue touffue, le museau court et fin, le regard perçant. Il possède deux incisives et quatre molaires à chaque mâchoire.

Animal nocturne, le loir *dévore les fruits* des espaliers et *détruit les nids* des oiseaux.

Le loir fait des provisions pour l'hiver dont il passe la plus grande partie

Fig. 11. — Le loir.

endormi, roulé en boule et blotti dans un trou de mur, de rocher ou d'arbre. Il ne se *réveille* que lorsque la température est moins rigoureuse: c'est alors qu'il mange. Ce repos **hibernal** a donné naissance à l'expression proverbiale: *dormir comme un loir*.

La chair du loir paraît désagréable au goût; cependant les Romains *élevaient* ces animaux et les *engraissaient* pour être servis sur leurs tables.

Et Michel aida Pierre Durier à décharger la voiture.

Pendant ce temps-là, Marthe, armée d'un balai et d'un torchon, nettoyait la maison qui était dans un état de malpropreté incroyable.

Les Ajoncs étaient un ancien domaine qui avait eu son époque de prospérité à la fin du siècle dernier. La maison, dont il ne restait plus que la partie centrale, avait encore assez bon aspect extérieurement, avec ses

Fig. 12. — La cour avait accès sur la grand'route par une porte cintrée.

linteaux* de pierre et ses corniches. Les deux ailes tombant de vétusté avaient été rasées à la hauteur du premier étage et transformées en granges et en écuries. La cour qui était devant l'habitation était spacieuse ; complètement fermée par les bâtiments et par des murs de clôture, elle avait accès sur la grand'route (figure 12) par une porte cintrée au-dessus de laquelle se trouvait un écusson dont la sculpture effritée ne permettait plus de distinguer les armoiries qui y avaient figuré autrefois.

L'habitation se composait, au rez-de-chaussée, d'une pièce immense ayant deux portes et quatre fenêtres opposées les unes aux autres et donnant sur la cour et

Réduction d'une page spécimen du « Petit Français illustré »

1re année. — 10 centimes. — 1re année.

Le Petit Français illustré

JOURNAL DES ÉCOLIERS ET DES ÉCOLIÈRES

L'ABONNEMENT : UN AN, SIX FRANCS | Armand COLIN & Cie, éditeurs | ÉTRANGER : 7 fr. — PARAIT CHAQUE SAMEDI
Port de ... de chaque mois. | 5, rue de Mézières, Paris | Tous droits réservés.

Le dîner du matelot. — L'homme de plat.

La Journée du Matelot (Suite).

On donne environ une heure aux matelots pour prendre leurs sacs, avant ou après le dîner. La scène se passe toujours dans la batterie ; aux crocs des hamacs, pendent, un peu partout, les sacs suspendus par leurs amarrages à huit brins. Rien n'est plus drôle que de voir ces hommes barbus faire des ouvrages de femme. Assis par terre, ils tirent leurs petites boîtes, en sortent leur dé, leurs aiguilles et raccommodent leurs effets, remettent leurs boutons. Certains repassent leur linge... en s'asseyant dessus. D'autres relisent pour la centième fois des lettres du pays, petits papiers jaunis qu'ils rangent avec un soin presque tendre...

Vers onze heures, encore un bon moment, on installe les tables et les bancs pour le dîner. Si les mets sont simples et légèrement uniformes, l'appétit ne fait pas défaut ; le fayot lui-même (haricot) est digéré très facilement par ceux qui en disent le plus de mal ; l'*homme de plat* apporte sur la table la bassine en fer-blanc et le bidon de la cambuse, et c'est au tour des mâchoires de travailler.

En rade de Brest, à l'arrière des bâtiments-écoles, à l'heure des repas, d'innombrables bandes de mouettes paraissent comme par enchantement et s'abattent en faisant un tapage assourdissant sur les croûtes de pain jetées à la mer ; elles affectionnent surtout l'*Austerlitz*, navire-école des mousses ; apparemment les enfants, ayant moins grand appétit que les hommes, les nourrissent mieux. Mais sitôt la dernière miette disparue, on n'en voit plus une seule.

A partir de midi, recommencent les exercices : il y en a tellement qu'il serait bien long

DIMENSION RÉELLE :
28 cent. de hauteur sur 19 cent. de largeur.

Armand COLIN et Cie, éditeurs, 5, rue de Mézières, Paris.

Chez tous les libraires et marchands de journaux
10 cent. le numéro — paraît chaque samedi

« Le Petit Français illustré »

JOURNAL DES ÉCOLIERS & DES ÉCOLIÈRES

« Le Petit Français illustré » *contient* :

des Contes *avec de belles gravures,*
des Historiettes *amusantes,*
des Récits *de voyages et de guerres,*
des Causeries *sur les arts, les sciences, etc., etc.*
Les règles de Tous les jeux,
Des instructions sur La pêche, La chasse, *etc.*
Des conseils pour Peindre,
— Dessiner,
— Encadrer, *etc.*

Enfin des **SUPPLÉMENTS** *apportent* :

des découpages,	des pages à dessiner,
des ombres chinoises,	des aquarelles à encadrer,
des dessins à colorier,	des travaux à l'aiguille,
des jouets,	des théâtres de marionettes.

Les 52 nos *du* Petit Français illustré *forment chaque année*

UN BEAU VOLUME DE BIBLIOTHÈQUE

Dix centimes par semaine

ABONNEMENT : UN AN, 6 FR. — SIX MOIS, 3 FR. 50

Paris. — Imp. E. Capiomont et Cie, rue des Poitevins, 6.

le jardin. Dans cette pièce, se trouvaient une haute cheminée, et, dans un coin, un escalier conduisant à l'étage supérieur. Au premier, même disposition ; seulement la chambre était un peu moins grande, parce qu'une cloison isolait l'escalier. Au second, un grand grenier était éclairé par des lucarnes. Des bâtiments de droite et de gauche (fig. 13), qui avaient été partiellement démolis, on n'avait gardé que les quatre murs qui, solidement construits, pouvaient durer encore, sans exiger de réparations ; on les avait recouverts d'un toit bâti

Fig. 13. — Des bâtiments de droite et de gauche, on n'avait que les quatre murs et on les avait recouverts d'un toit...

sans soin, estimant qu'il suffirait pour une étable et pour une grange.

Le précédent propriétaire était un vieillard infirme, veuf, sans enfants, servi par deux domestiques qui, sentant sa fin prochaine, profitaient de son état valétudinaire* pour ne rien faire et vivre grassement. Tant que le bonhomme avait pu surveiller lui-même ses cultures, le domaine s'était à peu près maintenu. Mais quand, cloué sur sa chaise et plus tard dans son lit, il dut abandonner la surveillance et se rapporter de ce soin à des étrangers incapables et paresseux; quand il vit ses récoltes diminuer, ses animaux périr faute de soins, ses bâtiments se dégrader chaque jour davantage, une rage sourde s'empara de lui et hâta sa fin.

Son héritage fut dévolu à des parents éloignés, qui furent fort étonnés de cette aubaine. Ceux-ci, ayant appris par le notaire que l'exploitation était en mauvais état, qu'aucun fermier ne voudrait la prendre à moins qu'on n'y fît des réparations considérables, donnèrent l'ordre de la vendre au plus vite avec les meubles, les animaux, les instruments, à condition de trouver un acquéreur qui payât comptant.

Pierre Durier fut cet acquéreur. Il eut les Ajoncs dans des conditions exceptionnelles de bon marché. Le domaine payé, il lui resta encore un petit capital dont il comptait faire emploi pour effectuer, dans sa ferme, les améliorations qui étaient indispensables.

Derrière la maison d'habitation se trouvait un jardinet de quelques ares entouré de murs; puis au delà, les champs qui, situés sur le versant de la colline, gagnaient le plateau par une pente douce et se joignaient à six hectares de landes où poussaient librement les ajoncs et les bruyères. Non loin de la maison, dans la vallée, existaient cinq hectares de prés naturels, trop humides, où les joncs se mêlaient à l'herbe, et qui, après les pluies d'automne et de printemps, se transformaient en véritables **marécages**.

LEÇON DE CHOSES : **Marécages**.— Le marécage est un terrain où l'eau existe en surabondance et ne peut s'écouler. Le marécage est un diminutif du *marais*.

Les émanations qui se dégagent de ces eaux stagnantes sous l'action des rayons du soleil, sont très malfaisantes et fréquemment mortelles. Elles donnent naissance aux *fièvres paludéennes*.

Les **marais** se forment souvent à l'embouchure des fleuves

Enfin, entre les prés et les champs, à proximité de la maison, il y avait un terrain inculte, avec des trous, des bosses, des excavations : c'était une ancienne **carrière** qui avait cessé d'être exploitée depuis plusieurs années, et qui avait été, tant bien que mal, remblayée au moyen de platras et de débris de toute sorte

---

(marais du Mississipi, de l'Orénoque, des Amazones, de l'Euphrate, du Gange). En Europe, on peut citer les marais de la Finlande, de la Hollande, et les marais Pontins en Italie.

Les marais les plus importants de la France se trouvent en *Sologne* (Loiret, Cher, Loir-et-Cher), en *Bresse* (Ain), en *Gascogne*, en *Camargue* à (l'embouchure du Rhône).

Certains marais produisent de la *tourbe*, qui est un charbon fossile formé par l'enfouissement et la décomposition des tiges herbacées. Les plus *grandes tourbières* de France sont celles de la vallée de la Somme, entre Amiens et Abbeville. Les marais appartiennent aux communes; mais l'État a le droit d'en ordonner le dessèchement, quand il le juge nécessaire.

Les **marais salants** sont des étendues de terrains plats, que l'eau de la mer vient recouvrir dans les hautes marées. Cette eau, que l'on a soin de retenir, *s'évapore* sous l'action de l'air et du soleil, et *dépose le sel* qu'elle contient en dissolution. Les principaux marais salants de France sont situés près *d'Hyères* (Var), *de Marennes* (Charente-Inférieure) et *du Croisic* (Loire-Inférieure).

Leçon de choses : **Carrières.** — On donne le nom de **carrières** aux lieux d'où l'on extrait les matériaux de construction, tels que les différentes espèces de pierres, le marbre, le sable, l'ardoise, etc. Toutefois, on désigne plus spécialement ainsi, les excavations faites dans le sol pour en extraire la *pierre à bâtir*; les autres prennent les noms spéciaux de *marbrière, sablière, ardoisière,* etc.

Les carrières se composent ordinairement de différentes couches superposées. L'exploitation se fait à **ciel ouvert**, lorsque les matériaux à extraire ne sont pas à une grande profondeur ; en **galeries souterraines** dans le cas contraire : alors, des puits mettent la carrière en communication avec l'extérieur. Pour fendre et détacher les pierres, on se sert d'un *pic*, marteau en fer à deux tranchants et à long manche. La **dynamite** est employée pour désagréger une grande surface de pierre.

La France est très riche en carrières de toutes sortes (granit, marbre, pierre de taille, pierre à plâtre. ardoises, etc.). Toute personne qui possède une propriété contenant des matériaux de construction peut exploiter *sans permission*, si l'opération se fait à ciel ouvert. Il en est autrement si la carrière est souterraine ; *certaines formalités* sont nécessaires dans le but de sauvegarder la sécurité publique et les propriétés voisines.

que les habitants du pays étaient venus y jeter.

Quand, les meubles placés, les paquets défaits, l'installation fut à peu près terminée dans la pièce du bas que l'on devait habiter provisoirement, en attendant que les ouvriers eussent aménagé le premier étage, on se mit à table et l'on mangea à belles dents un morceau de lard et du fromage. Le repas achevé Pierre Durier dit à sa femme et à Michel : « Maintenant, visitons notre propriété. »

La visite du domaine. — Ils se rendirent d'abord à l'étable qui servait en même temps d'écurie et dans laquelle se trouvaient deux chevaux et deux vaches. Les animaux étaient maigres et sales; leur air maladif faisait peine à voir. Aussi, Pierre Durier ne put-il s'empêcher de s'écrier :

Fig. 14. — Pierre Durier examine les vaches.

— Ah ! les pauvres bêtes ! dans quel triste état elles se trouvent ! elles seront incapables d'aucun travail. Et, les faisant sortir les unes après les autres, il les examinait dans la cour (fig. 14), car l'étable était si obscure qu'il était impossible de se rendre compte de leur valeur.

Les chevaux cependant avaient moins souffert que les vaches. Utilisés par l'homme que le notaire avait préposé à la garde du domaine depuis la mort du précédent propriétaire, ils avaient reçu quelques soins ; mais les vaches condamnées à une stabulation* forcée et malsaine, à peine nourries, avaient un aspect lamentable.

— Mais elles ne doivent pas avoir de lait ?
— Je les trairai ce soir, dit Marthe.
— Si vous les aviez vues hier ! M. Durier, dit Michel ; elles n'avaient pas de quoi manger. Je leur ai donné du fourrage, je les ai fait boire, je leur ai mis une bonne litière... Ce qu'elles avaient faim et soif ! C'est à croire qu'on ne leur avait rien donné depuis quinze jours.

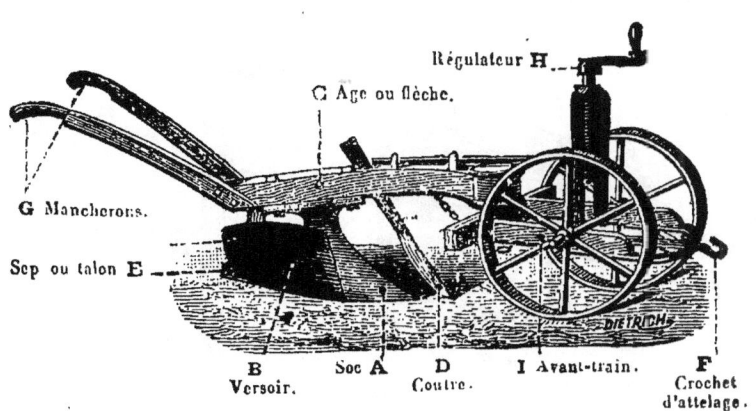

Fig. 15. — La charrue.

Ils passèrent ensuite dans la grange qui contenait une assez grande provision de paille et de fourrage. Pierre fut très satisfait de cette découverte, car il s'attendait à trouver les greniers vides.

Le matériel agricole était des plus sommaires ; il se composait de deux charrues (fig. 15) en assez bon état, d'un rouleau (fig. 16), d'une herse (fig. 17), d'une charrette, d'un tombereau, d'une petite carriole, de brouettes et de petits ustensiles détériorés, exposés aux intempéries et exigeant des réparations.

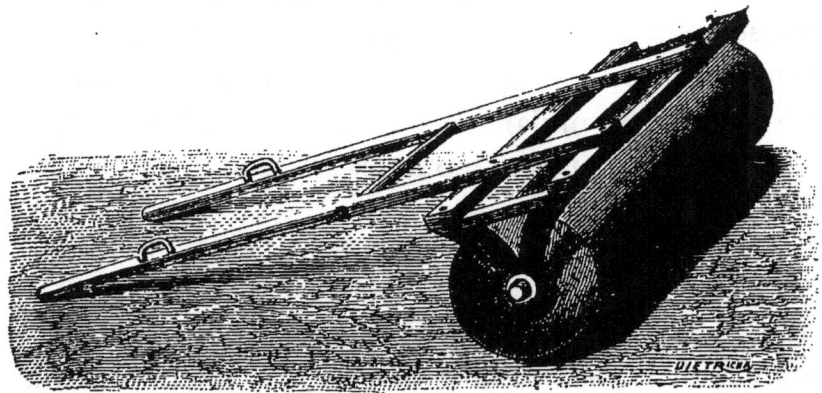

Fig. 16. — Le rouleau.

— Allons, dit Pierre, après avoir tout examiné, j'en ai encore pour mon argent; on pourra tirer parti de tout cela. A présent, allons voir les champs.

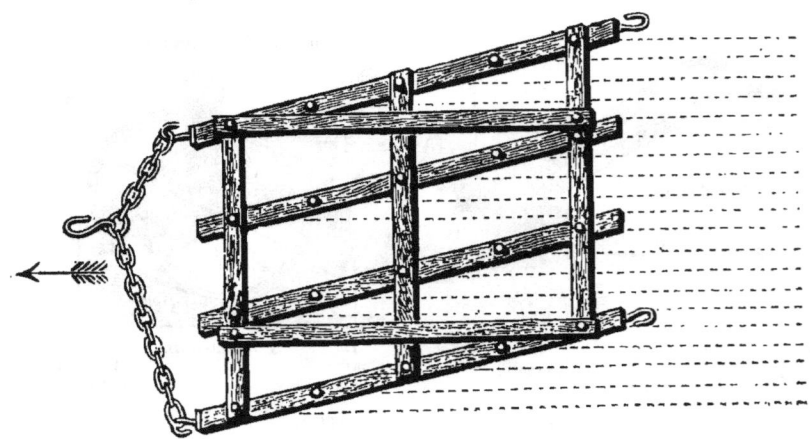

Fig. 17. — La herse.

Les enfants accompagnaient leurs parents. Maurice marchait à côté de son père et paraissait prendre intérêt à tout ce qu'il voyait et entendait; la petite Marie donnait la main à sa mère. Avant de quitter la cour, la petite fille lui dit :

— Maman, et les cocottes ?

— Ah oui ! dit Michel, les poules ! Il y en avait

autrefois, mais on les a toutes mangées… On s'en est payé de la **volaille** depuis la mort du bonhomme !

Ils passèrent dans le jardin situé derrière la maison d'habitation. Abandonné depuis deux ans, c'était un fouillis de hautes herbes : on n'y trouvait ni une fleur, ni un légume ; seuls, quelques arbres fruitiers montraient çà et là des pousses nouvelles que les premiers rayons du soleil d'avril allaient bientôt faire croître. Dans un coin, abrités des vents du nord et venus on ne sait d'où, végétaient deux **mûriers**.

Leçon de choses : **Volaille**. — On désigne sous le nom de **volaille** tous les animaux ailés qui peuplent les basses-cours, particulièrement les poules, poulets, coqs et chapons. Ces oiseaux, mangeurs de graines, appartiennent à l'ordre des *gallinacés*; ils nichent rarement sur les arbres ; ils ont le port lourd et volent difficilement.

L'*élevage* des animaux de basse-cour offre de grandes ressources pour les familles de cultivateurs ; mais, pour en tirer un profit réel, il faut laisser la volaille chercher une partie de sa nourriture dans la cour, l'écurie, les environs de l'exploitation, où se trouvent des quantités de graines. Dans les villages et dans les fermes qui sont à peu de distance des grandes villes ou qui communiquent facilement avec une ligne de chemin de fer, il y a lieu de donner une grande importance à la basse-cour, parce que la vente est abondante et lucrative.

Les chiffres suivants feront comprendre l'importance du produit de la basse-cour : en 1882, il a été vendu par les agriculteurs français, pour 131 492 000 francs d'*œufs* et pour 187 900 000 francs de *volailles* et de *lapins*, soit en tout pour plus de **319** millions de francs.

Leçon de choses : **Mûrier**. — Le **mûrier** est un arbre de la famille des *moréacées*.

Les principales espèces sont le *mûrier noir*, qui croît facilement, même dans le nord de la France ; le *mûrier multicaule* ou *mûrier des Philippines*, apporté en France en 1821 ; le *mûrier blanc*, originaire de Chine, cultivé en grand sur tous les points du midi de la France.

Les fruits se nomment **mûres**. Le *bois* sert à fabriquer de grandes futailles ; on en fait aussi usage pour les constructions navales, la fabrication des pieux et des échalas. Les *feuilles*, celles du mûrier blanc principalement, nourrissent un *ver* précieux.

On *taille* le mûrier dès qu'il a perdu ses premières feuilles, pour

En quittant le jardin, ils gagnèrent les champs et entrèrent dans une pièce de blé qui avait été semée à l'automne précédent.

— Voilà un froment qui ne nous donnera pas grand profit... Voyez, Michel, comme il est clair, maigre et empoisonné de mauvaises herbes... Dès demain, vous le nettoierez... Un bon engrais en couverture l'améliorerait sans doute, mais je ne pourrai le lui donner...; j'ai trop de dépenses à faire en ce moment.

Toutes proportions gardées, l'avoine n'était pas en meilleur état que le blé, et Pierre Durier se demandait s'il n'allait pas la retourner pour la remplacer par une avoine de printemps ; mais en songeant aux nombreux travaux qui l'attendaient, il ne donna pas suite à ce projet et il se contenta de recommander à Michel de nettoyer l'avoine comme le froment.

Puis, quand ils furent parvenus sur la jachère :

— Quelle misère, dit Pierre Durier, de laisser ces champs sans culture !

— Comment, M. Durier, objecta Michel, mais c'est nécessaire ; il faut bien que la terre se repose.

— Non, mon ami, la terre n'a pas besoin de repos, si on lui donne ce qui lui est nécessaire.

— Mais, M. Durier, si on ne laissait pas dormir les

---

lui permettre de produire des rameaux qui soient changés en bois parfait avant les premières gelées ; ce sont ces jeunes pousses qui, l'année suivante, produisent la feuille destinée à la nourriture des **vers à soie**.

Ce fut au sixième siècle après J.-C. que deux moines rapportèrent de Chine le *mûrier blanc* et des *œufs de ver à soie*. La culture du mûrier et du ver à soie se répandit en Grèce, en Asie-Mineure, en Sicile et en Calabre. A la suite de l'expédition de Charles VIII en Italie, quelques pieds de mûrier furent introduits en France. Henri II, Charles IX, Henri IV et Colbert favorisèrent, autant qu'il fut en leur pouvoir, la propagation des mûriers, et c'est grâce à leurs efforts que cet arbre précieux s'est répandu dans le midi de la France.

hommes et les animaux, est-ce qu'ils pourraient toujours travailler? La terre, c'est la même chose.

— C'est une erreur... La terre est une immense machine qui ne se fatigue pas à produire... Il est vrai qu'en nous fournissant des récoltes, elle épuise ses sources de production; mais, si par un moyen quelconque, on parvient à lui restituer les éléments qu'elle a perdus, elle ne se lasse pas d'être féconde.

— C'est possible; n'empêche que ce champ semé à l'automne prochain donnerait un beau froment l'année suivante.

— J'espère bien qu'il en sera ainsi.

— Et le moyen, si vous y faites pousser des récoltes cet été?

— Nous aurons des cultures qui nettoieront la terre et nous activerons sa fertilité par une abondante fumure.

— Mais vous n'avez pas de fumier.

— Nous en aurons bientôt, et, en attendant, on peut en acheter. Le plus tôt possible, nous allons donner un bon labour dans cette jachère sur la superficie que nous pourrons ensemencer : nous y mettrons des pommes de terre, des choux; quant au reste, nous y ferons passer plusieurs fois la charrue pour bien aérer le sol et le faire profiter des éléments fertilisants de l'atmosphère.

Ils arrivèrent ensuite sur les landes.

— Voilà de quoi faire paître les moutons, dit Michel.

— En effet, j'en aurai quelques-uns en attendant mieux.

— Comment, en attendant mieux?

— Sans doute. Croyez-vous que j'ai acheté de la terre pour qu'elle ne me rapporte rien ou presque rien?

— Que ferez-vous donc?

2.

— Je défricherai ces landes, et plus tard elles donneront de bonnes récoltes.

— Vous briserez toutes vos charrues.

— Celles que j'ai, assurément; mais j'en aurai de plus solides. Il existe, pour les défrichements, des instruments spéciaux. Dans les parties trop difficiles où la mise en valeur de la lande coûterait trop cher, on pourra toujours planter des arbres. En tous cas, il y a des améliorations à faire et un revenu à tirer de cette terre aujourd'hui sans valeur... Cela viendra en son temps; je ne veux pas trop entreprendre à la fois. Vous savez le proverbe : *Qui trop embrasse mal étreint.*

Ils revinrent par la prairie située dans la vallée. Comme la journée s'avançait, Marthe Durier retourna à la maison avec les enfants pour préparer le repas du soir.

Pendant ce temps, Pierre examinait le pré, se rendait compte de la nature des plantes qui le composaient.

— Ce serait un bon pré, s'il n'était pas si humide, dit Michel.

— Vous avez raison, il n'y a qu'à l'améliorer.

— En quoi faisant ?

— En le drainant.

— Qu'est-ce que c'est que ça ?

— Le *drainage* (fig. 18) est une opération qui consiste à placer des tuyaux dans la terre de façon à permettre à l'eau de s'écouler.

— Alors, vous allez retourner tout le pré... En voilà un travail !

— On n'a pas besoin de retourner tout le pré; on creuse simplement des tranchées au fond desquelles on place des tuyaux appelés *drains*.

— Et l'eau où ira-t-elle ?

— Dans une mare qui sera creusée dans la partie basse de la prairie, ou dans des fossés qui la conduiront à la rivière...

— Eh bien ! vous en avez des projets !

— J'en ai bien d'autres dont je ne vous parle pas. Le soleil baisse, rentrons.

— J'ai trait les vaches, dit Marthe Durier à son

Fig. 18. — Le drainage consiste à placer des tuyaux dans la terre de façon à permettre à l'eau de s'écouler.

mari ; elles ont donné bien peu de lait, et encore il est très maigre[1] : tiens, goûte.

— C'est vrai, dit Pierre après l'avoir dégusté. Demain, il faudra faire sortir ces bêtes, les mener au pré et améliorer leur nourriture. Elles ont tant souffert qu'elles exigent des soins particuliers. Patience, dans quelque temps tout cela changera ; nous sommes arrivés à temps : huit jours de plus et les bêtes seraient mortes.

Le souper achevé, Michel regagna l'écurie où il avait établi son lit, en attendant que Pierre lui eût fait disposer une installation d'où il pût surveiller les animaux pendant la nuit.

Les araignées et les rats. — Tandis que Marthe couchait la petite Marie qui s'était endormie pendant le repas, Maurice se déshabillait et allait entrer dans son lit, quand tout à coup il s'écria :

---

1. On appelle *lait maigre* celui qui ne contient que peu de crème. Dans le cas contraire, on dit que le lait est *gras* ou *butyreux* ; c'est ce dernier lait qui fournit le meilleur beurre.

— Maman, maman !

— Quoi donc ? mon chéri, dit Marthe en accourant.

— Là, là ! une grosse bête !

— N'aie pas peur : c'est une **araignée** ; nous allons la tuer.

— C'est méchant les araignées, maman ?

— Non, mais c'est sale ; il ne faut pas y toucher : cela donne des boutons.

— En voilà encore une, dit Maurice, en montrant le mur et en se réfugiant auprès de sa mère.

Pierre Durier se leva et l'écrasa avec son sabot (fig. 20).

— Est-ce que nous allons être empoisonnés par cette vermine, dit-il, en prenant la lumière et en faisant le tour de la pièce. De temps à autre, on l'entendait donner

---

Leçon de choses : **Araignée.** — L'araignée (fig. 19) appartient à la classe des *arachnides*. A la bouche, elle a de gros crochets venimeux. Elle sécrète une liqueur qui, s'épaississant au contact de l'air, forme un *fil* très fin, assez solide, avec lequel elle tisse une toile artistement compliquée. Cette toile *arrête les mouches, les insectes*, sur lesquels l'araignée se précipite aussitôt, qu'elle engourdit par une piqûre et dont elle suce le sang. La toile est aussi le *nid* des petits de l'araignée.

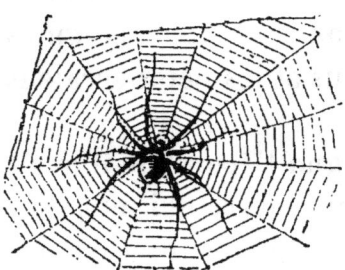

Fig. 19. — L'araignée.

L'araignée domestique vit dans l'intérieur de nos maisons, et tisse sa toile dans les angles des murs, des charpentes, des planches, etc. On a essayé de tirer parti de cette toile, mais les tissus qui en ont été fabriqués manquaient de solidité. On utilise quelquefois les toiles d'araignée pour arrêter les *hémorragies* légères.

Le *venin* de l'araignée est inoffensif pour l'homme. Il existe cependant, dans la région méditerranéenne, une grosse araignée, la **tarentule** (Tarente, ville de l'Italie), dont la piqûre peut produire une petite inflammation locale, et non, comme on l'a cru autrefois, un grand assoupissement ou une profonde mélancolie, qu'on ne dissipait qu'en s'agitant vivement. C'est de cette opinion populaire que vient le dicton bien connu : *être piqué de la tarentule* (se donner beaucoup de mouvement).

un coup sur le mur, frotter son pied par terre et dire : une de moins.

— J'ai pourtant nettoyé à fond, disait Marthe.

— Je le sais bien ; mais pense donc qu'il y a dix ans de négligence et d'incurie accumulés... Et dire qu'il y a des gens qui pouvaient rester dans une pareille saleté !... Je ne vois plus rien...; va te coucher, Maurice.

— J'ai peur ! dit l'enfant, tout tremblant.

— Eh bien, nous te prendrons dans notre lit.

Ils se couchèrent ; mais à peine fut-on dans l'obscurité qu'un léger bruit se fit entendre, semblable

Fig. 20. — Pierre Durier se leva et écrasa l'araignée sous son sabot.

à celui que produit le taraudage d'un morceau de bois. Bientôt le tapage augmenta, et l'on put percevoir distinctement des grignotements, des allées et venues, des roulements d'objets.

Maurice se serra contre sa mère.

— Entendez-vous, maman ?

Au même instant, quelque chose sauta sur le lit. Pierre Durier secoua vivement la couverture et par ce mouvement fit tomber à terre un animal qui poussa un petit cri.

— Allons, voilà les **rats** maintenant ; et, se levant rapidement, il alluma la chandelle.

LEÇON DE CHOSES : **Rat**.— Les rats (fig. 21) sont de petits *mammifères* de l'ordre des *rongeurs*. Ils sont caractérisés par deux dents incisives et tranchantes à chaque mâchoire, quatre doigts aux

Le bruit et la lumière firent rentrer, comme par enchantement, les souris et les rats dans leurs trous et au vacarme succéda un silence complet.

— Bien, dit Pierre Durier, demain je vous donnerai un ou deux **chats** pour vous amuser, et nous verrons si vous mènerez encore une aussi joyeuse vie.

Pierre Durier se recoucha et laissa la chandelle allumée. Tous trois finirent par s'endormir et goûter un peu de repos.

---

pattes de devant, cinq à celles de derrière et une queue longue et nue. Leur *pelage* est noirâtre sur le dos et cendré foncé sous le ventre. Originaire de l'Asie Mineure, le rat a dû être introduit en Europe au retour des croisades.

Fig. 21. — Le rat.

Les rats sont *omnivores* et très voraces. Cachés dans des trous ou dans des terriers, ils vivent à nos dépens, dans les maisons et dans les champs, où ils se *multiplient* d'une façon incroyable. On les rencontre sur tous les points du globe. Leur ennemi mortel est le **surmulot**.

La *peau* du rat est utilisée pour la ganterie.

LEÇON DE CHOSES : **Chat**. — Le **chat** (fig. 22) est un *mammifère* de l'ordre des *carnassiers* ; sous le nom de **race féline**, on désigne la famille qui a pour type le genre chat.

Le **genre chat** comprend : les *chats proprement dits*, qui ont les ongles rétractiles ; les *lynx*, qui ont les oreilles surmontées d'un pinceau de poils, et les *guépards* dont les ongles ne sont pas rétractiles. Dans les chats proprement dits, on range le lion, le tigre, la panthère, le jaguar, le léopard et le chat ordinaire. C'est de ce dernier, qui se rencontre dans les forêts de l'Europe, que l'on fait descendre le chat domestique, aujourd'hui répandu dans le monde entier.

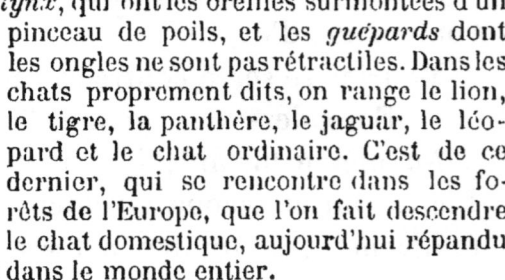

Fig. 22. — Le chat.

Animal élégant, aux mouvements gracieux, le chat se plaît dans les habitations où il trouve le gîte et la nourriture. Profondément égoïste, ne témoignant, ni affection ni reconnaissance, il griffe, s'il est nerveux ou irrité, aussi bien la main de son bienfaiteur que celle d'un étranger.

Le chat est utile dans les maisons pour la destruction des rats et des souris qui trouvent en lui un ennemi implacable.

Sa peau est utilisée pour la confection des fourrures communes.

Dans de semblables conditions, le sommeil devait être léger ; aussi le réveil fut-il matinal. Pierre et Marthe Durier se mirent aussitôt au travail : Pierre, avec un râteau, une pelle et une brouette, rassemblait en un seul tas les fumiers épars dans la cour (fig. 23), en attendant les ouvriers auxquels il avait donné rendez-vous, tandis que sa femme faisait la traite du matin. En même temps, Michel partait pour donner une façon aux céréales et les débarrasser autant que possible des mauvaises herbes.

Peu après, le maçon, le plâtrier et le charpentier arrivèrent.

Fig. 23. — Pierre rassemblait en un seul tas les fumiers épars.

Pierre Durier fait restaurer sa ferme. — Après les compliments d'usage, Pierre Durier indiqua aux ouvriers les travaux qu'il voulait faire exécuter immédiatement. La maison, qui n'était pas habitable, devait être restaurée la première. Les planchers, les plafonds, les murs seraient d'abord remis en état. Ces grosses réparations terminées, on réserverait dans la pièce du bas, qui mesurait huit mètres dans tous les sens, l'emplacement nécessaire pour un petit bureau où Pierre Durier pourrait placer ses livres et tenir ses écritures, tout en surveillant ce qui se passerait dans la cour.

Au premier, au moyen de cloisons, on prélèverait

sur la chambre deux petites pièces destinées aux enfants. Le grenier, qui était légèrement lambrissé et éclairé par quatre lucarnes opposées les unes aux autres, serait aménagé comme le premier étage, afin de pouvoir y loger plus tard une servante et avoir des pièces de réserve que l'on utiliserait au besoin. Pierre Durier croyait préférable de procéder immédiatement aux arrangements indispensables pour rendre sa maison saine et agréable, afin de n'avoir pas à subir plus tard des réparations et des transformations. Le tout devait être fait solidement, mais simplement et économiquement.

La plate-forme à fumier et la fosse à purin. — Il ordonna ensuite au maçon de lui paver au milieu de la cour deux plates-formes pour y placer les fumiers. Ces plates-formes devaient avoir une pente légère, s'inclinant vers le milieu de la cour, avec un caniveau se déversant dans une fosse destinée à recevoir le purin. Cette fosse serait munie d'une pompe (fig. 24) pour arroser le fumier, lorsque, par l'action du soleil ou du vent, il se dessécherait trop. Pierre Durier estimait avec raison que le soin à donner aux fumiers est un des devoirs du cultivateur, et qu'un fumier riche et bien préparé est le principal élément d'une culture rémunératrice.

L'étable. — Il indiqua les améliorations à faire dans l'étable qui était basse, sans lumière et sans air. Il prescrivit de la surélever de façon à ce qu'elle eût trois mètres et demi de hauteur, et d'y pratiquer à deux mètres du sol des ouvertures pouvant s'ouvrir et

---

Leçon de choses : **Argile.** — L'argile est une terre grasse composée principalement de *silice* et d'*alumine*. Mêlée à l'eau, elle forme une *pâte* qui durcit par la cuisson.

On rencontre l'argile dans le sol par couches épaisses et imper-

se fermer à volonté. L'aire devait être formée de terre battue, mélangée d'**argile** et de **chaux**, afin de lui

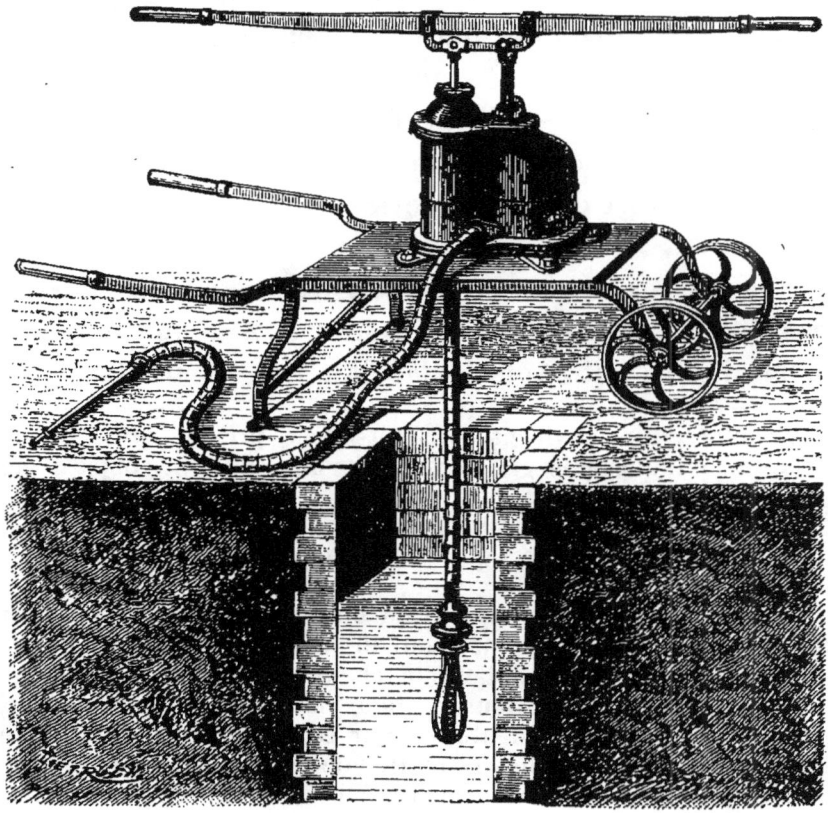

Fig. 24. — Pompe à purin.

donner une consistance suffisante et de lui permettre de résister au piétinement des animaux et à l'action

---

méables qui empêchent les eaux de *s'infiltrer* dans les profondeurs de la terre ; ces eaux coulent à la surface des couches et vont former des *sources* au fond des vallées.

Il existe plusieurs sortes d'argile :

1° L'**argile commune** ou *terre glaise*, qu'emploient les potiers et les sculpteurs ;

2° La **terre à foulon**, argile des plus utiles par ses qualités savonneuses, propre à dégraisser les draps et autres étoffes de laine. Dans certaines contrées, la terre à foulon est utilisée comme *savon* ;

3° L'**argile à porcelaine** ou *kaolin*, dont on fait les plus belles

dissolvante de leurs déjections. Il recommanda également de donner à cette aire une légère pente, afin de permettre l'écoulement des liquides qui devaient se rendre par un conduit dans la fosse à purin. Le dessus de l'étable était destiné à un grenier pour les fourrages.

Le hangar. — Il fit également faire au charpentier, sur le côté nord de la cour, un hangar pour mettre à l'abri des intempéries ses instruments et ses voitures.

Ce que pensaient les habitants de Barville. — L'installation des Durier aux Ajoncs piqua la curiosité des habitants de Barville, qui, pendant les pre-

---

porcelaines. Aux environs de Saint-Yrieix, près de Limoges, se trouvent d'importants gisements de kaolin, qui sont l'objet d'une exploitation très active ;

4° **L'argile calcaire** ou *marne*, qui sert à amender les terres ;

5° **L'argile plastique**, qu'on utilise pour la fabrication des faïences fines.

LEÇON DE CHOSES : **Chaux.** — La **chaux** (*oxyde de calcium*) est un corps blanc, soluble dans l'eau, absorbant l'humidité et l'acide carbonique de l'air. On obtient la chaux en *chauffant au rouge* dans des fours spéciaux (fours à chaux) les *calcaires*, les *coquilles*, etc. Dans l'industrie, on utilise pour cette opération le calcaire grossier ou pierre à chaux. Le produit de cette calcination s'appelle *chaux vive*. La chaux vive mêlée à l'eau, l'absorbe rapidement, s'échauffe considérablement, augmente de volume, et se transforme en une combinaison chimique de chaux et d'eau qu'on appelle *chaux éteinte*.

Il existe plusieurs espèces de chaux :

1° La **chaux grasse**, produit de la calcination des calcaires les plus purs, tels que le marbre, la craie. D'une blancheur parfaite, elle sert à la confection des meilleurs mortiers ;

2° La **chaux maigre**, tirée des pierres calcaires ; elle est d'une qualité très inférieure ;

3° La **chaux hydraulique**, qui a la propriété de se durcir considérablement sous l'eau. Elle doit cette qualité à l'argile qu'elle contient. Aussi est-elle d'un emploi très usité pour les travaux hydrauliques. On peut préparer artificiellement la chaux hydraulique en mêlant, dans des proportions déterminées, l'argile à la chaux ordinaire.

La chaux est employée pour la préparation des *mortiers*, *ciments* et *bétons*. On l'utilise aussi dans les usines à gaz, les tanneries, les savonneries, les teintureries et les raffineries de sucre

miers jours, leur firent de nombreuses visites : on était curieux de voir les transformations dont les ouvriers avaient parlé. Les critiques ne manquaient pas. On blâmait Pierre Durier de vouloir être logé comme un bourgeois ; on disait que les améliorations apportées à l'étable étaient inutiles, que les animaux n'avaient pas besoin d'habiter un palais. Mais ce qui confondait tous les cultivateurs, c'étaient les dépenses qu'allaient occasionner les plates-formes et la fosse à purin. On reprochait surtout au nouveau propriétaire des Ajoncs de vouloir imiter M. Germain, qui était riche et qui pouvait se permettre des dépenses de luxe, et on ajoutait qu'il ferait bien mieux, puisqu'il avait encore de l'argent disponible, de le consacrer à l'achat de nouvelles terres.

Un jour, fatigué des observations qu'on lui adressait, Pierre Durier dit à quelques paysans réunis dans la cour des Ajoncs :

— Vous désapprouvez les soins que je donne à mes animaux et à mes fumiers ; vous avez tort. Si je veux demander beaucoup de travail à mes chevaux et beaucoup de lait à mes vaches, il faut que je les loge de façon à ce qu'ils se portent bien, qu'ils puissent se reposer de leurs fatigues. Si mon cheval ne peut pas s'étendre, s'il ne dort pas bien sur une bonne litière, s'il ne peut manger facilement, il tirera moins fort ma charrue ou mon tombereau. Si mes vaches sont mal nourries ; si elles manquent de jour et d'air dans leur étable, le lait qu'elles me donneront sera peu abondant et de qualité inférieure.

Quant à mes fumiers et à ma fosse à purin, vous comprendrez plus tard que la dépense que je fais me sera profitable... Voyons, maître Antoine, dit-il, en s'adressant à l'un de ses interlocuteurs, vous avez vu ma pièce de froment ; combien estimez-vous qu'elle me donnera d'hectolitres de grain ?

— Pas lourd, répondit Antoine, car le travail a été mal fait par votre prédécesseur ; mais on pourrait y récolter facilement 16 hectolitres à l'hectare, car la terre est bonne.

— Eh bien, moi, je prétends lui faire rendre plus tard vingt-cinq hectolitres, répondit Pierre Durier.

— Vingt-cinq hectolitres ! vous plaisantez.

— On les récolte bien à Beauvoir.

— Oh ! à Beauvoir, c'est différent.

— Pourquoi ? Vous avez dit vous-même que les terres sont bonnes ; elles ne sont pas meilleures à Beauvoir. Or, les récoltes que j'ai obtenues chez M. Germain, pourquoi ne les aurais-je pas chez moi ?

— Je vous le souhaite, dit Antoine, d'un air narquois.

— Vous verrez.

Où l'on fait connaissance de Philippe.
— Parmi les habitants du village se trouvait un nommé Philippe qui venait souvent aux Ajoncs. Loin de critiquer les améliorations entreprises par Pierre, il les louait hautement, et, par les avances qu'il faisait à M. et à madame Durier, il était facile de voir qu'il désirait se lier étroitement avec eux.

Du même âge que Pierre Durier, Philippe était le fils d'un cultivateur aisé. Son père lui avait fait donner une certaine instruction, et, plus tard, lui avait fait faire un mariage avantageux ; sa femme était économe et travailleuse. Philippe était donc dans les meilleures conditions pour réussir et vivre heureux. Pour améliorer sa situation, il n'avait qu'à seconder activement son père qui vieillissait, et qu'à s'occuper de l'exploitation. Malheureusement, à la ville où il allait fréquemment, il avait fait de mauvaises connaissances et on le voyait plus souvent au café qu'aux champs.

Pierre Durier, qui connaissait les défauts de Philippe et qui ne l'estimait pas à cause de sa manière de vivre, si différente de la sienne, se tenait sur la réserve.

Cependant Philippe ne se rebutait pas. Un jour que tous deux se promenaient dans les champs, un lièvre leur partit dans les jambes (fig. 25).

Fig. 25. — Un lièvre leur partit dans les jambes.

— Le beau coup de fusil ! ne put s'empêcher de dire Philippe, qui avait la passion de la chasse. Sais-tu, Pierre, ce que nous devrions faire ? Tes terres et celles de mon père sont voisines ; nous pourrions nous entendre et nous donner réciproquement le droit de chasse sur nos propriétés.

— Tu sais bien que je ne chasse pas.

— Tu ne chassais pas quand tu étais chez M. Germain, cela se comprend ; mais maintenant que tu es chez toi ?

— Je ne chasserai pas davantage.

— En voilà une idée ! Pourquoi donc ne chasseras-tu pas ?

— Parce que la chasse est un plaisir trop coûteux. Les dépenses de port d'armes, de fusil, de cartouches s'élèvent à la fin de l'année à une somme assez ronde, sans parler du temps perdu, et je n'ai pas de temps à perdre.

— Bah ! le dimanche ?

— Le dimanche pas plus que les autres jours ; d'ailleurs, je peux louer le droit de chasse sur mes propriétés.

— Pour ce qu'il te rapportera !

— Quelque minime que soit la location, ce sera toujours ça de trouvé.

— C'est bien, n'en parlons plus ; je pensais que cette proposition te serait agréable.

— Je te remercie, dit Pierre Durier.

Philippe s'éloigna avec dépit, et, à partir de ce moment, vint moins souvent aux Ajoncs.

Les personnes que Pierre Durier voyait avec le plus de plaisir étaient, en dehors de M. et madame Germain, mademoiselle Jamin, l'institutrice, le gendarme Lambert et sa famille, et l'instituteur de la commune, M. Noël.

Mademoiselle Jamin. — Mademoiselle Jamin, depuis peu de temps à Barville, était une excellente femme, dont la vie avait été un dévouement perpétuel.

Elle n'avait pas voulu se marier pour rester auprès de sa vieille mère infirme, à laquelle elle prodiguait les soins les plus touchants. Marthe Durier s'était prise de sympathie pour mademoiselle Jamin qui possédait quantité de recettes de ménage. Tout, entre ses mains, trouvait un emploi, et ses conseils étaient des plus précieux.

Le gendarme Lambert. — Le gendarme Lambert habitait le pays depuis une dizaine d'années. Ponctuel dans son service, exécuteur rigoureux des ordres qu'on lui donnait, c'était, au demeurant, l'homme le plus doux et le meilleur de la terre. Son plus grand bonheur était, son service terminé, de se retrouver au milieu des siens et de soigner son petit jardinet avec l'aide de sa femme et de ses deux fils. Son courage était bien connu dans la contrée. Quelques années auparavant, une médaille d'argent lui avait été décernée pour avoir sauvé, au péril de sa vie, un enfant menacé de périr dans une maison incendiée.

M. Noël. — L'instituteur, M. Noël, avait quarante ans environ ; il s'était marié à son arrivée à Barville, et avait eu deux enfants qui avaient été enlevés à quelques jours de distance par la diphthérie* ; la mère désespérée avait, peu de temps après, suivi ses deux enfants au tombeau. M. Noël était un homme très instruit. A plusieurs reprises, on lui avait offert de l'avancement ; mais il n'avait pas voulu quitter Barville, afin de rester auprès des êtres qu'il avait chéris et qui dormaient dans le cimetière du sommeil éternel.

M. Noël, qui avait apprécié Pierre Durier, alors qu'il était régisseur chez M. Germain, suivait avec intérêt ses travaux. Il le réconfortait dans ses moments de doute et de découragement, alors qu'en butte aux critiques des habitants du village, Pierre Durier lui demandait si vraiment il suivait la bonne voie.

— Courage, lui répétait M. Noël, laissez dire. On vous jalouse parce qu'on se rend compte de votre supériorité, parce que vous rompez avec la routine et les vieilles habitudes. Ayez de la persévérance, l'avenir démontrera que vous avez raison.

La comptabilité. — C'était M. Noël qui avait amené Pierre Durier à tenir une comptabilité.

— C'est indispensable, lui avait-il dit ; sans comptabilité, vous ne saurez jamais où vous en êtes : une ferme, c'est comme une maison de commerce.

— Mais nous ignorons comment nous y prendre avait objecté Marthe Durier.

— Rien n'est plus simple. Si vous le permettez, je vous donnerai des conseils, et, dans peu, vous en saurez autant que moi. Cela exigera quelques minutes tous les soirs pour écrire sur un cahier vos *recettes* et vos *dépenses* quotidiennes. Nous appellerons ce cahier **Journal**, parce qu'il mentionnera les opérations de chaque jour, et le dimanche nous les reporterons sur un autre cahier que nous appellerons **Grand-Livre**, où nous ouvrirons un compte spécial pour chaque nature d'opérations, telles que dépenses de maison, animaux à l'engrais, blé, avoine, laitage, volailles, etc. De cette façon, vous apprécierez, à la fin de l'année, si telle ou telle culture vous a été profitable et si vous avez intérêt à modifier le mode de votre exploitation.

— Si ce n'est pas plus difficile que cela, et si vous voulez bien nous aider de vos conseils, reprit Marthe Durier, je veux bien essayer.

Quelques jours après, M. Noël leur apportait deux cahiers qu'il avait réglés lui-même. Sur la première page de l'un des cahiers, on lisait : *Journal*, et sur la première page de l'autre : *Grand-Livre*. Ces titres étaient écrits en ronde irréprochable.

CHAPITRE II

LES AJONCS

Les Ajoncs restaurés. — Trois mois après l'installation de Pierre Durier, les Ajoncs étaient transformés (fig. 26). La cour bien propre, nette de fumier, la maison recrépie se présentaient avec un air engageant et annonçaient l'aisance. Sous un léger hangar adossé au mur, s'alignaient, dans un ordre parfait, les

Fig. 26. — Les Ajoncs restaurés.

tombereaux, les charrettes, les instruments réparés et en excellent état.

L'étable avait été restaurée, surélevée, aérée ; elle contenait toujours les mêmes animaux; mais comme ils étaient changés ! Les chevaux pouvaient fournir deux fois plus de travail, et les vaches donnaient maintenant chacune de six à sept litres d'un lait crémeux, gras, épais.

Une partie de l'étable, séparée par une cloison à claire-voie, avait été affectée à la bergerie; elle renfermait une vingtaine de moutons qui, dans la journée prenaient leur nourriture sur les landes dépendant du domaine. Dans un angle, un emplacement trop exigu pour un cheval ou une vache, avait été utilisé pour un **âne**. Sobre, facile à nourrir, cet animal rendait les plus grands services : il était employé au transport de l'herbe, des fumiers, et, attelé à la carriole, il conduisait Marthe à la ville, quand elle allait y vendre ses produits.

Dans un coin de l'écurie, Pierre Durier avait fait établir une chambrette pour Michel, d'où celui-ci pouvait surveiller les bêtes. Couché sur un bon lit, il se trouvait logé comme un prince ; quoiqu'il eût déclaré, quand on la lui préparait, cette installation inutile et superflue, il s'accommodait volontiers du bien-être qu'on lui avait procuré.

La maison d'habitation était tenue avec un soin

Leçon de choses : **Ane.** — L'âne (fig. 27) est un animal du genre *cheval.*

Plus petit que le cheval, l'âne a la tête plus grosse et moins allongée, les oreilles plus longues ; la queue est garnie de poils à son extrémité seulement : son dos est tranchant, et sa croupe anguleuse. Son cri s'appelle *braiment.*

L'âne vit de 15 à 16 ans. Il est sobre, apte au travail ; il a le pied extrêmement sûr ; mais il est souvent d'un caractère difficile. Quelques naturalistes prétendent que ses vices sont la conséquence du mauvais régime et des mauvais traitements qu'on lui a fait subir pendant sa jeunesse.

On croit que l'âne est originaire de l'Arabie. En Perse, les ânes sont d'une beauté remarquable et peuvent fournir pendant assez longtemps des courses d'une vitesse de 10 kilomètres à l'heure. Chez quelques peuples de l'Orient, les ânes sont très estimés et sont la monture des *gens de condition*, le cheval étant réservé pour les combats. Avec la *peau* de l'âne, qui est dure et élastique, on fabrique des tambours, des cribles, des parchemins et de la peau de chagrin.

Fig. 27. — L'âne.

méticuleux. Les meilleurs yeux n'y auraient pu découvrir la moindre toile d'araignée. C'est que Marthe Durier ne badinait pas sur ce chapitre; la poussière et les insectes avaient en elle une ennemie implacable.

Le rez-de-chaussée était lavé à grande eau tous les jours et l'on n'y entrait qu'en laissant ses sabots à la porte. Dans la grande salle, une longue table, avec des bancs en **chêne** de chaque côté, occupait le milieu de la pièce : c'était sur cette table que se prenaient les repas. Un fourneau, au-dessus duquel se montraient les ustensiles de cuisine propres et reluisants, un buffet de noyer surmonté d'un dressoir, une huche et quelques chaises étaient placés le long du mur. Dans la chambrette à côté, se trouvaient un bureau et un

---

Leçon de choses : **Chêne.** — Le **chêne** est un arbre de l'hémisphère septentrional; cet arbre atteint une hauteur de 45 à 50 mètres et vit communément de 120 à 150 ans. Il existe un certain nombre de chênes dont l'âge dépasse *quatre* ou *cinq* siècles. La reproduction a lieu par *semis* ou par *plants*.

Les feuilles sont irrégulières et découpées.

Le fruit, appelé **gland**, est utilisé pour la nourriture des porcs.

Le bois, d'une grande dureté, est recherché pour la menuiserie, le charronnage, l'ébénisterie et la sculpture; il constitue aussi un excellent chauffage.

L'écorce, réduite en poudre, est le **tan** qui sert à la préparation des cuirs et ensuite à la confection des mottes à brûler.

On compte de nombreuses espèces de chênes dont les principales sont : le *chêne commun*, le *chêne rouvre*, le *chêne yeuse* et le *chêne vert*, à feuilles persistantes; le *chêne-liège*, arbre du midi de l'Europe et de l'Algérie qui produit le liège; le *chêne kermès*, arbre peu élevé sur lequel vit l'insecte appelé **kermès** qui fournit une belle couleur rouge, etc.

En reconnaissance des nombreux services que le chêne rendait à l'homme, les anciens le vénéraient d'une façon toute spéciale. Les Grecs l'avaient consacré à Jupiter. Chez les Romains, la **couronne de chêne** était la récompense des *vertus civiques*. Le chêne était, chez nos aïeux, les Gaulois, l'objet d'un culte particulier. Les Druides allaient chaque année à la recherche du *gui de chêne* qu'ils détachaient avec une faucille d'or.

casier sur les rayons duquel étaient rangés les livres du maître de la maison.

La principale chambre du premier étage contenait le lit des parents, celui de la petite Marie, une grande armoire pour le linge, un secrétaire et quelques sièges. Sur la cheminée, ornée d'une glace, se trouvait une pendule entre deux flambeaux. Maurice avait une chambre à lui, ce dont il était très fier. Quant à celle que l'on destinait plus tard à la petite fille, elle était vide et servait de débarras. Les murs étaient simplement blanchis à la chaux ; Pierre Durier se réservait d'y faire coller du **papier**, quand une bonne année lui permettrait cette dépense.

LEÇON DE CHOSES : **Papier**.— Le **papier** est une substance fine, légère, dont les usages sont multiples. Il sert pour l'écriture, l'impression, la tenture, l'emballage, etc.

Les meilleurs papiers se font avec des *chiffons de lin, de coton ou de chanvre*. Ces chiffons sont réduits en une *pâte* qui est ensuite blanchie au moyen du chlore, puis lavée et délayée dans l'eau. Pour la débarrasser de l'eau, on la place sur un *chassis* métallique percé de trous. Lorsque la pâte, bien égouttée, a pris une certaine consistance, on la sèche entre des draps de laine. Quand la *dessication* est complète, on *colle* le papier afin de l'empêcher de boire l'encre : pour cela on emploie une solution de *gélatine* additionnée d'*alun*, de *colle d'amidon* ou de *savon de résine*. Tel est le procédé pour la fabrication à la main. Les papeteries modernes se servent de machines qui préparent la pâte, l'étalent sur des châssis, la pressent entre des cylindres, la dessèchent et la transforment en immenses rouleaux qui donnent le *papier sans fin*.

Les chiffons devenant de plus en plus rares, on emploie, pour la fabrication du papier, la *paille*, les *joncs*, les *filaments* de toute nature, tels que ceux des aloès, des agaves, de l'alfa ; on se sert même du bois. Mais ces substances ne produisent que des *papiers communs*.

Ce sont les Égyptiens qui ont inventé le papier. Ils le fabriquaient avec la tige d'un roseau, le *papyrus*. La découverte du papier de *chanvre* et de *lin* est due aux Maures d'Espagne. En France, les principales fabriques de papier se trouvent à *Annonay* (Ardèche), *Angoulême*, *Rives* (Isère), *au Mesnil* (Eure).

Il existe différentes sortes de papier : le *papier coquille* ou à lettres, le *papier écolier*, le *papier de tenture* pour tapisser les

Le jardin, situé derrière la maison, avait été nettoyé. Devant la porte-fenêtre y donnant accès, au milieu d'un gazon de quelques mètres de diamètre, surgissait un massif de géraniums dont les couleurs éclatantes égayaient la vue. Le reste du jardin était occupé par des légumes, salades, choux, carottes, pois, haricots, oseille, nécessaires à l'alimentation de la maison. Des allées sablées de gros gravier séparaient les carrés entourés par des pommiers en cordon. Des arbres fruitiers, pêchers, poiriers, abricotiers, avaient été plantés en espalier le long des murs, favorablement exposés, du jardin et de la ferme. Pierre Durier espérait plus tard tirer un certain produit de la récolte des fruits, lorsque les arbres seraient en plein rapport. Les soins à donner au jardin furent confiés à Marthe Durier, à laquelle avait été adjointe une servante nommée Jeannette.

Jeannette. — Jeannette Bernard était une femme de trente-cinq ans, veuve depuis peu de temps. Elle avait eu autrefois un petit garçon qui avait disparu et qui n'avait pu être retrouvé, malgré les plus actives recherches. On disait dans le pays que l'enfant avait été volé. A la mort de son mari, Jeannette s'était trouvée dans la misère ; comme elle désirait se mettre en condition, elle offrit ses services à Pierre Durier en s'estimant très heureuse d'entrer chez lui, quand même il ne lui accorderait que la nourriture et le loge-

---

appartements, le *papier d'impression*, le *papier d'emballage* et le *papier d'affiches*.

On appelle **papier timbré** un papier marqué de deux timbres à l'angle supérieur gauche de la feuille. L'emploi de ce papier qui est d'un prix fort élevé par suite d'un impôt très important, est obligatoire pour les *écritures judiciaires et les actes publics*.

Par opposition, on donne le nom de **papier libre** au papier non revêtu du timbre.

ment. Pierre Durier, touché de sa détresse, l'avait engagée pour mener aux champs ses vaches et ses moutons. Il ne lui donna, au début, que des gages insignifiants, en lui promettant de les augmenter quand ses moyens le lui permettraient. Il installa Jeannette dans une mansarde du second étage. Par son travail, son ordre, son économie et son activité, elle récompensa largement Durier du sacrifice qu'il s'était imposé, plus par charité que par besoin, car, dans le principe, il n'avait pas songé à prendre une servante.

L'emploi du temps aux Ajoncs. — On travaillait ferme aux Ajoncs; l'oisiveté était une chose inconnue. Le matin avant quatre heures, car on était en été, tout le monde, sauf les enfants, était sur pieds. Le premier levé était toujours Pierre Durier, ce qui faisait dire à Michel :

— J'ai beau me réveiller matin; le patron est toujours dans la cour avant moi.

On commençait par soigner les animaux, les panser, leur donner à boire et à manger, renouveler leur litière, tandis que Marthe Durier trayait ses vaches et que Jeannette faisait la soupe. Le repas du matin terminé, Pierre Durier et Michel partaient pour les champs; Jeannette s'occupait du jardin : elle arrosait, bêchait, sarclait, buttait. Pendant ce temps, Marthe Durier lavait les enfants, les débarbouillait, les habillait, puis elle nettoyait la maison et préparait le dîner. A midi, tout le monde, maîtres et serviteurs, se mettait à table dans la grande salle du rez-de-chaussée, et on dévorait à belles dents un repas substantiel et frugal, composé d'une soupe, de viande entourée de légumes et d'un morceau de fromage, le tout arrosé d'une boisson fermentée de la fabrication de Jeannette. **Les deux hommes retournaient ensuite aux champs.**

Jeannette menait les vaches et les moutons sur la lande (fig. 28), et tout en tricotant, elle les faisait paître et brouter sous la garde de son chien jusqu'à la tombée de la nuit. Souvent elle prenait avec elle les deux enfants qui gambadaient au milieu des bêtes et se constituaient ainsi des **muscles** solides. Marthe Durier profi-

Fig. 28. — Jeannette faisait paître les vaches et les moutons sur la lande.

tait de l'après-midi pour réparer les vêtements, le linge, blanchir, repasser et vaquer aux mille soins de la maison. Lorsque le soleil s'inclinait vers l'horizon, on se réunissait pour le souper ; aussitôt après, les animaux soignés, les instruments rangés, chacun allait prendre un repos bien gagné. Marthe Durier était toujours la dernière couchée ; car, avant de monter dans sa chambre, elle inscrivait régulièrement les recettes

---

Leçon de choses : **Muscles**. — Les **muscles** sont des *organes* charnus formés de la réunion de fibres qui se meuvent sous l'influence de la *volonté*, ou de certaines *irritations*. Ils constituent la *chair*. Leur aspect est différent suivant l'âge, la profession, le tempérament. Le corps humain contient environ **350** muscles.

Quoique la *sensibilité* des muscles soit infiniment moindre que celle de la peau, ils sont le siège de la fatigue. L'exercice développe leur force, ainsi qu'on le peut constater chez les hommes qui ont à exécuter des travaux pénibles.

Les principales maladies qui affectent les muscles sont les *crampes*, les *convulsions*, les *rhumatismes*, les *lumbagos*, etc.

et les dépenses de la journée et faisait sa ronde pour s'assurer si tout était bien en ordre.

Le dimanche, après le travail du matin, on procédait à une toilette plus complète. Les enfants étaient baignés, savonnés; on leur mettait des vêtements propres, et, quand il faisait beau et que le travail n'était pas trop pressant, Pierre Durier leur faisait faire une bonne promenade. Marthe Durier, qui était casanière et qui ne se plaisait qu'à la maison, mettait sa comptabilité à jour et préparait un souper plus soigné auquel elle ajoutait une friandise pour les enfants.

Fig. 29. — Les moyettes.

Les moyettes. — Malheureusement, la saison fut mauvaise et la maigre récolte que Pierre Durier attendait fut encore compromise. Au moment de la fenaison, les pluies persistantes mouillèrent les foins, et, malgré des fanages répétés, on recueillit un mauvais produit. La récolte des céréales ne fut pas plus favorisée. Tous les matins, levé avant l'aube, Pierre

Durier regardait le ciel, guettant avec impatience le moment favorable. Quand il crut pouvoir compter sur un peu de beau temps, il partit avec tout son monde, et pendant que Michel et lui coupaient le blé, les femmes le liaient en bottes qui étaient aussitôt disposées en moyettes (fig. 29). Michel avait cherché en vain à dissuader Pierre de ce travail supplémentaire, non par paresse, car il était dur à la besogne, mais parce qu'il contestait l'utilité de cette opération.

Fig. 30. — La batteuse à vapeur.

Pierre Durier le laissait dire et lui expliquait que les moyettes préservaient les récoltes de l'humidité, que la pluie pouvait tomber sans faire tort à son grain qui sécherait et ne serait pas exposé à germer.

— Avec le temps que nous avons passé à faire ces machines-là, grommelait Michel, nous aurions abattu joliment d'épis.

La moisson terminée, Pierre Durier fit battre son blé

3.

par un entrepreneur qui parcourait le pays avec une batteuse à vapeur (fig. 30).

Michel lui dit à ce propos :

— Pourquoi dépenser de l'argent? Je l'aurais tout aussi bien battu au fléau pendant les journées d'hiver où je n'aurai rien à faire.

— Soyez tranquille, il y aura toujours de l'ouvrage; d'ailleurs j'ai besoin de vendre ma récolte pour acheter des semences.

— Des semences!... Et votre froment, votre avoine?... En voilà des semences.

— Non, ces grains-là ne sont pas assez beaux. Vous pensez bien, Michel, que je ne veux pas avoir l'année prochaine, des récoltes aussi maigres; et, pour avoir de beaux épis, il faut donner à la terre des blés choisis, bien sains et bien lourds.

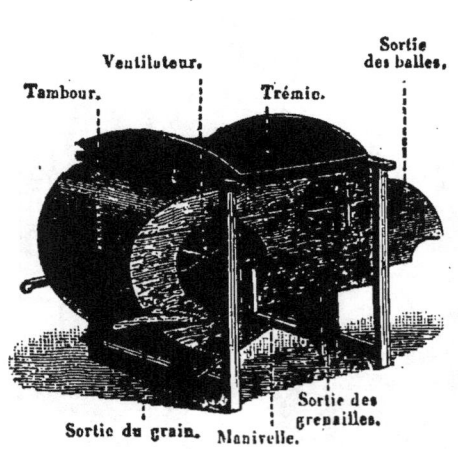

Fig. 31. — Le tarare.

Quand la récolte fut battue et passée au tarare (fig. 31), Pierre Durier la porta au marché. Il en obtint un prix plus élevé que les autres cultivateurs; car, grâce aux moyettes, il avait des grains bien secs, ce qui était rare cette année-là.

Pierre Durier fait analyser sa terre. Les amendements. — Dans un des voyages qu'il avait faits à la ville pour y porter sa récolte, il avait placé dans sa charrette quelques pots remplis de terre sur lesquels étaient des étiquettes. Michel, qui ne savait pas lire, avait été fort intrigué; mais il n'avait pas osé demander d'explications. Quelques semaines après, on déchargea sous le hangar une matière blanche qui fut ensuite transportée dans les champs et disposée en petits tas placés de distance en distance.

Comme Michel paraissait tout étonné de ce travail, Pierre Durier lui dit en riant :

— Je suis sûr que vous vous demandez ce que nous faisons là.

— Dame ! oui, monsieur Durier.

— Eh bien ! je vais vous l'apprendre. Il y a quelque temps, vous vous en souvenez, j'ai emporté à la ville des pots remplis de terre.

— Oui, monsieur Durier ; j'ai même trouvé que c'était une drôle d'idée.

— Pas si drôle, vous allez voir... J'ai voulu connaître exactement la composition de mon sol et je l'ai fait analyser.

— Ah ! fit Michel qui ne comprenait pas très bien.

— Et l'analyse m'a démontré que ma terre était trop argileuse. Pour l'améliorer, je lui donne ce qui lui manque. Ces petits tas de **marne** vont se réduire en poudre pendant les gelées de l'hiver ; au printemps, nous les enterrerons au moyen d'un léger labour et vous verrez l'année prochaine les belles récoltes que ça me donnera.

Leçon de choses : **Marnes**. — Les marnes sont des roches formées d'un mélange naturel d'*argile*, de *calcaire* et de *sable*. Elles sont calcaires, argileuses, siliceuses ou sableuses, suivant que l'un ou l'autre de ces éléments y domine. Ces roches sont de différentes couleurs, vertes, grises, blanches, bleuâtres, rougeâtres, irisées.

Les marnes servent surtout à *l'amendement* des terres.

La marne est très commune. Les départements de France qui renferment le plus de marnières sont : le Nord, le Pas-de-Calais, la Somme, l'Aisne, l'Oise, la Haute-Garonne, le Tarn, le Puy-de-Dôme, les Deux-Sèvres, etc.

— A ce compte, on peut arranger la terre à sa guise, répondit Michel ironiquement.

— Parfaitement ; on lui donne de la chaux, du **sable**, de l'argile selon les besoins : cela s'appelle *amender* la terre.

— C'est bien drôle tout de même, dit Michel, en reprenant sa besogne.

De nouveaux habitants avaient été installés à la ferme : c'étaient d'abord un coq, des poules cédés par des voisins ; puis quatre porcelets que Pierre Durier avait achetés, afin de les engraisser pour les revendre ensuite, à l'exception d'un qui devait être salé, pour servir à la nourriture des Ajoncs. Comme la cour de la ferme était spacieuse, un poulailler et une porcherie avaient été édifiés en face du hangar aux instruments.

Maurice va à l'école. — Au commencement de l'année scolaire, Maurice fut envoyé à l'école. La petite Marie pleura un peu de se voir séparée de son frère, avec lequel elle jouait si bien ; mais à cet âge, les chagrins durent peu, et bientôt elle s'habitua à le voir

---

LEÇON DE CHOSES : **Sable**. — Le **sable** est une matière minérale composée de *grains* très fins, de formes diverses, provenant de la *désagrégation* des roches. Il affecte des *couleurs diverses*, blanc, jaune, rouge, gris.

D'après leur origine, les sables prennent différents noms : les *sables siliceux* proviennent des grès ; les *sables calcaires* doivent leur origine aux roches calcaires ; les *sables basaltiques* sont dus à la décomposition des basaltes ; les *sables volcaniques* sont rejetés par l'éruption des volcans (ce sont alors de véritables cendres) ; les *sables aurifères* contiennent des paillettes d'or.

Le sable se forme soit au bord de la mer, soit dans le lit des rivières, où il est le produit de l'action continue des eaux sur les roches qu'elles recouvrent. Très répandu sur notre globe, on le trouve à la surface du sol ou dans des carrières. De vastes étendues de pays sont couvertes de sable (désert du Sahara et de l'Arabie ; en France, landes de la Gascogne et de la Sologne).

Le sable a de nombreux usages dans l'industrie. On l'emploie à la confection du *mortier* et des *ciments hydrauliques :* quand il est blanc et pur, on s'en sert pour la fabrication du **verre** et du **cristal**.

partir chaque matin. Quant à Maurice, il était enchanté de ce nouveau genre de vie. Il s'en allait tout seul avec son panier, ses livres et ses cahiers (fig. 32). Très attentif, très obéissant, ayant l'intelligence éveillée, il promettait de devenir un excellent élève; M. Noël prenait plaisir à s'occuper de lui, certain qu'il lui ferait honneur plus tard.

Marthe Durier avait bien recommandé à son fils de rentrer à la maison aussitôt la classe terminée et de ne pas s'amuser sur les chemins avec ses petits camarades. Maurice, qui était très obéissant, revenait toujours directement à la maison, et, chaque soir à la même heure, on le voyait entrer dans la cour.

Fig. 32. — Maurice s'en allait tout seul à l'école, avec son panier, ses livres et ses cahiers.

Maurice désobéissant. — Une fois pourtant, ayant appris qu'il passait des soldats sur la grand'route, la curiosité l'avait entraîné, et il avait suivi les autres élèves. Absorbé par le défilé de l'infanterie, de la cavalerie et de l'artillerie, il avait complètement oublié l'heure.

Sa mère, étonnée de ne pas le voir revenir, ne s'était pas tout d'abord tourmentée. L'enfant avait peut-être été retenu par M. Noël; mais au bout d'une demi-heure, de trois quarts d'heure, d'une heure, l'inquiétude la prit sérieusement, et elle se demanda avec anxiété ce qui était arrivé à son enfant. Elle envoya aux informations Jeannette, qui revint en disant que Maurice était, comme ses camarades, parti à l'heure ordinaire. **Les angoisses de Marthe Durier augmentaient de** moment en moment. De la porte de la ferme, elle interrogeait en vain la route toujours déserte. Sa poitrine se serrait, les pensées les plus tristes la hantaient ; elle voyait son petit Maurice écrasé par une charrette ou noyé dans la rivière, et les larmes voilaient ses yeux. Jeannette, elle aussi, partageait les craintes de sa maîtresse, elle qui avait connu cette angoisse de l'attente et d'une attente qui durait encore.

Enfin, au bout de deux heures, on aperçut au loin sur la route l'enfant accourir de toutes ses forces (fig. 33). Après avoir vu passer de nombreux soldats, il s'était rendu compte de sa désobéissance et se hâtait de toute la vitesse de ses petites jambes.

Fig. 33. — On aperçut au loin, sur la route, Maurice accourir de toutes ses forces.

Marthe Durier, rassurée sur le sort de son enfant, rentra à la maison, sécha ses larmes et attendit son fils qui arriva tout penaud.

Comme d'habitude, il s'approcha pour embrasser sa mère, mais celle-ci, le repoussant, lui dit :

— D'où venez-vous ? monsieur.

— Maman, j'ai été avec mes camarades voir des soldats sur la route.

— Et depuis deux heures je suis dans une grande inquiétude sur votre compte ; c'est très mal de faire ainsi de la peine à ses parents, cela prouve que vous ne les aimez pas... Pour punition de votre désobéissance, vous allez prendre un morceau de pain sec et aller vous coucher.

En entendant sa mère, qui était si tendre et si bonne,

lui parler ainsi, l'enfant se mit à fondre en larmes. Vainement il demanda pardon, sa mère fut inflexible ; il dut monter dans sa chambre, suivi de Jeannette à qui sa douleur faisait peine.

Celle-ci, l'aidant à se coucher, cherchait à le consoler.

— Vois-tu, mon petit Maurice, lui disait-elle, il ne faut jamais être désobéissant ; si tu savais comme ta maman était malheureuse de ne pas te voir revenir ! Elle te croyait perdu, et cette crainte était d'autant plus naturelle que j'étais auprès d'elle et qu'elle se rappelait le malheur qui m'est arrivé.

Histoire du fils de Jeannette. — Maurice leva vers Jeannette ses yeux pleins de larmes et la regarda d'un air interrogatif.

— Tu ne sais donc pas, on ne t'a donc pas raconté ? Et comme l'enfant gardait le silence.

— C'est par délicatesse, sans doute, pour que ta sœur et toi ne raviviez pas ma douleur par vos questions. Eh bien, écoute. Il y a bien des années déjà, j'avais un gentil petit garçon comme toi. Comme toi, il allait à l'école, et il était désobéissant comme tu l'as été aujourd'hui. J'avais beau lui recommander de ne pas jouer sur les chemins, il ne m'écoutait pas. Un jour arriva à Barville une troupe de ces bohémiens (fig. 34) qui parfois traversent les villages, et qui, sous prétexte de rétamer les casseroles, volent tout ce qu'ils trouvent. Le maire leur ayant défendu d'entrer dans le bourg, ils s'étaient installés sur le communal* qui est au delà des landes de ton papa ; leurs costumes, leur langage, leur manière de vivre excitaient la curiosité de tout le monde et surtout des enfants. Malgré ma défense, mon petit Émile alla les voir, et, sans doute, ils le volèrent ; car, le soir même où mon enfant ne revint pas, les bohémiens disparurent. Tu conçois, Maurice, les inquiétudes que je ressentis, en attendant mon pauvre petit garçon, et le chagrin que j'éprouvai, lorsqu'après toute une nuit de recherches, je ne pus le retrouver. Je le crus mort; plus tard, des voisins qui l'avaient vu rôder du côté des bohémiens eurent l'idée que ceux-ci avaient pu l'emmener. La justice informée de ce vol ordonna de poursuivre ces misérables. Comme mon petit Émile avait sur le front une cicatrice qui lui coupait le sourcil

Fig. 34. — Un campement de Bohémiens.

droit, j'eus, quelque temps, l'espoir qu'on pourrait le retrouver; mais, hélas! les recherches furent inutiles: mon enfant n'est jamais revenu, et sa désobéissance fera la désolation de toute ma vie.

En racontant cette histoire, la pauvre mère sanglotait.

Maurice ému par la douleur de Jeannette se jeta à son cou en lui disant :

— Ma pauvre Jeannette, ma pauvre Jeannette...! Je ne serai plus désobéissant, jamais, jamais, dis-le à maman...; et toi je t'aimerai encore davantage pour que tu aies moins de chagrin.

Le lendemain, Maurice embrassa ses parents en leur promettant de ne plus jamais recommencer. Il tint parole ; car toutes les fois qu'il avait la tentation de désobéir, l'histoire du fils de Jeannette lui revenait à la mémoire et suffisait pour le ramener dans la bonne voie.

Pierre Durier s'assure. — Sur ces entrefaites, Pierre Durier avait assuré ses bâtiments contre l'incendie et ses récoltes contre la grêle ; cette mesure de précaution si sage avait été l'objet de railleries, et Philippe avait été un de ceux qui s'étaient le plus égayés sur son compte. L'ayant rencontré, il lui dit d'un ton gouailleur :

— C'est vrai que tu as assuré tes récoltes ?
— Oui.
— Tu as donc de l'argent de trop ?
— Non, certes.
— Dame, on le croirait, puisque tu le donnes aux gens de la ville qui seront bons pour le recevoir, mais qui ne te payeront pas si tes récoltes sont détruites par la grêle.
— Pourquoi ? M. Germain a bien été indemnisé, il y a quelques années.
— M. Germain, M. Germain ! reprit Philippe, tu parles toujours de M. Germain. M. Germain est un richard qui a le bras long ; on le paye, lui, quand il réclame ; mais toi, un paysan, tu t'imagines que ce sera la même chose.
— Parfaitement.
— Es-tu naïf, mon pauvre Pierre ! Tu te refuses le plaisir de chasser par économie, et tu vas te faire râfler ton argent par des intrigants.... Vois donc, dans le pays, si aucun de nous se laisse attraper.
— Vous avez tort.
— Enfin, puisque ça te fait plaisir... Après tout, cela ne me regarde pas.

Maurice veut être agriculteur. — Pierre

Durier avait augmenté ses cultures. Sur ses jachères bien labourées et abondamment fumées, il avait semé un froment qui promettait une abondante récolte. Dans son avoine d'hiver, il avait mis du trèfle qui, au début, protégé par la céréale, allait lui donner une coupe à l'automne et être en plein rapport l'année suivante.

Souvent il emmenait Maurice avec lui. L'enfant était tout joyeux d'accompagner son père qui, tout en dirigeant la herse ou le rouleau, lui enseignait le nom des plantes et des instruments. Maurice, très attentif, s'intéressait à tout ce qu'il voyait et à tout ce qu'on lui disait. Un jour, le père ayant arrêté son attelage, prit son fils sur ses genoux, l'embrassa et lui dit :

— Eh bien, Maurice, cela t'amuse donc de suivre les travaux des champs?

— Oui, papa.

— Et, quand tu seras grand, que veux-tu faire?

— Je veux faire comme vous, je veux être agriculteur... Je soignerai les chevaux, les vaches; je labourerai... C'est difficile, papa, de conduire la charrue?

— Oui, mais je te montrerai et tu deviendras habile.

— Ce sera-t-il bientôt?

— Oh! nous avons le temps d'attendre, dans une dizaine d'années.

Et comme l'enfant paraissait désappointé, il lui dit en le caressant :

— Ne te désole pas, il y aura d'autres ouvrages que tu pourras exécuter en attendant. A la campagne, il y a du travail pour tout le monde, grands et petits.

Pendant l'hiver, Pierre Durier ne voulant pas laisser en friche les carrières (c'était ainsi que l'on appelait le terrain qui avait été autrefois exploité pour l'extraction de la pierre), avait entrepris de les planter,

LES AJONCS.

Comme le sol était constitué en grande partie de terres remuées, il y plaça des acacias (fig. 35). Il se promettait de les éclaircir peu à peu, ce qui lui procurerait des échalas d'une vente facile et du bois de chauffage, et de réserver les plus beaux arbres qui, dans une vingtaine d'années, pourraient être abattus et vendus aux charrons, aux menuisiers et aux tourneurs. C'était, il est vrai, un placement à longue échéance ; mais, en agriculteur prévoyant, il s'était dit qu'avec une dépense insignifiante, lui ou ses enfants trouveraient là plus tard une ressource qui augmenterait chaque année, sans frais d'aucune sorte. Afin de préserver sa plantation de la dent des animaux, il avait entouré son terrain de ronce artificielle, fils de fer tressés, armés de pointes et fixés à l'aide de pieux plantés de distance en distance.

Fig. 35. — Pierre Durier plante les carrières en acacias.

Maurice sait lire. — Il y avait à peine six mois que Maurice allait à l'école, quand, un soir, M. Noël le ramena lui-même aux Ajoncs. En entrant dans la salle, il trouva Marthe Durier causant avec son mari qui revenait des champs.

— Bonjour monsieur et madame Durier, dit M. Noël ; je suis très heureux de vous rencontrer tous les deux, car je viens vous annoncer une bonne nouvelle. Maurice sait lire couramment. C'est un bon petit élève dont je suis très content; s'il continue, il deviendra très instruit. Je l'aime beaucoup; il est doux, attentif, et il ne tiendra qu'à lui de pousser ses études plus loin que ses petits camarades.

M. et madame Durier embrassèrent bien tendrement Maurice et remercièrent M. Noël de ses bons soins.

— Vous n'avez pas à me remercier, répartit l'instituteur; si je n'avais que des enfants comme Maurice, ce serait un véritable plaisir de faire la classe..... Ce qui rend le métier si pénible, ce sont les paresseux qui ne veulent rien apprendre, et les dissipés qui ne songent qu'à bavarder et à faire des sottises. Enfin chaque profession a ses bons et ses mauvais côtés.

Les lapins. — Pour récompenser Maurice de ses progrès, son père lui donna, quelques jours après, deux **lapins**, en lui disant :

— Je te les donne, mais à une condition : c'est que

LEÇON DE CHOSES : **Lapin.** — Le lapin (fig. 36) est un petit *mammifère* du genre *lièvre*. Il se distingue du lièvre par une taille plus petite, des jambes et des oreilles moins longues, et par l'habitude qu'il a de vivre dans un *terrier*.

Le lapin est originaire du nord de l'Afrique. Extrêmement répandu en France, il se nourrit de thym, de serpolet et de jeunes pousses d'arbres. Il pullule tellement que, dans certains cas, sa présence est un véritable fléau pour les cultures.

On distingue le *lapin sauvage* ou de *garenne*, et le *lapin domestique* qu'on élève dans des *clapiers*. On le nourrit, en été, avec de l'herbe (ne pas la lui donner mouillée) et parfois avec un peu de son et d'orge; en hiver, avec du foin et des racines.

Fig. 36. — Le lapin.

La boisson du lapin doit être de l'eau bien claire.

La chair du lapin est agréable et entre pour une part considérable dans la consommation. Les poils du lapin sont recherchés pour la fabrication des chapeaux de feutre.

La litière doit être donnée aux lapins en quantité suffisante; elle forme un engrais de bonne qualité.

seul tu t'occuperas d'eux. Tu les soigneras, tu les nettoieras, tu leur donneras à manger. S'ils prospèrent, s'ils ont des petits, tout le profit que tu en tireras sera pour toi. Mais si tu les négliges, si ta mère ou Jeannette sont obligées de prendre soin d'eux, tant pis pour toi : l'argent que produira leur vente m'appartiendra.

Un clapier* fut établi au midi de la cour; le sol en fut légèrement incliné de façon à permettre l'écoulement de l'urine vers la fosse à purin. Un certain nombre de compartiments fabriqués avec des planches entoura un espace découvert où les lapins pouvaient se mouvoir en liberté et sur lequel fut placé un treillage en fer à mailles serrées, afin de les protéger contre les chiens, les **fouines** et surtout les chats.

Chaque matin, Maurice se levait de bonne heure, et, aidé de Marie, allait faire sur le bord des routes une ample provision d'herbes qu'il rapportait dans une petite brouette. Il avait prié Jeannette de lui mettre de côté les fanes de carottes, les épluchures de pommes de terre, les feuilles de choux. L'herbe récoltée chaque matin n'était pas donnée immédiatement aux lapins, car, humide de rosée, elle aurait pu leur être nuisible.

LEÇON DE CHOSES : **Fouine**. — La fouine (fig. 37) est un petit *mammifère* du genre *marte*. Grosse comme un jeune chat, elle a le corps allongé, l'œil vif, la tête petite et plate, les dents et les ongles pointus, la queue longue. Son pelage est de couleur brune tirant sur le bistre. Elle exhale une forte odeur musquée désagréable.

Cet animal, qui habite les bois, les fermes, les greniers des villes, ne sort que la nuit, mange les œufs, la volaille, les lapins, et porte une partie de sa proie à ses petits. Il détruit également les souris, les rats, les taupes.

La fouine peut s'apprivoiser.

Fig. 37. — La fouine.

Elle séchait d'abord sous le hangar et n'était distribuée que le lendemain. Son père lui fournissait la litière, à condition qu'il lui rendrait le fumier. Tous les jeudis, comme il n'y avait pas de classe, l'enfant procédait au nettoyage du clapier.

Les animaux améliorés. — Pierre Durier, vers la même époque, avait amélioré sa basse-cour, en y ajoutant un coq Dorking (fig. 38) et quelques poules de la même race (fig. 39), excellentes pondeuses, dont les produits allaient être une source de revenus. Les vaches qu'il avait trouvées à son arrivée et qui donnaient peu de lait, avaient été engraissées pendant l'hiver et remplacées par des cotentines dont il avait vendu les veaux. Ces vaches, très bonnes laitières, donnaient par jour, en moyenne, douze à treize litres de lait que Marthe Durier portait à la ville voisine. Afin d'assurer la production et la qualité du lait de ses vaches, Pierre Durier avait ordonné qu'on ajoutât au foin, base de leur nourriture, des betteraves coupées fin et fermentées, mélangées avec les balles de froment qu'il avait fait mettre de côté lors du battage et auxquelles on mêlait du son ou des farines d'orge, de

Fig. 38. — Le coq.

Fig. 39. — La poule.

Leçon de choses : **Tourteaux**.— On donne le nom de **tourteaux** aux résidus de graines oléagineuses dont on a extrait l'huile, ou de certains fruits, de certaines matières dont on a exprimé les sucs.

Les tourteaux constituent un *excellent engrais*, surtout si on les

seigle, de maïs. Il avait défendu l'emploi des **tourteaux**, qui, pour la plupart, donnent un mauvais goût au lait.

Marthe Durier vend son lait à la ville.
— La bonne qualité et le prix raisonnable des produits vendus par Marthe lui avaient de suite procuré une nombreuse clientèle. Afin de pouvoir satisfaire aux demandes, elle avait dû acheter dans le village le lait des autres cultivateurs sur lequel elle prélevait un léger bénéfice. Philippe, entr'autres, s'était entendu avec elle, et, chaque matin, il lui apportait la traite de ses vaches.

Un jour, Marthe revint toute triste de la ville. Elle raconta à son mari que des reproches lui avaient été faits sur la qualité de son lait ; elle en avait été très mortifiée, car elle le vendait consciencieusement tel que ses bêtes le lui donnaient, sans l'écrémer ni le modifier en aucune façon. Pierre Durier non moins contrarié que sa femme de cet incident eut un soupçon. Sans en faire part à Marthe, il lui recommanda de rapporter de la ville un pèse-lait*.

Le pèse-lait. — Le lendemain, lorsque Philippe vint comme de coutume faire sa livraison quotidienne, Pierre Durier lui dit :

— Mon cher, des reproches nous ont été adressés hier sur la qualité de notre lait ; comme je ne veux pas que pareil fait se reproduise, d'abord parce que cela nous ferait passer pour des gens malhonnêtes, ensuite parce que nous serions exposés à un procès si le commissaire de police vérifiait nos boîtes, j'ai acheté ce pèse-lait et je n'enverrai désormais à la ville que le lait qui aura la densité voulue.

---

mélange avec du purin, des urines et des engrais humains. Certains tourteaux, tels que ceux de lin, de colza, de chènevis, de noix et de navette, sont utilisés pour la *nourriture du bétail*.

Philippe fit une grimace.

Pierre Durier ouvrit successivement chacune de ses boîtes et y introduisit le pèse-lait. L'épreuve ayant été satisfaisante, il vérifia ensuite le lait de Philippe, dont le pèse-lait (fig. 40) démontra la falsification.

— Je ne peux pas prendre ton lait, dit Pierre Durier.

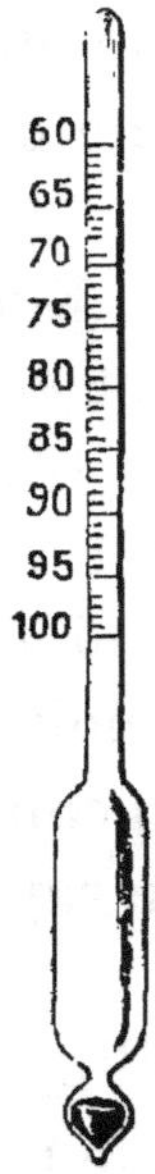

— En voilà une idée !

— Je ne veux pas exposer ma femme à des ennuis.

— Qu'est-ce que tu veux que j'en fasse, reprit Philippe avec aigreur ; d'ailleurs ta femme s'est engagée à le vendre.

— Oui, mais à condition qu'il fût naturel ; tu y ajoutes de l'eau.

— Tu as deviné cela.

— Ce n'est pas malin, reprit Durier ; le pèse-lait l'indique assez clairement.

— Eh bien, quand cela serait, voilà-t-il pas ! Quand on y mettrait un peu d'eau, c'est encore bien bon pour les bourgeois de la ville.

Fig. 40. Le pèse-lait.

— Alors, vends-le toi-même ; moi je ne m'en charge pas.

Philippe fut obligé de remporter son lait, et à partir de ce jour, il cessa de venir aux Ajoncs. Cependant, Pierre et Philippe n'étaient pas complètement brouillés. Toutes les fois qu'ils se rencontraient sur les routes ou dans les champs, ils se disaient bonjour ; mais tout dans la conduite de Philippe dénotait sa rancune contre Pierre Durier qu'il critiquait toutes les fois que l'occasion se présentait. C'est ainsi qu'un jour, l'ayant vu occupé avec sa famille à détruire les bourses de **chenilles**, il lui demanda ce qu'il faisait.

L'échenillage. — Tu le vois, j'obéis à l'arrêté du préfet, j'échenille.

— En voilà une idée...! Mais personne ne s'en occupe de l'arrêté du préfet... Est-ce que nous échenillons, nous autres?... Il n'y a que toi dans le pays qui te livres à cette besogne inutile...; tu ferais bien mieux de rester tranquille...; ce que tu auras détruit ne te servira à rien. Crois-tu que les chenilles de ton voisin te demanderont la permission pour venir chez toi?

— C'est vrai, reprit Pierre : si mes voisins n'échenillent pas, je ne serai pas à l'abri de ces rongeurs; mais j'ai pour principe d'obéir à la loi. De plus, ces prescriptions sont justes et prévoyantes, et, si elles étaient observées par tout le monde, nous serions débarrassés d'un grand fléau.

— Mais puisque personne ne le fait.

— Cela m'est égal, j'aurai rempli mon devoir.

— Si tu n'as que ton devoir pour préserver tes récoltes, mon brave Pierre, dit Philippe en ricanant, cela me paraît bien insuffisant.

M. Baron. — Il y avait environ dix-huit mois

Leçon de choses : **Chenilles**. — Certains **insectes** subissent pendant leur vie *trois métamorphoses*. A leur sortie de l'œuf, ils apparaissent à l'état de **larves** ou de **chenilles** (fig. 41); ils se transforment ensuite en **nymphes** ou **chrysalides** et deviennent enfin **papillons**.

Généralement les *chenilles* ont le corps velu, allongé et composé de douze anneaux dont les trois premiers portent *six pattes articulées*. Elles possèdent sur les flancs neuf petits trous appelés **stigmates**, qui servent à leur respiration. Leurs *mâchoires* sont cornées.

Fig. 41. — La chenille.

La chenille dévore les plantes : c'est un insecte très nuisible. Quand elle est sur le point de se transformer en chrysalide, elle s'enfonce en terre ou se cache dans le creux des murs et s'enveloppe d'une matière filamenteuse qu'on appelle **bourre** ou **cocon**.

que Pierre Durier possédait les Ajoncs, quand un nouveau propriétaire vint s'installer dans le pays.

M. Baron était un ancien parfumeur de Paris qui avait réalisé dans son commerce une fortune considérable. Il venait de se retirer des affaires et d'acheter le château de Bellevue avec la ferme qui en dépendait.

M. Baron avait toute sa vie caressé le projet de se retirer à la campagne, quand sa fortune serait faite, et de devenir agriculteur. Depuis l'époque où il avait vu sa maison prospérer et ses capitaux s'accroître, il avait consacré tous ses loisirs à l'étude des questions agricoles. Il avait suivi des cours, fait des voyages pour comparer les cultures de chaque contrée, assisté aux concours, etc.

Malgré ses nombreuses connaissances théoriques, son instruction était incomplète : d'abord, parce qu'elle avait été acquise sans méthode ; ensuite, parce que la pratique agricole lui était totalement étrangère. D'un caractère entier, il ne souffrait pas la contradiction. Il avait depuis longtemps, et après mûres réflexions, arrêté un système de culture dont les éléments étaient puisés dans les ouvrages les plus savants, mais qui péchait sur un point capital, en ce qu'il ne tenait compte, ni du climat, ni du sol, ni du milieu, ni des conditions économiques. Ayant en lui une confiance absolue, il se croyait sûr du succès ; il était imbu de cette idée que, chez tous les cultivateurs, la prudence était routine, l'économie, avarice, et que, pour réussir, il fallait oser et aller de l'avant.

Aussi son premier acte, en prenant possession de son domaine, avait-il été de congédier le fermier, afin de diriger lui-même son exploitation.

Sa femme, madame Baron, habituée à la vie de Paris, gémissait de se voir exilée au fond d'une campagne, loin de sa famille et de ses amis. Elle aimait le monde, les spectacles, les réunions, et elle envisageait avec terreur l'avenir que son mari lui préparait. Il en était de même de ses deux jeunes filles qui, elles aussi, déploraient de se voir privées des plaisirs que les cinquante mille francs de rente de leur père auraient pu leur procurer.

Forcées de se soumettre à la volonté du chef de famille, madame et mesdemoiselles Baron avaient dé-

Fig. 42. — Les dames Baron passaient leur temps à faire du crochet, de la tapisserie, à jouer du piano, à lire des romans.

claré nettement qu'elles ne voulaient pas s'occuper de l'exploitation, et qu'elles ne mettraient jamais les pieds dans la ferme, ne se souciant pas de salir leurs bottines dans le fumier. M. Baron n'avait pas fait d'observation ; d'ailleurs, il préférait être seul à commander, afin de pouvoir tout faire à sa guise sans être contrôlé ni discuté.

Ces dames (fig. 42) passaient leur temps à faire du crochet, de la tapisserie et de coquets ouvrages de couture, à jouer du piano, à lire des romans. Dans l'après-midi, elles se promenaient dans un élégant panier* qu'elles conduisaient elles-mêmes. Mais ces plaisirs ne les satisfaisaient qu'incomplètement et elles maudissaient chaque jour davantage cette fantaisie qui leur imposait une existence si peu en rapport avec leurs goûts.

Quant à M. Baron, il se trouvait le plus heureux des hommes. Il avait commencé par reconstruire complètement la ferme d'après le plan qu'il avait conçu, bien avant d'acheter Bellevue. Une étable luxueuse pouvant contenir soixante bêtes à cornes, une écurie pour vingt chevaux, une bergerie pour quatre cents moutons, une porcherie, avaient été édifiées à la place des anciens bâtiments. Il les avait peuplées d'animaux de races étrangères : Durham, Disbley, Yorkshire ; car il ne voulait, sur son domaine, que des espèces précoces et faciles à engraisser. Il avait exclu de son troupeau nos belles races françaises, si rustiques, si travailleuses, pour lesquelles il professait le plus profond dédain. Ses greniers, ses hangars étaient vastes et élégants ; son outillage agricole comprenait les instruments les plus nouveaux et les plus perfectionnés : batteuse, faucheuse, moissonneuse, semoirs, etc. Une distillerie avait été annexée à l'exploitation ; car il se proposait de faire beaucoup de betteraves, afin d'alimenter ses animaux avec les pulpes provenant de la distillation.

Les dépenses d'installation dépassèrent considérablement les prévisions de M. Baron ; quand les travaux furent terminés, presque tout son capital avait été englouti par l'achat du domaine et par les améliorations qu'il y avait apportées. Mais sa confiance n'en fut pas ébranlée : il était persuadé qu'il venait de placer sa fortune à gros intérêts.

Les habitants de Barville suivaient avec curiosité les travaux qui s'exécutaient à Bellevue. Les nouveaux bâtiments qui s'élevaient, les transformations qui s'opéraient chaque jour étaient l'objet de toutes les conversations. Dans les cafés, le dimanche sur la place du bourg, on ne parlait que de M. Baron, de ses étables, de ses instruments et de ses animaux. Pierre Durier, dont on reconnaissait le mérite et dont on demandait fréquemment l'avis, répondait à ceux qui l'interrogeaient que M. Baron entreprenait trop à la fois, qu'il s'exposait à de graves mécomptes, qu'on devait agir en agriculture avec certitude et prudence. Il reconnaissait que ses animaux étaient très beaux, mais difficiles à élever, et qu'il était à craindre qu'il n'en retirât pas tous les bénéfices espérés.

Bientôt l'émotion qu'avait causée l'arrivée de M. Baron se calma. On racontait seulement qu'il était dur pour ses ouvriers, qu'il renvoyait ses domestiques pour la moindre peccadille. Ceux-ci, voyant en lui un maître difficile et malveillant, le servaient mollement, ne prenaient aucunement ses intérêts et souvent même le volaient. C'étaient des œufs, des volailles qui disparaissaient; du foin, de la litière, de l'avoine qui étaient gâchés. Malgré toute son activité et toute sa vigilance, M. Baron, qui n'avait personne pour le seconder, ne pouvait surveiller partout à la fois et un coulage effroyable s'était introduit dans son exploitation, au grand détriment de ses revenus.

Le père de Philippe. — Un jour que Pierre Durier binait ses betteraves, le père de Philippe, vieillard de soixante-cinq ans, usé par une longue vie de travail, vint à passer près de lui. Pierre Durier, très occupé par sa besogne, ne l'ayant pas vu, le père de Philippe lui dit :

— Vous travaillez avec bien de l'ardeur, M. Durier (fig. 43).

— Oui, les pluies de ces derniers jours ont fait

pousser les mauvaises herbes en abondance, et, si je ne me hâte, je ne pourrai plus en venir à bout.

— Vous avez raison ; à Bellevue, il en est de même, mais on ne s'en préoccupe pas. J'en ai fait l'observation à M. Baron que j'ai rencontré ; il m'a répondu qu'il les binerait plus tard, qu'il avait bien le temps et qu'il n'allait pas pour cela interrompre les travaux auxquels il était occupé en ce moment.

— Il a tort. S'il ne se hâte pas, sa récolte peut être compromise ; il y a des façons urgentes qu'il ne faut pas reculer d'un jour.

— C'est ce que je lui ai dit, mais il m'a envoyé promener ; vous savez qu'il n'est pas toujours poli.

Tout en parlant, il s'était rapproché de Pierre.

Fig. 43. — Vous travaillez avec bien de l'ardeur, monsieur Durier.

— Il faut que je vous demande un conseil, M. Durier, lui dit-il à voix basse.

— De quoi s'agit-il donc, répondit Pierre Durier, en interrompant son travail.

— Voici : mon fils me répète à chaque instant que je suis vieux et fatigué, ce qui est vrai, et que c'est lui qui a maintenant tout le mal. Il me tourmente pour que je lui cède mes champs et ma maison. Il promet de me garder chez lui et de me faire une petite rente... Mais moi, voyez-vous, monsieur Durier, il m'en coûte d'abandonner mon bien. Ma pauvre défunte femme et moi nous avons eu tant de mal à acquérir ces terres auxquelles je suis si attaché...! Les céder, même à mon fils, c'est comme si on m'arrachait le cœur...; et puis, toutes ces promesses qu'il me fait..., je n'y ai pas confiance.... Philippe n'est pas travailleur... Il aime le café, le jeu...; tous les jours de marché, il perd son temps à la ville...; j'ai peur qu'il ne tienne pas ses engagements, et alors, si je n'ai plus rien, qu'est-ce que je deviendrai?... J'en ai tant vu de parents qui avaient fait ainsi l'abandon de leurs biens et qui le regrettaient, parce que leurs enfants n'exécutaient pas les conventions...! Monsieur Durier, vous qui êtes un homme sage, dites-moi ce qu'il faut que je fasse.

— C'est assez délicat ce que vous me demandez...; à se mêler des affaires des autres, il n'y a rien à gagner... Si Philippe sait que je vous ai donné un avis qui lui soit défavorable, il m'en voudra.

— Soyez sans crainte, monsieur Durier, je ne lui en parlerai pas.

— Eh bien, puisque vous me promettez le silence, je vous conseille de garder votre bien... Donnez à votre fils tout ce dont il a besoin ; payez-le largement, mais restez maître chez vous... : on ne sait pas ce qui peut arriver... D'ailleurs, Philippe est fils unique, et ce que vous avez ne peut lui manquer plus tard.... Gardez votre bien.

— Merci, monsieur Durier. Ce que vous me dites me fait plaisir; je suivrai votre conseil.

— Mais surtout ne dites pas à votre fils que vous m'avez parlé.

— C'est entendu, monsieur Durier.

Réconforté par cet avis, le père de Philippe, qui avait presque consenti à la cession de ses biens, ne voulut plus en entendre parler. Malgré les réclamations de son fils, les instances de sa bru qui, excitée par son mari, harcelait le vieillard, celui-ci s'obstinait à garder ce qu'il possédait.

Les querelles étaient fréquentes entre le père et le fils ; les récriminations, les reproches, les injures s'échangeaient de part et d'autre. Philippe ne cessait de répéter :

— Mais puisque vous aviez promis, pourquoi refusez-vous aujourd'hui de tenir votre promesse...? Qui donc a pu vous faire changer d'avis ?

Le père de Philippe avait gardé le secret que Pierre Durier lui avait demandé ; mais un jour, poussé à bout par ses enfants, impatienté de leur insistance, il avait avoué qu'il avait consulté un homme de bon conseil en qui il avait confiance. Bien que, dans la discussion, aucun nom n'eût été prononcé, Philippe pensa que Pierre Durier ne devait pas être étranger à la détermination prise par son père, et quelques jours plus tard, rencontrant Pierre, il lui dit durement :

— Je te prie de ne pas te mêler de mes affaires et de ne pas comploter contre moi.

Pierre Durier comprit ce qui s'était passé, et, sans rien cacher, reproduisit sa conversation avec le vieillard. On lui avait demandé son avis ; il l'avait donné franchement, comme il le donnerait encore, si pareille circonstance se reproduisait.

— C'est possible, reprit Philippe ; mais en parlant ainsi, tu savais bien que cela me ferait du tort ; mon père était presque décidé, et depuis qu'il t'a vu, il ne veut plus... C'est pourtant facile de se taire.

— Pas toujours... J'aurais beaucoup mieux aimé n'être pas consulté ; mais l'ayant été, j'ai répondu selon ma conscience.

— Ta conscience, ta conscience ! dit Philippe en

s'éloignant, elle désobligé bien facilement un ami.

— Un ami! pensa Pierre Durier; si jamais je suis dans l'embarras, je ferai bien de ne pas compter sur celui-là.

Maurice vend ses lapins. — Cependant les lapins de Maurice s'étaient multipliés. Le clapier en contenait maintenant une quarantaine. Afin de ne pas être obligé de pourvoir pendant l'hiver à la nourriture d'un trop grand nombre d'animaux, il avait été décidé que l'on en garderait deux couples seulement et que les autres seraient engraissés et vendus. Pierre Durier avait fait à Maurice l'avance du son, du trèfle, de l'avoine qui étaient nécessaires à cet engraissement, et l'enfant avait pris l'engagement de rembourser cette avance à son père sur le prix de la vente. Tout compte fait, Maurice réalisa cette année-là, avec ses lapins, un bénéfice net de trente francs.

Quand il se vit possesseur d'une somme d'argent aussi considérable, la tête lui tourna un peu, et pour en faire emploi, il forma cent projets plus irréalisables les uns que les autres. Enfin après de longues réflexions et pour être agréable à Marie qui l'avait aidé, il demanda à son père d'acheter une chèvre.

Pierre Durier donne une chèvre à sa fille. — Pierre Durier considérait avec raison la **chèvre**

LEÇON DE CHOSES : **Chèvre**. — La **chèvre**, (fig. 44) originaire de la Perse, est un *mammifère* de l'ordre des *ruminants*. Cet animal se plaît dans les endroits escarpés; il ne prospère que dans les plaines arides, les montagnes, les endroits secs.

Beaucoup plus rustique que la brebis, la chèvre, *providence du pauvre*, coûte peu à nourrir, et donne un lait abondant, recherché, avec lequel on fabrique d'excellents fromages.

Fig. 44. — La chèvre.

Son pelage est composé de deux sortes de poils : les uns exté-

comme un animal malfaisant, qui mange et détruit tout ce qui se trouve à sa portée ; aussi résista-t-il d'abord à la demande de son fils. Cependant il consentit à faire cette acquisition, mais à la condition qu'on ne laisserait jamais la chèvre vagabonder, qu'elle serait toujours tenue à la corde ou mise au piquet sur la lande et qu'on veillerait surtout à la tenir éloignée des nouvelles plantations des carrières dont les jeunes pousses pourraient tenter sa gourmandise.

Ces engagements pris, Pierre Durier se procura une jolie petite chèvre blanche sans cornes, qui se familiarisa promptement avec les enfants et qui donnait du lait que Maurice et Marie trouvaient bien meilleur que celui des vaches. Marthe apprit à sa fille à la traire, et c'était un spectacle bien gracieux de voir cette petite fille presser de ses mains mignonnes les mamelles de la chèvre et en faire couler un lait fumant.

La Caisse d'épargne. — Comme cet achat n'avait pas absorbé les trente francs de Maurice, celui-ci, sur les conseils de son père, en fit deux parts égales, une pour sa sœur, l'autre pour lui, et un dimanche matin Pierre Durier conduisit ses deux enfants à la **caisse d'épargne** où ils déposèrent leur petite fortune.

---

rieurs, longs, rudes, sont utilisés pour la fabrication des *étoffes grossières*; les autres, cachés sous les premiers, sont fins, doux, laineux, et servent à confectionner les *tissus les plus recherchés*. Sa chair n'entre que pour une faible part dans la consommation.

Le petit de la chèvre se nomme **chevreau**. On utilise la peau du chevreau à la fabrication de gants et de chaussures fines.

Les Grecs avaient consacré la chèvre à Jupiter, en souvenir de la chèvre **Amalthée**, qui avait nourri ce dieu.

LEÇON DE CHOSES : **Caisses d'épargne**.—Les **caisses d'épargne** sont des *institutions de prévoyance et de dépôt* qui permettent aux personnes peu aisées de mettre leurs économies à l'abri des tentations de chaque jour et de les faire fructifier.

Les dépôts sont reçus à partir de *un franc* et les *intérêts* varient

LES AJONCS.

Pierre Durier augmente sa production fourragère. — Malgré tous les soins qu'il avait pris, malgré les améliorations qu'il avait apportées à la culture dont les rendements avaient beaucoup augmenté et dépassaient d'une façon notable ceux de ses voisins, Pierre Durier n'était pas satisfait. Ses premières années ne s'étaient pas soldées en perte, mais ses bénéfices étaient au-dessous de ceux qu'il avait espérés. Il est vrai que, grâce aux fumures, aux labours plus profonds, aux hersages, ses terres s'amélioraient chaque jour ; mais cela ne suffisait pas. Esprit réfléchi et cherchant toujours à mieux faire, après avoir bien pris connaissance de la valeur et de la nature de son sol, il s'était décidé à s'adonner plus spécialement à la production du lait qui lui procurait des bénéfices quotidiens par la facilité avec laquelle il pouvait l'écouler à la ville voisine.

Il avait en conséquence modifié son assolement, consacrant la plus grande surface possible aux prairies artificielles, et alternant, sur le restant de son domaine, le froment, l'avoine, les betteraves et les plantes sarclées.

---

entre 3 et 4 0/0 suivant les caisses d'épargne qui ont toutes, sauf la caisse d'épargne postale organisée par l'État, une existence propre et indépendante.

Chaque déposant reçoit un livret sur lequel toutes les opérations (versements, remboursements, intérêts) sont inscrites. Lorsque le capital déposé atteint une *certaine somme*, la caisse d'épargne le transforme, sans frais, soit d'office, soit sur la demande de l'intéressé, en un **titre de rente sur l'État**.

Les caisses d'épargne sont d'institution récente. Elles datent en France de 1818; mais, en raison des services nombreux que, dès leur origine, elles ont rendus aux populations, elles se sont rapidement multipliées, et, actuellement, il en existe dans toutes les localités un peu importantes.

Les caisses d'épargne postales, créées sous la troisième République, ont donné une nouvelle facilité aux déposants, en leur permettant de verser leurs fonds dans tous les *bureaux de poste*.

Parmi les prairies artificielles, on remarquait un champ de luzerne magnifique, qui faisait l'admiration de tout le pays. Voici comment il l'avait obtenu. Dans une avoine de printemps, il avait jeté de la graine de luzerne qui avait très bien levé. Aux premiers beaux jours de l'année suivante, il l'avait hersée avec soin pour la débarrasser complètement des mauvaises herbes, l'aérer et faciliter la pénétration de l'eau. Il lui avait aussi donné, au printemps et par un temps calme, un plâtrage à la dose de 150 kilogrammes par hectare, et il se proposait de renouveler l'opération chaque année, à la même époque.

Le plâtrage. — Michel, qui avait cru tout d'abord que le **plâtre** envoyé à la ferme était destiné à des réparations ou à des constructions, n'en avait pas cru ses yeux, quand il avait vu que Pierre Durier le destinait à la luzerne sur laquelle il le répandait à la volée.

— Quelle drôle de cuisine vous faites là ! monsieur Durier. Et vous croyez que cela fera bon effet ?

— Pensez-vous, Michel, que je dépenserais de l'argent et que je me donnerais du mal, si cela ne devait pas me profiter ?

— Non, monsieur Durier, vous êtes trop avisé pour ça ; mais enfin moi je n'ai pas confiance ; je n'ai jamais

---

LEÇON DE CHOSES : **Plâtre.** — Le **plâtre** est une substance blanche qu'on obtient en faisant *calciner*, dans des fours spéciaux, de la pierre à plâtre (*sulfate de chaux*). Délayé dans l'eau, il acquiert, au contact de l'air, une grande dureté.

Le plâtre est employé en agriculture : c'est un précieux amendement pour les terres cultivées en prairies artificielles. Les maçons s'en servent pour enduire les murs ou cimenter les pierres.

Le plâtre le plus fin est employé par les mouleurs et les sculpteurs. Mélangé avec de la colle forte, il se transforme en **stuc** et est utilisé dans les constructions pour remplacer le marbre dont il a le poli et le brillant.

Les principales carrières de plâtre se trouvent aux environs de Paris.

vu jeter du plâtre dans les champs. C'est donc encore une invention nouvelle ?

— Nouvelle, pas tout à fait, mais pas très ancienne. Il y a une centaine d'années qu'on a découvert l'utilité du plâtre pour augmenter la production des prairies artificielles, et, à ce propos, je vais vous raconter une histoire.

A la fin du siècle dernier, vivait en Amérique un savant célèbre nommé Franklin, que ses découvertes ont illustré.

Des expériences l'avaient amené à reconnaître que le plâtre pulvérisé répandu à la volée sur les prairies artificielles, par un temps calme, en favorisait la végétation. Il recommanda donc l'emploi du plâtre ; mais les agriculteurs d'alors, ennemis de toute innovation, disaient comme vous : Répandre du plâtre ! En voilà une idée !

C'est alors que Franklin, pour convaincre les incrédules, sema de trèfle un terrain situé au bord d'une route. Au printemps suivant, sans rien dire à personne, il répandit du plâtre sur son champ de trèfle de façon à former ces mots : *Ceci a été plâtré.*

Le plâtre ne tarda pas à activer la végétation des parties sur lesquelles il avait été répandu, et on put lire distinctement ces quatre mots : *Ceci a été plâtré.* (fig. 45).

On fut bien obligé de reconnaître l'efficacité du procédé ; à partir de ce moment, l'usage du plâtre entra dans la pratique agricole.

Michel trouva l'histoire intéressante ; mais il ne fut pas convaincu, car il se dit à part lui :

— Tout ça, c'est des histoires... Nous verrons plus tard si la luzerne se trouve bien de cette nourriture-là.

Maurice protège sa sœur. — A la fin de

l'année, la petite Marie qui venait d'atteindre sa cinquième année, avait été mise à son tour à l'école. La classe de mademoiselle Jamin étant voisine de celle de M. Noël; Maurice, qui avait alors huit ans, conduisait

Fig. 45. — Le plâtre ne tarda pas à activer la végétation et l'on put lire distinctement ces mots : *Ceci a été plâtré*.

sa sœur et la ramenait. Il s'était constitué son protecteur et ne souffrait pas que personne la taquinât.

Un soir qu'ils revenaient tous deux tranquillement, ils furent rejoints sur la route par une bande de gamins.

Ceux-ci, jaloux de Maurice qui était toujours le premier de sa classe, commencèrent par se moquer de lui.

— Tiens! Voilà Maurice Durier qui ramène sa sœur. Fait-il son fier!

— Jamais il ne veut jouer avec nous.

— Il aime bien mieux rentrer chez lui que de s'amuser avec ses camarades.

— Il aurait trop peur de se salir.

— Ne dirait-on pas le mari et la femme?

— Monsieur et madame, j'ai bien l'honneur de vous saluer.

LES AJONCS.

Et les polissons bousculaient Maurice et tiraient Marie par la robe.

La petite fille effrayée s'était mise à pleurer. Elle se serrait contre son frère qui dit à ses agresseurs :

— Laissez-nous tranquilles ; nous ne vous parlons pas.

Croyant que Maurice avait peur d'eux, ils se ruèrent sur lui en le traitant de capon.

Cette poussée, à laquelle Maurice ne s'attendait pas, le fit trébucher et renversa la petite Marie qui se mit à pousser des cris de frayeur. Alors Maurice, jetant ses livres, se précipita sur celui qui était le plus rapproché et lui administra une bonne râclée. Mais aussitôt tous les autres gamins vinrent au secours de leur camarade, et Maurice, mal-

Fig. 46. — M. Noël, prenant les enfants par la main, les ramena aux Ajoncs.

gré les coups de pieds et les coups de poings qu'il distribuait à droite et à gauche, allait être accablé par le nombre, quand survint M. Noël. Il dégagea Maurice et tira les oreilles aux mauvais garnements qui s'enfuirent au plus vite. Après avoir consolé Marie et félicité Maurice du courage dont il avait fait preuve en défendant sa sœur, il allait les quitter, quand il aperçut de grosses larmes qui coulaient sur les joues de son élève.

— Qu'as-tu donc, mon enfant? lui demanda-t-il.

— Mes habits sont tout déchirés ; maman va me gronder.

— Ne crains rien ; je vais vous reconduire et je conterai à vos parents ce qui s'est passé.

Et les prenant par la main, il les ramena aux Ajoncs (fig. 46).

CHAPITRE III

LA LAITERIE

Naissance de Suzanne. — M. et madame Germain étaient dans la plus grande joie. Une petite fille leur était née, qu'on avait appelée Suzanne.

En allant à la mairie déclarer cette naissance, M. Germain disait à Pierre Durier, qu'il avait prié d'être un de ses témoins :

— Nous sommes bien heureux ; notre vie a enfin un but ; cela nous rajeunit de dix ans..... Voyez-vous, une maison sans enfants, c'est comme un foyer sans feu. L'été, on n'y pense pas, mais l'hiver, on en souffre.

Quand Maurice et Marie apprirent cet événement, ils furent aussi bien contents ; ils voulaient tout de suite aller voir la petite fille pour jouer avec elle. On eut toutes les peines du monde à leur faire comprendre qu'elle était trop petite et qu'il fallait attendre.

La joie fut de courte durée. Trois jours après la naissance de Suzanne, madame Germain fut prise d'une grosse **fièvre** qui donna les plus graves inquié-

---

LEÇON DE CHOSES : **Fièvre**. — La fièvre est un état maladif qui se décèle par un malaise général et des alternatives de frisson, de chaleur et de transpiration. Elle est le résultat de troubles dans la

tudes; malgré les soins dont elle était entourée, malgré les consultations des plus célèbres médecins qu'on appela auprès d'elle, malgré le dévouement de Marthe qui ne la quittait pas une minute, madame Germain succomba, et le lendemain du baptême de l'enfant on conduisait la mère au cimetière. Accablé par le chagrin, M. Germain avait cessé tout travail, toute occupation, pour se concentrer dans sa douleur. Effrayé par la pensée d'élever cette petite fille, car il n'était plus très jeune et avait perdu tout courage, il pria madame Durier de s'occuper du bébé. C'était elle qui lui avait procuré une nourrice et qui veillait à ce que rien ne manquât à l'enfant.

Cette mort fit une profonde impression sur les petits Durier. Un soir, Marie, voyant, après le souper, son père et sa mère garder le silence et s'absorber dans leurs tristes pensées, dit tout bas à son frère :

— Ma pauvre maman a encore pleuré.

— Elle aimait tant madame Germain.

— Elle était bien bonne, madame Germain, et Suzanne sera bien à plaindre de n'avoir pu la connaître; il me semble qu'on doit être bien malheureux de ne pas avoir de maman.

— C'est vrai, dit Maurice, devenu tout pensif à cette idée.

---

circulation et la *respiration;* elle se manifeste par *l'accélération du pouls.*

On compte un grand nombre de fièvres : la fièvre **cérébrale**, la fièvre **typhoïde** et la fièvre **jaune** sont les plus connues et les plus dangereuses. La fièvre **intermittente**, ainsi nommée parce que ses accès se reproduisent à intervalles réguliers, est déterminée par des refroidissements ou par de mauvaises conditions d'habitation; elle est fréquente dans le voisinage des eaux stagnantes, des marais, des étangs.

Le **sulfate de quinine**, découvert en 1820, est le remède le plus efficace contre la fièvre.

— Que deviendrions-nous, Maurice, si notre maman mourait ?

— Tais-toi, Marie, ne dis pas cela.

— Papa nous aime bien, mais il est toute la journée occupé dehors. C'est maman qui veille sur nous, qui nous soigne quand nous sommes malades, qui nous donne à manger, qui nous fait nos vêtements... Ah ! si maman mourait !

Et Marie se mit à fondre en larmes.

Maurice cherchait à la consoler.

— Voyons, ne pleure pas, ma sœur; ne songe pas à ça... Maman n'est pas malade... Écoute-moi : prenons la résolution d'être toujours obéissants, soumis; de cette façon, elle ne se fâchera pas contre nous, et, n'étant pas contrariée, elle se portera mieux encore.

— Tu as raison, Maurice, je veux être bien sage.

Tout en faisant cette promesse ses sanglots devinrent si forts que madame Durier les entendit, courut à elle et la prenant dans ses bras :

— Qu'as-tu ? ma petite fille; pourquoi pleures-tu ainsi ?

— Maman, c'est que nous trouvons Suzanne bien à plaindre et nous disions que si vous veniez à mourir, nous serions bien malheureux.

Et ses larmes redoublèrent.

— Voyons, voyons, ma chérie, console-toi, dit Marthe en caressant sa fille; je n'ai pas envie de mourir, ma santé est excellente, il ne faut pas avoir de pensées pareilles... Vous m'aimez donc bien, mes chéris (fig. 47) ?

— Oh ! oui maman, dirent les enfants, en se jetant dans les bras de leur mère.

— Ces baisers que je suis si heureuse de vous donner, la pauvre Suzanne ne les connaîtra jamais...

Aussi mes enfants, quand elle sera plus grande, il faudra bien l'aimer et tâcher par votre affection de lui faire oublier qu'il lui manque les caresses d'une mère, caresses dont heureusement elle sentira moins la privation, puisqu'elle ne les aura jamais connues.

— Oh! maman, soyez sans crainte; vous verrez comme nous aimerons bien Suzanne et comme elle nous aimera.

Cependant la petite Suzanne grandissait; c'était une jolie enfant aux joues roses et aux beaux yeux bleus. Sa nourrice dirigeait toujours ses promenades de façon à se trouver à la porte de l'école au moment de la sortie de la classe, afin de

Fig. 47. — Vous m'aimez donc bien, mes chéris!

retrouver Maurice et Marie. Madame Durier avait permis à ses enfants de se promener avec la petite fille et ceux-ci s'ingéniaient de leur mieux à l'amuser et à la faire rire.

Le nid de fauvettes. — Un jour que les enfants étaient réunis auprès du père Jérôme et prenaient plaisir à voir les chiens surveiller le troupeau, Maurice s'éloigna un instant et revint portant dans les mains un objet qu'il tenait avec précaution. Quand il fut auprès de Suzanne, il lui remit un nid de fauvettes (fig. 48) qu'il avait aperçu en venant et qu'il avait été enlever dans la pensée de faire plaisir à sa petite amie.

A la vue des petits oiseaux, Suzanne poussa des cris

de joie ; mais le père Jérôme fronça les sourcils et dit à Maurice :

— C'est toi qui as déniché ces oiseaux ?

— Oui, M. Jérôme ; j'ai pensé que ça ferait plaisir à Suzanne.

— Eh bien ! mon garçon, tu as eu tort.

— C'est donc mal de prendre les **nids** ?

— Oui ; d'abord tu vas être cause de la mort de ces petits êtres qui ne sont pas assez âgés pour se nourrir tout seuls. Or, on ne doit tuer les animaux que pour s'alimenter ou se protéger contre eux lorsqu'ils sont malfaisants. Puis, ces petites **fauvettes** qui sont si gentilles, qui chantent si bien, elles nous

Fig. 48. — Maurice donne à Suzanne un nid de fauvettes.

Leçon de choses : **Nid**. — On appelle **nid** l'espèce de berceau que se construisent la plupart des oiseaux pour y déposer leurs œufs, faire éclore leurs petits et les élever.

Chaque espèce d'oiseau a sa manière propre d'établir son nid.

L'aigle bâtit le sien, appelé **aire**, dans le creux d'un rocher. Certains nids, tels que ceux des chardonnerets, des pinsons, des fauvettes, des merles, des hirondelles sont des merveilles de construction.

Quelques **mammifères** se construisent aussi des nids. Celui de

sont utiles et nous défendent contre une quantité d'ennemis.

— Les fauvettes? dit Maurice étonné.

— Certainement, de quoi se nourrissent-elles? d'insectes, de vermisseaux qui nuisent à nos récoltes..., et elles en détruisent des quantités. Heureux sont les pays où il y a beaucoup d'oiseaux, car les oiseaux sont les protecteurs de l'agriculture. Dans certains pays, on les a chassés et détruits sans raison, pour le seul plaisir de les tuer, et les récoltes ne s'en sont pas trouvées mieux... Vois-tu, Maurice, non seulement il ne faut pas leur faire de mal, mais il faut encore les protéger.

— Oui, M. Jérôme, je ne savais pas... Je vais reporter le nid où je l'ai pris.

— Il est à craindre que la mère ne revienne plus sur son nid, maintenant qu'il a été déplacé.

— Oh! je le poserai si bien qu'elle ne s'apercevra de rien.

---

l'écureuil, placé au haut des chênes, a une grande ressemblance avec le nid de la pie.

En Chine et dans les Indes, on recherche, pour les manger, les nids faits par une espèce d'hirondelle.

LEÇON DE CHOSES: **Fauvette**.
— La **fauvette** (fig. 49) est un oiseau chanteur de l'ordre des *passereaux*. Son plumage est ordinairement brun. Son bec est effilé et pointu. Elle chante agréablement.

La fauvette est commune en Europe. Comme l'hirondelle, elle *émigre* pendant l'hiver vers les pays chauds pour revenir au printemps.

La fauvette se nourrit d'insectes et de fruits et rend ainsi d'*immenses services à l'agriculture*. Les espèces les plus connues sont la fauvette à tête noire et la fauvette des jardins.

FIG. . — Le nid de fauvettes.

Maurice s'éloigna rapidement et revint tout joyeux quelques instants après.

— M. Jérôme, je suis bien content! Après avoir remis exactement le nid où je l'avais pris, je me suis caché sans faire de bruit, derrière un arbre, et j'ai vu la fauvette qui volait vers ses petits et qui leur apportait la becquée.

Suzanne grandit. — M. Germain se sentait maintenant rattaché à la vie par cette petite fille qui grandissait et dont l'intelligence se développait. Au premier sourire de son enfant, il avait répondu par un sourire bien triste, auquel des larmes s'étaient mêlées; puis, peu à peu, il s'était intéressé aux progrès de ce petit être qui devenait chaque jour plus gracieux, et son cœur, si cruellement brisé par la douleur, s'était fondu devant sa fille qui lui tendait les bras.

Une petite maladie sans gravité que Suzanne avait faite et dont il s'était exagéré les dangers, avait achevé l'éclosion de sa tendresse. La crainte de perdre sa fille avait opéré chez lui une révolution salutaire. Il comprit qu'une nouvelle existence commençait pour lui, toute d'affection et de dévouement pour cette chère créature qui avait été la cause inconsciente de sa grande douleur et qui lui rappelait celle qu'il avait tant aimée.

L'avenir de sa fille était maintenant le mobile qui le faisait agir. Il avait repris la direction de son domaine négligé par lui pendant une année, et s'il voulait le faire prospérer, c'était pour augmenter la fortune de sa fille, à laquelle il désirait donner toutes les joies et tout le bonheur possibles.

Il venait souvent aux Ajoncs où Suzanne retrouvait ses petits amis. Pendant que les enfants jouaient dans le jardin sous les yeux de Marthe Durier, il rejoignait

Pierre Durier qui lui montrait ses cultures, lui demandait conseil et l'entretenait de ses projets.

Le drainage. — Une après-midi, M. Germain était dans la prairie que Pierre Durier fauchait.

Voilà, dit-il, un pré qui laisse bien à désirer.

— C'est vrai, M. Germain ; il est beaucoup trop humide et il aurait besoin d'être drainé.

— En effet, ce serait une opération facile et fructueuse ; pourquoi ne la faites-vous pas ?

— C'est qu'il en résulterait une assez grosse dépense et je ne sais pas si ce serait bien prudent de l'entreprendre. Je n'ai pas encore eu de bonnes années ; j'ai eu des frais considérables à supporter pour restaurer les bâtiments, renouveler mes animaux et mon matériel agricole ; dès que je pourrai réunir les fonds nécessaires, c'est à drainer cette prairie que je les emploierai.

— Mais il y a un moyen facile de faire cette amélioration ; empruntez.

— Comment, M. Germain, c'est vous qui me donnez ce conseil ?... Vous qui m'avez dit si souvent qu'un cultivateur qui emprunte va tout droit à sa ruine ?

— C'est vrai, et je ne saurais trop le répéter, l'agriculteur qui hypothèque* son bien fait une opération dangereuse, parce qu'il s'oblige à payer des intérêts et à rembourser la somme dans un délai rapproché, ce qui est une lourde charge pour lui-même, quand il peut tenir ses engagements, et un désastre, quand il ne le peut pas. Mais, si par suite d'une combinaison financière, il n'a que des intérêts à payer et pas de remboursement à faire, l'opération change de face et devient alors avantageuse.

Le drainage de cette prairie, qui a environ cinq hectares, pourra coûter deux mille francs. Si vous vous adressez à un notaire pour avoir cette somme, vous devrez chaque année cent francs d'intérêt. De plus, à l'expiration du terme, il faudra rembourser intégralement les deux mille francs. Dans ces conditions, je comprends que vous préfériez attendre, car vous pourriez être gêné au moment de l'échéance, par suite de mauvaises récoltes ou de tout autre événement. Mais, si on vous demande de payer pendant vingt-cinq ou trente ans un intérêt de cent vingt francs, je suppose, et si, au bout de ces vingt-cinq ans, votre dette se trouve complètement éteinte, intérêts et capital, l'amélioration de votre pré ne vous permettrait-elle pas de supporter cette dépense annuelle ?

— Je ne comprends pas, dit Pierre Durier, comment le prêteur se contente des intérêts et perd le capital.

— Il ne perd pas le capital, puisqu'au lieu de 5 p. 100 vous lui payez 6 p. 100.

— L'opération est alors désavantageuse pour lui qui n'aura récupéré que vingt-cinq francs par cent francs prêtés, puisque j'aurai payé six francs au lieu de cinq.

— Vous oubliez que le capital prêté se reconstitue par l'accumulation des intérêts. En effet, à la fin de la première année, pour cent francs empruntés, vous avez payé les intérêts, soit cinq francs, plus un franc de capital ; vous ne devez donc plus que quatre-vingt-dix-neuf francs. L'année suivante, ne devant plus l'intérêt que sur ces quatre-vingt-dix-neuf francs, soit 4^f,95, vous rembourserez 1^f,05 qui, ajoutés au franc déjà remboursé l'année précédente, réduisent votre dette à 97^f,95, et ainsi de suite chaque année. Les intérêts diminuant en même temps que la somme remboursée augmente, on se trouve au bout de vingt-cinq ans avoir restitué le capital sans s'en être aperçu.

— Je comprends maintenant. Comment faut-il faire pour obtenir de l'argent dans ces conditions ?

— Il faut s'adresser au Gouvernement. Deux lois, promulguées en 1856 et 1858, ont mis à la disposition des agriculteurs, une somme de cent millions, afin de leur faciliter, par l'entremise du Crédit foncier de France, les opérations de drainage. Les ingénieurs de l'État viendront vérifier s'il y a intérêt et profit à drainer cette prairie ; ils dresseront gratuitement un projet, et, sur leur avis favorable, après un contrat passé chez le notaire, les fonds vous seront remis au fur et à mesure de l'avancement des travaux.

— Je ne savais pas cela, M. Germain, et je vous remercie bien de me l'avoir indiqué... Je ne risque rien à payer cet intérêt, car la prairie une fois drainée doublera et peut-être même triplera de valeur... Quand j'irai à la ville, je ferai les démarches nécessaires.

Le drainage de la prairie de Pierre Durier commença peu après. La venue des employés chargés de lever les plans, les tranchées que l'on vit creuser, les tuyaux de **poterie** que l'on apporta, que l'on enfouit dans le sol (V. p. 35), furent l'objet des commentaires des habitants de Barville. Sans doute, M. Germain avait fait drainer une partie de son domaine. Ils n'en avaient pas été étonnés, parce que M. Germain était riche et qu'il pouvait se permettre des dépenses de cette nature ; mais un petit propriétaire, user de pareilles pratiques,

---

LEÇON DE CHOSES : **Poterie.** — Le mot **poterie** (de pot) s'appliquait, à l'origine, à tous les vases. C'est pourquoi l'on distinguait les **potiers d'étain** et les **potiers de terre**. Maintenant le mot *poterie* est réservé aux objets fabriqués avec de l'argile, de la terre ou du grès.

On classe les poteries de la façon suivante : *Terre cuite, poterie commune, faïence commune, faïence fine, porcelaine commune, porcelaine fine.*

Les **poteries vernissées** sont employées comme *revêtement* dans les constructions et sont d'un effet charmant. Il en a été fait un emploi fréquent et heureux dans les *palais de l'Exposition de 1889.*

cela les confondait, et, malgré l'intelligence et l'habileté qu'ils reconnaissaient à Pierre Durier, ils n'étaient pas éloignés de croire qu'il faisait une folie.

Dans la partie la plus basse du pré, Pierre Durier fit creuser un étang de quelques ares qu'il destina à recevoir l'eau provenant des drains. Cet étang communiquait à un fossé d'écoulement, que l'on pouvait fermer par une vanne et qui conduisait le trop-plein de l'eau à la rivière. Sur la pente la plus élevée de la prairie, on découvrit une source qui, ne trouvant pas d'issue, s'infiltrait auparavant dans le sous-sol. Pierre Durier facilita l'écoulement de cette source. Par la construction de rigoles bien entendues, il put soit la faire venir directement à la pièce d'eau, soit l'employer à l'irrigation de sa prairie, quand les trop grandes chaleurs de l'été rendraient cette pratique nécessaire.

Les composts. — Lorsque les travaux furent achevés, Pierre Durier ordonna à Michel de râcler la terre des fossés et de ramasser la boue des chemins. Cela fait, il mélangea ces résidus avec de la **cendre** et de la chaux ; quand ce compost fut convenablement préparé, il le pralina*, le réduisit à l'état de terreau très fin et le répandit sur sa prairie. L'effet en fut mer-

---

LEÇON DE CHOSES : **Cendres**. — On donne le nom de **cendres** aux *résidus* de la combustion. La houille, la tourbe et les végétaux sont les matières qui produisent le plus de cendres.

La *cendre de bois* est la plus recherchée, parce qu'elle contient de nombreux éléments utiles, tels que les sels de *chaux* et de *potasse*. Elle fournit à l'agriculture un excellent amendement ; elle est recherchée par les industries de la verrerie et de la blanchisserie.

Les *volcans* projettent quelquefois des cendres en grande quantité. C'est sous une pluie de cendres vomies par le Vésuve que furent ensevelies, en l'an 79 de notre ère, les villes de **Pompéi** et d'**Herculanum**, situées près de Naples, et dont les ruines ne furent retrouvées qu'au XVIIIe siècle.

veilleux : les joncs et les mauvaises plantes disparurent pour faire place aux herbes fines et nutritives.

La cressonnière. — Pierre Durier sema du cresson dans la rigole qui amenait l'eau de la source et mit quelques poissons dans l'étang : anguilles, carpes tanches, qui s'y multiplièrent. En dehors des ressources alimentaires qu'ils lui procureraient, ces poissons pourraient, dans quelques années, lorsqu'on viderait la pièce d'eau pour la curer, être vendus et donner un bénéfice, bien faible, il est vrai ; mais en agriculture on ne doit négliger aucun profit, si petit qu'il soit.

Pierre Durier apprend à nager à ses enfants. — Au moment des grandes chaleurs, quand ses travaux lui laissaient à la fin de la journée un instant de loisir, Pierre Durier menait ses enfants se baigner dans l'étang dont l'eau était toujours claire, grâce à la source qui l'alimentait. Ceux-ci prenaient le plus grand plaisir à cet exercice. Leur costume de bain sous le bras, ils attendaient avec impatience le moment où leur père apparaissait à l'extrémité du chemin. Dès qu'ils l'apercevaient, ils couraient sur la prairie, où ils étaient bientôt déshabillés et où ils attendaient l'autorisation de se mouiller, autorisation qui ne leur était accordée que lorsque leur père s'était assuré qu'ils n'étaient plus en transpiration. Quand, après les avoir palpés, il jugeait le moment opportun, il leur disait : « A l'eau les canards ! » (fig. 50) et aussitôt les enfants sautaient dans l'étang, se poursuivaient, s'éclaboussaient en poussant des cris de joie.

Dès que Pierre Durier les avait rejoints, le calme se rétablissait et la leçon de natation commençait. Soutenant tour à tour son fils et sa fille, il leur enseignait les mouvements ; la démonstration terminée, il les lâchait et c'étaient des éclats de rire, lorsque l'enfant, abandonné à lui-même, perdait la tête, barbotait et s'enfonçait.

Maurice avait promptement appris à nager. Au bout d'un mois, il traversait l'étang et s'avançait bravement dans les endroits où il n'avait pas pied. Marie, beaucoup plus craintive, se soutenait à peu près, mais elle n'osait pas quitter la rive. Dès qu'elle sentait la profondeur de l'eau augmenter, elle se raccrochait à son père, s'il était à sa portée, ou se rapprochait du bord. Pierre Durier n'avait pu non plus décider Marie à se

Fig. 50. — A l'eau, les canards!

mouiller la tête; elle s'y était toujours refusée en disant que cela lui faisait mal aux oreilles et la rendait sourde. Maurice, au contraire, aimait beaucoup à plonger, et son père, pour l'exercer, lui lançait des cailloux blancs qu'il allait chercher au fond de l'eau. Il était arrivé à une telle habileté qu'il aurait aisément retrouvé une pièce de dix sous, si on la lui avait jetée.

Madame Durier tombe malade. — La production du fourrage avait permis à Pierre Durier d'augmenter le nombre de ses animaux. Afin de pouvoir les loger, il avait fait restaurer le corps de bâtiment situé de l'autre côté de son habitation; une nouvelle étable y avait été aménagée et les vaches y avaient été placées. L'ancienne était réservée pour les chevaux et les moutons. Toutes les bêtes, abondamment et judicieusement nourries, étaient en excellent état et donnaient en travail et en produits tout ce qu'on pouvait en attendre. Le lait de la chèvre suffisait aux besoins de la maison; les vaches, sauf à l'arrière-saison, après la dernière coupe effectuée sur le pré, étaient maintenues à l'étable afin d'augmenter la production du lait; elles en donnaient en moyenne douze litres par jour.

Tous les matins, l'âne était attelé à la carriole (fig. 51), et Marthe Durier allait porter à ses pratiques non seulement le lait de la ferme, mais encore des œufs, des volailles et des lapins.

Fig. 51. — Tous les matins, l'âne était attelé à la carriole.

Cette vente quotidienne que, la proximité de la ville rendait facile, avait donné des bénéfices qui avaient permis l'augmentation du cheptel* et les différentes améliorations successivement apportées à l'exploitation. Les anciens instruments avaient été réparés, de nouveaux avaient été achetés et la dernière récolte avait été excellente: l'aisance régnait maintenant aux Ajoncs. Tout l'argent gagné par Pierre Durier n'avait pas été dépensé en améliorations. Il en avait placé une partie, afin de pouvoir faire face, le cas échéant, à une acquisition avantageuse ou à une dépense imprévue.

L'hiver avait été très rude et avait fortement éprouvé madame Durier. Quoique chaudement vêtue, elle avait eu froid dans sa voiture et avait pris un gros rhume qui avait dégénéré en **bronchite**. Pierre Durier, inquiet, avait consulté le médecin; celui-ci avait défendu les voyages du matin, en ajoutant qu'un nouveau refroidissement pourrait mettre sa vie en danger. Jeannette avait dû suppléer sa maîtresse; mais, quels que fussent son zèle et son dévouement, les clients s'étaient montrés mécontents de ne plus voir madame Durier, et la vente s'en était ressentie. Avec le retour des beaux jours, Marthe, qui était rétablie, avait repris ses habitudes.

Mais Pierre Durier pensait à l'hiver suivant. Considérant que la santé de sa femme devait passer avant tout, il songeait au moyen de tirer un autre parti du lait de ses vaches.

Après avoir bien réfléchi, fait de nombreuses lectures et demandé conseil à M. Germain, il se décida à installer une laiterie à la ferme (fig. 52), afin d'y fabriquer du beurre.

Installation d'une laiterie. — D'après un

LEÇON DE CHOSES : **Bronchite.** — La **bronchite** ou inflammation des bronches (conduits par lesquels l'air pénètre dans les poumons) est une maladie des *voies respiratoires*. Elle se manifeste par l'*altération de la voix*, l'*oppression*, une *toux* persistante avec sécrétion de mucosités. Elle est causée par le *froid* et offre plus de dangers chez les vieillards et les enfants que chez les adultes.

La *bronchite légère* ou rhume, n'a aucun caractère de gravité.

La *bronchite intense*, caractérisée par la fièvre, peut dégénérer en **pleurésie** ou **pulmonie**; dans ce cas, elle peut être mortelle. La bronchite *capillaire* est celle qui affecte les dernières ramifications des bronches; on lui donne le nom de **broncho-pneumonie**.

La bronchite se traite au moyen de *boissons chaudes, douces, sucrées, émollientes*, de *narcotiques*, tels que l'eau de laurier-cerise, qui ont pour but de calmer la toux et de procurer le sommeil.

plan qu'il avait dressé, le maçon lui construisit, dans la partie de son jardin exposée au nord, un petit bâtiment à un seul étage. Le rez-de-chaussée était destiné à la conservation du lait; enfoncé de deux mètres dans le sol et voûté, il était éclairé par des fenêtres à fleur de terre fermant hermétiquement et

Fig. 52. — La laiterie des Ajoncs.

protégées contre les mouches et les insectes par des toiles métalliques. Au-dessus, deux pièces bien aérées, d'inégale grandeur, étaient affectées, la première à la laverie et la seconde à la baratterie. Le sol de la baratterie était dallé avec une pente légère pour l'écoulement de l'eau. Les constructions avaient été faites en **briques** creuses qui facilitaient la circulation

---

LEÇON DE CHOSES: **Briques.** — Les **briques** sont des matériaux de construction, de forme et de volume divers, fabriqués avec un mélange d'*argile*, de *sable* et d'*eau*, et destinés à remplacer les moellons et la pierre de taille.

Les briques sont dites **crues** ou **cuites**. Les premières sont *séchées lentement* à l'air libre; les secondes sont exposées dans des *fours* à une température élevée.

Les meilleures briques cuites rendent un son cristallin. Pour

de l'air. Cette construction était couverte en **tuiles** avec un espace réservé entre le plafond et le toit, afin d'empêcher l'élévation de la température. Dans un coin de la baratterie, un petit poêle permettait d'obtenir la chaleur voulue et chauffait l'eau nécessaire au lavage des ustensiles. La source de la prairie, dérivée et amenée par une canalisation souterraine, alimentait la laiterie.

Le lait des Ajoncs étant excellent, très butyreux, très riche en crème, Pierre Durier espérait pouvoir faire du beurre de qualité supérieure. Pour obtenir ce résultat, il fallait d'abord une propreté absolue et des soins méticuleux. Ces deux conditions, il était certain que Marthe Durier les réunissait. Il fallait ensuite un outillage perfectionné, donnant les meilleurs résultats avec le moins de fatigue possible. Après mûres réflexions, il acheta les crémeuses (fig. 53), les crémières (fig. 54), la baratte (fig. 55), qui lui parurent les meilleures, et y joignit les divers ustensiles indispensables, tels que pots, vases, écumoires, spatules, etc. Chaque objet devait être lavé à l'eau chaude immédiatement après avoir servi.

Les premiers essais ne répondirent pas à son attente.

---

les constructions légères on fait des briques percées de trous cylindriques : ce sont les briques **perforées**.

La brique remonte à la plus haute antiquité : Les Égyptiens et les Assyriens en faisaient usage. En France, sauf dans les départements de la région du nord, on n'emploie la brique que pour les murs intérieurs des maisons. En Angleterre, en Hollande, en Allemagne, en Pologne, les habitations sont presque toutes entièrement construites en briques.

LEÇON DE CHOSES : **Tuiles**. — La **tuile** se fabrique comme la brique cuite. Elle sert à la couverture des habitations.

On distingue : les tuiles **plates** ou à **crochet** avec lesquelles on couvre les maisons; les tuiles **faîtières**, de forme semi-circulaire, que l'on place sur les faîtages des constructions, et les tuiles **cornières** ou **gironnées** que l'on met aux encoignures des toits.

Le beurre fabriqué aux Ajoncs n'était ni meilleur ni plus mauvais que celui du pays; mais, devenues plus expérimentées, grâce à de persévérants efforts, madame Durier et Jeannette arrivèrent à perfectionner leur fabrication. En soignant particulièrement le délaitage*, elles obtinrent un beurre fin, d'un goût savoureux et d'une longue conservation. Préparé en pains de cinq cents grammes, pesant bien exactement le

Fig. 53. — La crémeuse.

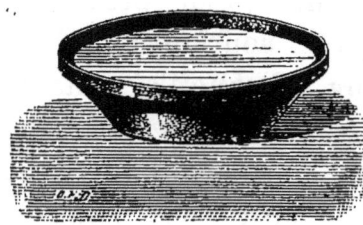

Fig. 54. — La crémière.

Fig. 55. — La baratte.

poids, enveloppé dans de la mousseline grossière, mais d'une blancheur irréprochable, le beurre porté à la ville fut bientôt recherché et put ainsi être vendu à un prix supérieur.

Afin de satisfaire aux demandes de ses clients, plus nombreux chaque semaine, Pierre Durier dut se procurer du lait chez les cultivateurs des environs. Mais se défiant de l'âpreté du gain fréquente chez les paysans et se souvenant des ennuis que l'indélicatesse de Philippe avait failli lui causer, il fit lui-même le choix des vaches, dont le lait n'était définitivement acheté qu'après avoir été soumis à l'épreuve du pèse-lait.

5.

Cette manière d'agir souleva bien quelques protestations au début ; mais comme Pierre Durier payait comptant, on se soumit à ses exigences, et, dans la crainte de le mécontenter, on le servit consciencieusement.

Le lait écrémé était utilisé pour la fabrication de fromages maigres qui étaient vendus dans le pays ou servaient à la nourriture des habitants de la ferme.

Les vers à soie. — Pierre Durier, qui saisissait toutes les occasions d'instruire ses enfants en les amusant, leur rapporta un jour une boîte contenant un certain nombre de petits vers d'un blanc sale.

Fig. 56. — Le ver à soie.

Comme les enfants considéraient ces petites bêtes qui leur étaient inconnues, leur père leur dit en souriant :

— Ce sont des vers à soie (fig. 56) que j'ai achetés chez un herboriste de la ville... J'ai pensé que cela vous amuserait de les élever... Le printemps est chaud cette année, les mûriers du jardin ont déjà des feuilles... Si vous soignez bien ces vers, dans deux mois ils vous donneront de la soie.

Maurice et Marie se trouvaient fort embarrassés, car ils ne savaient comment s'y prendre. Comme ils demandaient des conseils à leur père, celui-ci leur répondit :

— Je suis aussi ignorant que vous..... Je sais seulement qu'on nourrit les vers à soie avec des feuilles de mûrier et qu'il leur faut de la chaleur. S'ils arrivent à filer leurs cocons, cela m'intéressera de suivre leur développement. Dans notre contrée, on n'en élève pas, le climat n'est pas assez chaud ; c'est une production des départements du sud de la France..... Mais, j'y pense, le berger Jérôme est du midi ; vous ferez bien d'aller le voir : il vous donnera certainement d'utiles conseils.

Les enfants ne se le firent pas dire deux fois, et le lendemain, après avoir mis des feuilles de mûrier bien fraîches dans la boîte où étaient enfermés les vers à soie, ils allèrent consulter le vieux berger.

Quand ils lui eurent expliqué le but de leur visite :

— Des vers à soie ! dit celui-ci, mais avec quoi les nourrirez-vous ?

— Nous avons dans le jardin deux mûriers qui sont en feuilles.

— Alors, c'est différent..... Eh bien, tous les jours, vous ferez la cueillette. Vous ne donnerez pas tout de suite les feuilles récoltées, car elles pourraient être humides et les vers en souffriraient. Ensuite il faudra tenir ces petites bêtes dans une pièce chaude ; le froid les ferait périr. Voilà tout ce que j'ai à vous dire ce matin ; j'irai tantôt chez vous organiser votre petite magnanerie*.

Le soir, le berger vint aux Ajoncs et les enfants lui montrèrent leurs vers enfouis sous une masse de feuilles.

— Oh ! cette éducation-là ne vous enrichira pas. Combien sont-ils ?

— Vingt-cinq, monsieur Jérôme, répondit Maurice.

— Vingt-cinq. Eh bien, nous allons faire comme s'il y en avait vingt-cinq mille.

— Vingt-cinq mille ! s'écrièrent Maurice et Marie.

— Sans doute, une once* de graine de vers à soie contient environ 30 000 œufs qui, lorsqu'ils éclosent, donnent naturellement naissance à 30 000 vers. Dans mon pays, les petites éducations sont d'une ou de deux onces.

Pour nourrir toutes ces chenilles, il faut en cueillir de la feuille! surtout dans les derniers jours où elles en dévorent des centaines de kilogrammes. Je vous ai apporté deux claies sur lesquelles vous mettrez des feuilles. Vous aurez soin de déliter, c'est-à-dire de changer la litière des vers deux fois par jour, et, pour cela, vous mettrez la claie avec les feuilles fraîches sous la claie où se trouvent les feuilles mangées. Les vers iront d'eux-mêmes chercher leur nourriture ; puis vous jetterez sur le fumier la vieille litière. Quand le soleil donnera, ouvrez la fenêtre ; le grand air est nécessaire pour avoir une bonne éducation. Dans quelques jours, vous verrez vos vers cesser de manger. Ne vous en inquiétez pas ; c'est qu'ils changeront de peau, et ils auront comme cela quatre transformations jusqu'au moment où, relevant la tête, ils chercheront à grimper. Ce sera l'indication qu'ils seront prêts à faire leurs cocons. Vous leur donnerez alors des branchages sur lesquels ils se placeront et où ils tisseront leur soie ; vous n'aurez alors plus rien à faire, car, à partir de ce moment, ils cesseront de se mouvoir.

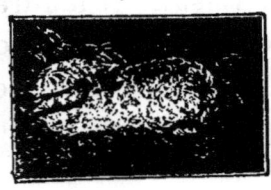

Fig. 57. — Un cocon.

Quand on veut utiliser les cocons (fig. 57) pour se servir de la soie, on les détache et on les met dans une étuve bien chaude, afin de tuer la chrysalide* ; mais, lorsque l'on veut recueillir les œufs des vers à soie, on place les cocons dans des cartons ou des boîtes. Au bout d'une vingtaine de jours, les papillons sortent de leurs cocons et meurent après avoir produit la précieuse graine (fig. 57) qui, au printemps suivant, donnera naissance à de nouveaux vers.

Pendant deux mois, les vers à soie des Ajoncs

piquèrent la curiosité des écoliers de Barville. Les camarades de Maurice et les compagnes de Marie vinrent successivement les voir sous la conduite de M. Noël et de mademoiselle Jamin. Quand les papillons eurent pondu leurs œufs, M. Noël (fig. 59) rassembla les enfants et leur dit :

Les vers à soie, qui sont une des grandes sources de revenus du midi de la France, sont originaires de la Chine. Autrefois, on récoltait dans notre pays de vingt à vingt-cinq millions de kilogrammes de cocons qui, au prix de cinq francs le kilogramme, rapportaient plus de cent millions de francs par an.

Fig. 58. — Papillon de ver à soie. Des chenilles sortiront des œufs qu'il pond.

Vers 1854, une maladie appelée *pébrine* vint frapper les vers et dévasta les magnaneries. Tous les moyens essayés pour la combattre avaient échoué ; les éleveurs, chaque année moins nombreux, se décourageaient. Cette industrie

Fig. 59. — M. Noël donna aux écoliers des notions sur l'élevage des vers à soie.

menaçait de disparaître, quand un illustre savant français, M. Pasteur, trouva la cause du mal et enseigna le moyen de le combattre.

Après de nombreuses recherches, M. Pasteur découvrit des corpuscules dans le corps des vers malades. Ces corpuscules se transmettaient, au moyen des œufs produits par les papillons, aux générations suivantes qu'ils faisaient périr. Pour éviter la transmission de la maladie, il recommanda de ne faire éclore que de la graine saine. Afin d'obtenir ce résultat, voici comment on opère : Quand un papillon a pondu, on l'enveloppe avec ses œufs dans un linge; puis, pendant l'été ou l'hiver suivant, on écrase le corps du papillon dans un peu d'eau. On prend ensuite une partie de la bouillie ainsi produite que l'on place sur le champ du microscope*. Si on découvre le moindre corpuscule, on brûle la graine, ne réservant que celle qui en est absolument exempte. Cette méthode, qui s'appelle *le grainage cellulaire*, se développe de plus en plus, et maintenant les éleveurs ne mettent plus en éclosion que des œufs soumis à l'examen microscopique. C'est ainsi que la sériciculture, ressource si importante pour les cultivateurs de l'Ardèche, du Gard, de Vaucluse et de la Drôme, menacée d'anéantissement, a été sauvée par la belle découverte d'un homme de génie.

La grêle. — Cette année-là, à un printemps précoce succéda une année extrêmement chaude. Les récoltes étaient en avance de près de trois semaines, et, dès le commencement de juillet, on songeait déjà à la moisson. Les champs donnaient les plus belles promesses. Déjà tous les cultivateurs se félicitaient et escomptaient leurs bénéfices; ce n'étaient que visages joyeux, que gais propos..... Quand coupes-tu ton froment? Dans huit jours, dans dix jours, se répondait-on.

Mais, en agriculture, il ne faut compter que sur ce qui est engrangé.

Un soir, à la suite d'une journée étouffante, il vint

du côté du sud un nuage noir, avec des taches d'un blanc blafard, qui, en passant sur Barville, se créva en un orage de **grêle** et dévasta la campagne. Les récoltes furent hachées, les arbres perdirent leurs fruits et une partie de leurs feuilles, et l'on trouva, gisant sur la terre, des oiseaux tués par les grêlons.

La désolation fut générale... C'était la misère là où la veille on attendait la richesse. Les cultivateurs demandèrent des secours au Gouvernement, qui accorda aux plus nécessiteux cinq pour cent de la valeur des récoltes perdues ; seuls, M. Germain, M. Baron et Pierre Durier furent indemnisés par la compagnie à laquelle ils s'étaient assurés.

La prévoyance de Pierre Durier, qui lui épargnait une perte considérable, excita la jalousie de ses voisins. L'un d'eux, le rencontrant à quelques jours de là, lui dit :

— Vous avez de la chance, vous !
— Moi ?
— Dame ! on vous a payé vos récoltes.
— Vous n'aviez qu'à m'imiter. Quand vous avez appris que je m'assurais, vous vous êtes moqué de moi...: aujourd'hui vous voyez que j'ai bien fait... La prudence est une bonne chose et vous ferez bien de vous précautionner à l'avenir.
— Oh ! ces orages-là sont très rares et un pareil

LEÇON DE CHOSES : **Grêle**. — La **grêle** est une pluie de petits *glaçons*, qui accompagne certains orages. Ces glaçons, de forme arrondie, sont appelés *grêlons*. Les grêlons ne dépassent pas habituellement la grosseur d'un pois. Rarement ils atteignent le volume d'une noisette. Cependant on en a vu quelquefois d'un poids de 200 à 250 grammes. Les *ravages* de la grêle sont proportionnés à l'intensité de la chute et à la grosseur des grêlons.

Les *nuages de grêle* répandent une obscurité profonde et affectent une couleur grise ou rougeâtre. Le tonnerre et les éclairs se manifestent souvent dans les orages de grêle.

malheur n'est pas près de revenir ; il vaut donc mieux ne pas dépenser son argent inutilement.

— A votre aise, répondit Pierre Durier en souriant ; mais moi, j'assurerai encore mes récoltes l'année prochaine : je m'en suis trop bien trouvé pour ne pas persévérer.

Le père de Philippe abandonne son bien à son fils. — Cette même année, Philippe, à force d'obsessions, avait enfin décidé son père à lui abandonner son bien. Il l'avait menacé de ne plus s'occuper de sa culture et même de quitter le pays, s'il résistait à sa demande ; effrayé par cette menace, craignant d'être volé par des domestiques, le vieillard avait cédé à contre-cœur et s'était rendu chez le notaire. Par contrat, Philippe s'engageait à nourrir et à loger son père et à lui faire une rente annuelle de six cents francs.

Devenu enfin propriétaire d'un joli domaine qui, bien cultivé, aurait pu lui donner l'aisance, Philippe profita de sa nouvelle situation pour vivre grassement, comme un rentier, se levant tard, mangeant bien, recherchant toutes les occasions de s'amuser. Au lieu de guider ses ouvriers dont il augmenta le nombre, de les stimuler par son exemple, il dédaigna de mettre lui-même la main à l'ouvrage. Il se borna à aller en amateur, suivi de son chien, le fusil sous le bras au moment de la chasse, surveiller leur travail, les rudoyant quand il trouvait une pièce de terre mal labourée ou mal sarclée. Ses reproches ne réparaient pas le mal causé par sa négligence ; ils avaient pour résultat d'aigrir contre lui ses ouvriers qui en prenaient à leur aise dès qu'il avait le dos tourné, qui ne le ménageaient pas dans leurs conversations et qui le quittaient dès qu'ils trouvaient de l'occupation ailleurs.

Le ménage de M. Baron. — Il en était de même chez M. Baron qui, à cause de son caractère dur et malveillant était, avec Philippe, le propriétaire le plus mal servi du pays. Malgré ses fautes, sa confiance en lui-même n'avait pas été ébranlée. M. Germain, avec lequel il échangeait quelques rares visites dans le début, irrité de sa présomption et de son dédain pour ses conseils, avait cessé de le voir. L'orgueil de M. Baron était tel que, si on lui donnait un renseignement utile, il mettait un point d'honneur à n'en pas profiter.

La vie de famille à Bellevue continuait à être triste et maussade. Le temps n'avait fait qu'aigrir les caractères. Madame Baron et ses filles ne cessaient de gémir de l'existence qu'on leur imposait et de l'isolement dans lequel elles passaient leur temps. Quand M. Baron venait à l'heure des repas retrouver les siens, au lieu de ces conversations enjouées, dans lesquelles chacun raconte ce qu'il a vu, fait part de ses projets, un morne silence régnait que les convives se gardaient de troubler afin d'éviter les discussions et les querelles. Si, par hasard, un incident survenait qui déliait les langues, il donnait fatalement naissance à des récriminations acerbes qui irritaient M. Baron et l'obligeaient à s'en aller.

Fatigué de leurs plaintes, M. Baron avait pris le parti d'envoyer sa femme et ses filles trois mois à Paris l'hiver et un mois aux eaux ou aux bains de mer pendant l'été. Le temps qu'elles passaient loin de Bellevue était mis largement à profit par ces dames qui, tous les soirs allaient au spectacle, au bal, au concert. Ces absences étaient fort dispendieuses et gênaient quelquefois M. Baron ; mais pour avoir la paix chez lui, il préférait encore s'imposer ces sacrifices. Pendant leur séjour à Paris, des partis s'étaient présentés pour mesdemoiselles Baron ; mais, comme le père, dont toute la fortune était engagée dans son exploitation, ne pouvait constituer leur dot en argent comptant et qu'il ne promettait que des rentes, les prétendus s'étaient retirés. Ces mariages manqués n'avaient pas peu contribué à irriter les jeunes filles qui reprochaient à leur père de compromettre leur avenir par sa fantaisie ridicule.

Philippe et M. Baron. — Philippe était le seul qui eût des relations avec M. Baron. S'étant bien rendu compte des travers du propriétaire de Bellevue, Philippe avait surpris son amitié en flattant sa vanité. Il ne tarissait pas d'éloges sur ses animaux, sur ses instruments, sur ses pratiques culturales. Il lui disait qu'il était le seul ayant des connaissances réelles et que tous les autres agriculteurs n'y entendaient rien.

Fig. 60. — Chaque jour, Philippe, suivi de son chien, venait trouver M. Baron.

Il représentait M. Germain et Pierre Durier comme jaloux de lui. M. Baron ne se lassait pas de ces éloges qu'il croyait sincères, parce qu'ils lui étaient agréables, et recherchait la société de Philippe auquel il avait donné le droit de chasser sur ses terres.

Philippe, très fier de ses relations avec un grand propriétaire qui le traitait en égal et lui permettait de se livrer à son plaisir favori, avait acheté une fort belle chienne d'arrêt. Chaque jour, après avoir tracé la besogne à son monde, il venait retrouver M. Baron (fig. 60) et tous deux parcouraient les champs à la poursuite des lièvres et des perdreaux.

Cette manière de vivre irritait le père de Philippe qui fréquemment reprochait à son fils de négliger le travail pour le plaisir; mais celui-ci supportait mal les observations et répondait par des injures aux justes représentations qui lui étaient adressées. Il invoquait son droit de propriétaire, disant bien haut que c'était lui le maître maintenant et que lui seul avait le droit de commander. Il avait même été jusqu'à reprocher à son père de ne plus gagner le pain qu'il mangeait, oubliant que c'était ce vieillard qui, à force de travail et d'économie, avait créé le domaine qui les faisait tous subsister.

Fig. 61. — Assis dans un coin, auprès du foyer, le père de Philippe cessa de parler.

Le père de Philippe, lassé de voir que son fils ne tenait aucun compte de ses observations, prit le parti de ne plus rien dire. Assis dans un coin, auprès du foyer (fig. 61), il cessa de parler, et parut se désintéresser complètement de tout ce qui se passait autour de lui. Cette indifférence, ce silence succédant tout à coup à une vie active et agitée, firent croire qu'il avait perdu la raison. Il n'en était rien : le vieillard était en proie à un immense chagrin. Renfermé en lui-même, il ne songeait plus qu'à son domaine mal géré et qui déclinait chaque jour.

Le chien enragé. — Philippe, suivi de sa chienne, montait un matin la grand'rue du bourg, quand des cris de frayeur se firent entendre derrière lui. Il se retourna et vit les habitants se sauver de tous côtés, les mères enlever leurs enfants, les portes se fermer. C'était un **chien enragé** qui, la bave à la gueule et les yeux injectés de sang, parcourait le pays. Il était trop tard pour que Philippe pût regagner sa demeure. Il apprêta son fusil pour tuer l'animal quand il serait à sa portée ; mais, au moment où il allait lâcher la détente, la bête enragée se jeta sur sa chienne et les deux animaux se roulèrent, en hurlant (fig. 62).

Fig. 62. — Au moment où Philippe allait lâcher la détente, la bête enragée se jeta sur sa chienne.

Leçon de choses : **Chien enragé ; Rage**. — La rage est une maladie *virulente*, contagieuse, parfois *spontanée* chez le chien, le loup, le chat. (Virulente vient de *virus*. On appelle **virus** le produit d'une sécrétion morbide *accidentelle ;* le **venin**, au contraire,

Philippe, dans la crainte de tuer sa chienne à laquelle il tenait beaucoup, ne tira pas et ce fut le gendarme Lambert qui, survenant tout à coup, abattit d'un coup de sabre le chien enragé.

Philippe après avoir examiné sa chienne qui ne portait aucune trace de morsure, allait continuer sa route, quand le gendarme lui dit :

— Voilà une mauvaise affaire, M. Philippe.

— Comment ?

— Il va falloir tuer votre chienne.

— Pourquoi donc cela ? Elle n'a pas été mordue ; je viens de m'en assurer.

— C'est possible ; mais elle a été roulée et la loi exige qu'elle soit abattue.

— La loi ! puisque je vous dis qu'elle n'a aucune trace de morsure... Voyez vous-même.

— Je ne vous dis pas non.

---

est celui d'une sécrétion *naturelle* chez certains animaux). La rage ne peut être communiquée à l'homme que par la morsure de ces animaux. La transmission de la rage par la morsure de l'homme n'a pas été constatée.

C'est à tort qu'on donne à cette maladie le nom d'**hydrophobie**, car l'horreur de l'eau est un symptôme qui ne se produit pas le plus souvent chez le chien, tandis qu'on retrouve l'horreur des liquides dans d'autres maladies.

La maladie de la rage présente trois périodes : la période d'*excitation*, la période de *perversion* et la période d'*affaissement*. La maladie se déclare au bout d'une quarantaine de jours chez les adultes et de vingt-cinq jours chez les enfants. Quelquefois la période d'*incubation* est beaucoup plus longue. On a constaté que les deux tiers des personnes mordues échappent à la rage.

Autrefois, on ne connaissait comme remède à cette terrible maladie que la *cautérisation* immédiate au fer rouge de la partie mordue. Depuis quelques années, **M. Pasteur** a découvert un moyen de guérison qui consiste à *inoculer* aux personnes mordues le *virus* même de la rage, virus soumis à des préparations spéciales. Le succès de cette méthode s'est répandu dans le monde entier, et de toutes les contrées du globe, les personnes mordues viennent se faire soigner par le savant français.

— Vous croyez que je vais comme cela sacrifier une bête qui m'a coûté cinquante francs.

— C'est malheureux, je le reconnais, M. Philippe; mais la sécurité du pays avant tout; croyez-moi, vous feriez mieux de la tuer tout de suite, ça m'éviterait de vous y forcer.

— Jamais de la vie, dit Philippe en s'éloignant.

Le lendemain, le gendarme Lambert était chargé d'abattre ou de faire abattre tous les chiens mordus ou roulés. Les paysans obéirent avec plus ou moins de bonne grâce. Seul Philippe fit résistance et Lambert fut obligé de le menacer d'un procès-verbal.

FIG. 63. — Philippe, furieux, voulait se précipiter sur le gendarme.

Pendant que le gendarme était entré dans la cour pour accomplir son devoir, Philippe furieux voulait se précipiter sur lui (fig. 63). Heureusement, il fut retenu par sa femme qui, connaissant son caractère emporté, redoutait un acte de violence dont les suites auraient pu devenir très graves.

La colère de Philippe s'échappa alors en injures contre le gendarme.

— Canaille, criait-il en grinçant des dents et en cherchant à se dégager des mains qui le retenaient, lâche, misérable qui viens chez moi tuer ma chienne ; tu me le payeras, va...! Un jour ou l'autre je me vengerai.

Lambert fit semblant de ne rien entendre et, afin de ne pas l'irriter davantage, il se retira par une porte donnant sur la campagne.

M. Baron spécule. — Cependant les affaires de M. Baron étaient loin de prospérer. Tout son capital avait été englouti par les améliorations qu'il avait faites et qui avaient de beaucoup dépassé les prévisions, par l'achat d'instruments qui ne lui rendaient pas des services proportionnées à leur prix d'acquisition, par l'entretien d'un troupeau d'animaux étrangers qu'il avait payés très cher et dont les produits se vendaient mal et le constituaient en perte. Chaque année sa comptabilité lui donnait un bilan* où le passif* dépassait l'actif*. Ses dépenses de maison étaient considérables, grossies par les toilettes, les fantaisies des dames Baron qui se consolaient ainsi, disaient-elles, de la triste existence qu'on leur imposait.

Si au lieu de cette insouciance, elles s'étaient intéressées à l'exploitation, si elles avaient pris goût aux travaux qui sont du ressort des femmes et des filles des propriétaires aisés, si elles s'étaient occupées, celle-ci de la basse-cour, celle-là de la laiterie, si, surtout, elles avaient compris que l'économie, qui n'exclut pas le bien-être et la vie large, est, à la campagne comme à la ville, la base de la prospérité, M. Baron eût pu, malgré ses fautes, résister et se maintenir, sans réaliser toutefois des bénéfices.

Au début, les déficits annuels ne le découragèrent pas; il les mit sur le compte de son installation et se dit que ses améliorations n'avaient pas encore pu produire leur effet. Mais au bout de quelques années, quand il constata qu'à la fin de chaque campagne ses pertes augmentaient, il devint inquiet et l'avenir l'effraya. Trop vaniteux pour reconnaître ses erreurs, il ne changea rien à son train de vie ordinaire et chercha par d'autres moyens à combler le gouffre qui se creusait sous ses pas.

Lui, qui auparavant ne quittait jamais Bellevue, se rendit souvent à la ville et fréquenta assidûment le marché aux grains. Ce changement dans ses habitudes provenait de ce que, pour faire face à ses besoins d'argent, il s'était mis à spéculer*. Il achetait sans besoin des quantités considérables de froment ou d'avoine dont il ne prenait pas livraison et qu'il revendait quand une hausse s'était produite sur ces denrées. De même, il vendait des céréales qu'il n'avait pas et les rachetait quand il y avait baisse. Les différences de quelques centimes par hectolitre, entre les prix d'achat et de vente, finissent par former de grosses sommes, quand on opère sur des quantités considérables. Ces spéculateurs, qui influent ainsi sur les cours des marchés et qui les faussent le plus souvent, suivant leurs intérêts, ne sont d'aucune utilité : ce sont les parasites* du commerce.

M. Baron, qui, à Paris, s'était initié à ce genre d'opérations, arriva sur le marché de la ville où la spéculation était peu active et y acquit aisément une situation prépondérante qui le rendit en quelque sorte l'arbitre des cours du grain. Ses premières opérations furent couronnées de succès ; le jeu compensa les pertes que sa mauvaise gestion lui avait fait subir.

Tout eût été pour le mieux, si M. Baron s'en était tenu là ; mais un joueur, et le spéculateur est un véritable joueur, qui a gagné, veut gagner davantage. A la suite d'une récolte en céréales qui avait été mauvaise dans une partie de la France, une tendance à la hausse se fit sentir. Bien renseigné sur le cours des céréales, M. Baron acheta tous les blés mis en vente et détermina une hausse considérable. Cette élévation des prix, profitable aux cultivateurs de la contrée qui trouvaient ainsi l'occasion de vendre leurs récoltes dans des conditions avantageuses, fit affluer sur le marché des quantités énormes de blé. M. Baron, afin de ne pas compromettre sa situation, continua à acheter et son opération s'annonçait comme devant être très fructueuse, car le prix des grains montait toujours, quand subitement une baisse se produisit.

M. Baron, obligé de faire face à ses engagements, fut forcé de vendre à son tour. Les quantités considérables de blé qu'il avait achetées, mises en vente coup sur coup, précipitèrent l'avilissement des cours, et, en quelques jours, il subit une perte de deux cent cinquante mille francs. C'était la ruine.

Ruine de M. Baron. — Cette baisse subite était la conséquence d'un important arrivage de blés d'Amérique qui étaient venus combler les vides causés par l'insuffisance de la production française.

Autrefois, avant les chemins de fer, les bateaux à vapeur et les **télégraphes**, lorsque les communications

---

LEÇON DE CHOSES : **Télégraphe.** — Le **télégraphe** (de deux mots grecs qui signifient *écrire loin*) est un appareil qui permet de communiquer à de grandes distances.

Les télégraphes sont d'invention récente. Les anciens ne connaissaient, pour se transmettre certaines nouvelles prévues d'avance, que les *feux* allumés sur des endroits élevés.

C'est en 1792 que les frères *Chappe* inventèrent le **télégraphe aérien** et à **signaux**, qui fut adopté par la Convention et qui se répandit en France. Ce télégraphe était composé de plusieurs branches mobiles dont les positions différentes représentaient des signes conventionnels.

Le **télégraphe électrique**, adopté depuis dans le monde entier, relie deux postes au moyen d'un *fil conducteur* en fer galvanisé,

étaient difficiles et coûteuses, il arrivait souvent, surtout avec l'ancienne législation qui défendait le transport des blés de province à province, qu'une contrée mourait de faim, alors que le pays voisin vivait dans l'abondance. Aujourd'hui, il n'en est plus de même : la libre circulation des marchandises existe en France où les produits étrangers peuvent entrer moyennant une taxe de douane* plus ou moins élevée. Il en résulte que les disettes ne sont plus possibles et que les prix tendent chaque jour davantage à s'uniformiser. Il y a cinquante ans, il existait encore des différences de vingt francs par hectolitre entre les prix du froment en Franche-Comté et en Bretagne. Actuellement, un pareil écart n'existe pas même entre les différents continents. En effet, lorsque dans un pays d'Europe, telle ou telle récolte a manqué, le télégraphe en informe les autres nations du monde qui, sans tarder, expédient les marchandises là où elles font défaut et satisfont aux besoins existants.

C'est ainsi que, depuis un certain nombre d'années, les États-Unis envoient sur les marchés européens les

---

actionné par une *pile*. L'interruption plus ou moins longue du courant électrique donne naissance à des signes conventionnels au moyen desquels la correspondance s'établit avec une *vitesse égale à celle de la lumière*.

Les **télégraphes sous-marins** diffèrent des télégraphes terrestres par ce fait que les fils, placés dans une enveloppe imperméable de *gutta-percha*, sont placés au *fond de la mer*.

On appelle **télégraphie nautique** l'échange des signaux que se font deux bâtiments en pleine mer, ou un bâtiment passant en vue des côtes et un poste du rivage appelé *sémaphore*. Les signaux sont alors donnés au moyen de drapeaux de formes et de couleurs différentes.

On appelle **télégraphie optique** les signaux échangés au moyen de la lumière du soleil ou d'une lumière artificielle : on place, devant le faisceau lumineux, un écran percé d'ouvertures inégales, qui, arrêtant ou laissant passer la lumière, donne naissance à des signes conventionnels.

blés qu'ils récoltent en grande quantité. Dans un temps plus ou moins rapproché l'Inde anglaise pourra aussi expédier des céréales que le bon marché de la main-d'œuvre, dans ce pays où le campagnard n'a pas de besoins et vit d'une poignée de riz, lui permettra de livrer à des prix extrêmement bas. Pour empêcher l'avilissement des prix et sauvegarder leur agriculture qui ne trouverait plus la rémunération de son travail, les nations européennes se sont vues forcées de mettre un obstacle à l'envahissement des grains étrangers par des droits de douane. De leur côté, les cultivateurs, afin de lutter victorieusement contre la concurrence, doivent perfectionner leurs méthodes afin d'obtenir de leurs terres les plus fortes récoltes possible.

La catastrophe qui frappait M. Baron remplit le pays de stupéfaction. On ne comprenait pas comment cet homme si riche avait pu se trouver ruiné subitement. C'est que ces fortunes, acquises ou détruites du jour au lendemain par la spéculation, fréquentes dans les grandes villes, sont inconnues à la campagne, où le travail et la paresse sont les seules causes de la prospérité ou de la misère.

On ne voulut pas tout d'abord ajouter foi au bruit qui circulait, d'autant plus que Philippe, le seul des habitants du pays qui fréquentât M. Baron, tremblant de perdre tous les avantages que cette relation lui procurait, opposait un démenti formel aux fâcheuses nouvelles qui, chaque jour, prenaient plus de consistance.

Mais bientôt il ne fut plus permis de douter; des affiches collées dans le village et sur les murs de Bellevue annoncèrent la vente du domaine, qui fut acheté à vil prix par un marchand de biens. Les sommes d'argent que M. Baron avait dû payer à la suite de sa spéculation malheureuse, les dépenses d'installation et d'améliorations faites sans discernement, la différence entre l'acquisition et la revente du domaine, élevaient le total de ses pertes à huit cent mille francs. Cette famille se trouvait précipitée, du jour au lendemain, de la richesse dans une situation gênée.

Quant au marchand de biens, qui morcela les terres et vendit en détail les animaux et les instruments, il fit une excellente opération.

CHAPITRE IV

LE COMICE AGRICOLE

La vente de M. Baron. — La vente du matériel et des animaux de M. Baron fut un événement important dans la contrée. Les habitants du village avaient profité de cette circonstance pour inviter leurs amis des environs. Le malheur qui frappait une famille devenait ainsi une occasion de réjouissance. Ce jour-là, dans presque toutes les maisons, les fourneaux avaient été allumés de bonne heure et les ménagères avaient préparé de copieux repas. Les routes aboutissant à Barville étaient couvertes de voitures, charrettes, cabriolets, carrioles (fig. 64), qui amenaient, de dix lieues à la ronde, des paysans endimanchés; les uns le gousset bien garni pour faire quelque achat; les autres, simplement en curieux, pour voir. Ils éprouvaient une certaine satisfaction d'amour-propre à contempler le désastre de ce bourgeois qui avait voulu exercer leur métier, qui avait repoussé les conseils qu'on lui avait donnés et qui s'était vanté de faire mieux que les autres.

Pierre Durier, la veille du jour où la vente devait avoir lieu, s'était rendu à la ville retirer l'argent qu'il avait en réserve et qu'il gardait pour un événement imprévu. Appréciant la valeur des animaux et de l'outillage de M. Baron, il se proposait, si une occasion favorable se présentait, de faire quelques acquisitions.

FIG 64. — Les routes étaient couvertes de voitures.

La population s'était portée en foule à Bellevue, curieuse de voir de près les étables, les écuries, les animaux dont on avait tant parlé. Ne se rendant pas un compte exact des causes du désastre de M. Baron, les visiteurs l'attribuaient aux aménagements de l'exploitation, et non à la précipitation avec laquelle les dépenses avaient été faites, au coulage résultant du manque de surveillance et enfin à la spéculation qui, lorsqu'elle ne réussit pas, a la ruine pour conséquence.

Dans cet état d'esprit, les cultivateurs s'étaient tenus sur la réserve et n'avaient mis que peu d'entrain aux achats. Les animaux de prix et les instruments perfectionnés s'étaient vendus à des prix dérisoires. Pierre

Durier en avait profité pour acheter deux forts chevaux, un beau verrat pour améliorer ses porcs, un

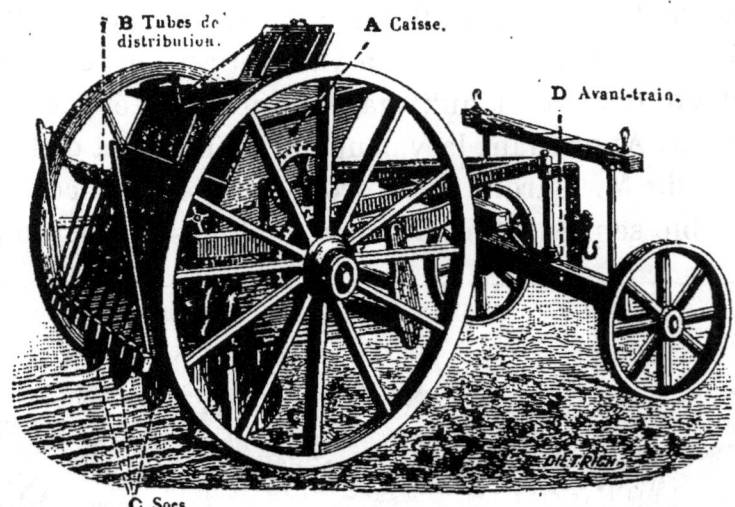

Fig. 65. — Le semoir mécanique permet d'économiser la semence et de la disposer en lignes régulières.

semoir (fig. 65), un scarificateur pour faciliter le travail de la charrue dans les sols difficiles et gazonnés (fig. 66)

Fig. 66. — Le scarificateur facilite le travail de la charrue dans les sols difficiles et gazonnés.

et une charrue défonceuse qui lui était nécessaire pour le défrichement de ses landes.

Le semoir. — L'arrivée du semoir aux Ajoncs mortifia beaucoup Michel qui ne cacha pas son mécontentement.

— C'est comme si vous me disiez, M. Durier, que je

ne sais pas semer. Ça me fâche de voir que maintenant vous me remplacez par une machine.

— Mais, mon ami, lui répondit Pierre Durier, il ne faut pas vous froisser; vous semez très bien et jamais je ne vous ai fait de reproches.

— C'est la même chose, puisque vous ne me confiez plus cette besogne.

— C'est par économie.

— Par économie ! une machine qui vous coûte peut-être cent écus.

— A peu près; mais écoutez-moi. Pour semer un hectare de blé, combien employez-vous de semence ?

— De cent quatre-vingts à deux cents litres.

— En effet; mais il arrive toujours, quelle que soit l'habileté du semeur, que les grains ne sont pas parfaitement répartis, d'où une perte; tandis qu'avec ce semoir qui place la semence en terre à des distances égales et en quantités fixées d'avance, qui la dispose bien régulièrement en lignes, le grain lève mieux, talle* plus abondamment et donne en fin de compte une récolte plus forte. De plus, vous avez reconnu vous-même qu'il fallait de 180 à 200 litres pour semer un hectare ; or, avec ce semoir, il ne me faudra que de 140 à 150 litres d'où une économie de 50 litres par hectare. Comme je fais environ 10 hectares de céréales, j'économiserai donc environ cinq hectolitres par an, sans compter que mes semailles mieux faites me donneront des produits plus abondants. Cette économie et cette plus-value auront promptement remboursé la dépense que je viens de faire.

La réunion des parcelles. — Dans le lotissement* qui avait été opéré par le marchand de biens, acquéreur de Bellevue, Durier avait acheté différentes pièces de terre qui formaient enclave dans ses champs.

Ces acquisitions lui avaient coûté assez cher, parce que le vendeur savait qu'elles lui étaient nécessaires; mais il n'avait pas reculé devant la dépense par plusieurs motifs. D'abord, les terres de M. Baron étaient très bien soignées; elles avaient été amendées et abondamment fumées et il n'avait qu'à continuer à les exploiter pour en obtenir les grands rendements qu'elles avaient coutume de donner. Ensuite, il avait horreur des lopins de terre disséminés çà et là et il trouvait cet éparpillement de la propriété incompatible avec une culture soignée et profitable. Avec des morceaux de terre de quelques ares, enclavés les uns dans les autres, grevés de servitudes*, il faut, en effet, prendre des précautions pour ne pas empiéter sur la terre des voisins, et la perte d'un sillon ici et là, sans compter le temps dépensé pour se rendre sur ces différentes parcelles, finit par causer des préjudices qui ne se produisent pas lorsque l'on peut travailler sur une vaste étendue de terrain.

La loi qui règle les successions et qui permet à tout héritier d'exiger le partage des biens du défunt, de façon que chacun ait une fraction de chaque pièce de terre, a, comme toutes les choses humaines, ses bons et ses mauvais côtés. Elle a ce mérite d'établir une égalité parfaite entre les héritiers et de n'en favoriser aucun au détriment des autres; mais elle a l'inconvénient de morceler les terres à l'infini, ce qui nuit à leur culture. Un remède pourrait être apporté à cet état de choses; ce serait, quand le morcellement est trop grand dans une commune, de recourir à l'opération qu'on appelle *la réunion des parcelles*. Tous les propriétaires apporteraient leurs terres à la masse, et par les soins de répartiteurs* désignés spécialement à cet effet, on rendrait à chacun un terrain d'une même valeur, d'une superficie à peu près égale, se tenant en un, deux ou trois lots, sans servitudes, sans enclaves, et aboutissant à un chemin ou à une route. Les frais de ce partage seraient largement payés par les bénéfices que procurerait la suppression des chemins et des clôtures devenus inutiles par suite de la diminution du nombre des héritages. Cette opération faite dans quelques rares communes a donné les meilleurs résultats; malheureusement les jalousies, les méfiances en empêchent presque toujours la réalisation.

Les élections au Conseil municipal. — Quelque temps après la vente de Bellevue, les élections au Conseil municipal approchant, plusieurs habitants vinrent trouver Pierre Durier et lui proposèrent de poser sa candidature (fig. 67). Le pays était divisé en deux fractions : l'une ne voulait nommer que des petits cultivateurs et des ouvriers; l'autre, plus conciliante, réunissait sur sa liste tous les hommes dont les capacités et l'expérience pouvaient être utiles à la commune.

Fig. 67. — Quelques habitants vinrent offrir à Pierre Durier de le nommer conseiller municipal.

Philippe, aigri par la mauvaise situation de ses affaires, était à la tête de ceux qui prétendaient que le Conseil municipal, dans une commune rurale, devait être uniquement composé de travailleurs; que les grands propriétaires ne considéraient que leur intérêt, et qu'étant riches, il leur importait peu de créer de nouvelles charges qu'ils supportaient facilement, tandis qu'elles obéraient les autres. Cette opinion trouvait crédit auprès des paysans et la liste modérée courait risque d'être battue, lorsqu'on avait songé à y mettre le nom de Pierre Durier qui était aimé et estimé de tout le pays. Opposer Pierre Durier à Philippe était habile; tous deux étaient de petits propriétaires, possédant des exploitations de même étendue et ayant tous deux le même intérêt à ce que les affaires de la commune fussent gérées économiquement.

Pierre Durier avait tout d'abord opposé un refus formel aux ouvertures qui lui avaient été faites. Il se trouvait trop occupé par sa culture pour accepter un mandat qui lui prendrait une partie de son temps. D'autre part, il n'avait pas de goût pour la lutte. Les discussions ne le passionnaient pas, non qu'il fût indifférent: il remplissait très exactement ses devoirs de citoyen, votant à toutes les élections, ayant une opinion très arrêtée qu'il gardait pour lui; mais il évitait de se mêler aux agitations qui précèdent toujours les élections.

M. Germain ayant appris son refus, vint le trouver et l'engagea à revenir sur sa décision.

— Mon cher ami, lui dit-il, je crois que, dans certaines circonstances, quand, par exemple, on peut être utile à ses concitoyens, on ne doit pas se dérober. Vous savez dans quelle situation se trouve en ce moment la commune qui est séparée en deux camps. Celui que dirige Philippe est composé d'hommes peu estimables. Si le pouvoir tombe entre leurs mains, il est à craindre que le pays ne s'en ressente longtemps; vous connaissez le programme qu'ils mettent en avant. C'est un bouleversement complet, depuis l'instituteur et l'institutrice dont ils demanderont le changement, jusqu'aux gendarmes qui seront remplacés ! L'autre camp, qui comprend les gens raisonnables du pays, vient vous demander votre concours, d'abord parce qu'on vous juge capable de vous occuper des affaires de la commune, mais surtout parce qu'on espère que votre nom ramènera des électeurs que les fallacieuses promesses de Philippe menacent d'entraîner. Quand on vit dans une société, mon cher Pierre, il faut savoir lui sacrifier ses préférences et ses goûts.

— Mais, monsieur Germain, répondit Pierre Durier, pourquoi vous-même ne vous présentez-vous pas ? Les intérêts du pays trouveraient en vous un défenseur bien plus autorisé que moi.

— La situation n'est pas la même, mon cher ami ; personne n'est venu m'offrir de candidature. Je suis propriétaire de près du quart de la commune ; de plus, j'ai eu comme ouvriers presque tous les habitants du pays : je comprends que ma présence dans le Conseil ne soit pas désirée et qu'on me laisse à l'écart ; mais pour vous, il n'en peut être ainsi. Vous êtes un des hommes les plus capables de Barville : la manière dont vous dirigez les Ajoncs en est la preuve ; on réclame votre concours : je considère que vous ne pouvez pas vous soustraire à ce devoir.

— Monsieur Germain, j'ai toujours suivi vos avis et je m'en suis bien trouvé ; j'aurais donc mauvaise grâce à ne pas vous écouter aujourd'hui.... Vous croyez qu'il est de mon devoir de me présenter au Conseil ; je vais aller tout de suite faire connaître que j'accepte la candidature qui m'est offerte.

Quand Philippe apprit que Pierre Durier était porté

sur la liste opposée à la sienne, il en éprouva une violente contrariété. Il sentait bien que le nom de Durier lui enlèverait de nombreux suffrages. Pour ramener à lui les électeurs indécis, il alla les trouver individuellement et n'hésita pas à calomnier son concurrent.

Pendant que Pierre Durier, son adhésion donnée, continuait ses travaux, hersait ses récoltes ou fauchait ses prés, Philippe passait ses journées entières au cabaret à développer son programme devant les fainéants et les ivrognes.

L'après-midi du dimanche qui précédait les élections, Philippe rencontra Michel sur la place du bourg et l'entraîna au café. Michel, quoique très sobre, n'était pas homme à se priver d'une consommation, surtout lorsqu'elle ne lui coûtait rien.

Une fois attablés, Philippe causa avec Michel des élections prochaines, et, pensant trouver en lui cette rancune et cette jalousie que les ouvriers ressentent trop souvent contre leurs patrons, il profita de ce qu'il y avait beaucoup de monde autour d'eux pour dénigrer Pierre Durier.

— En réalité, disait Philippe à Michel, c'est M. Germain qui est le maître aux Ajoncs; rien ne s'y fait que par son ordre, et si Durier arrive au Conseil, ce sera M. Germain qui agira sous son nom. En un mot, votre patron n'a pas de volonté; c'est un routinier, ne cherchant aucune amélioration, satisfait, sauf pourtant du travail de ses ouvriers...; car je suis sûr qu'il est très exigeant, n'est-ce pas?

— Lui, s'écria Michel, qui n'avait pas tout d'abord saisi le sens des insinuations de Philippe et qui, maintenant, devinait sa perfidie; lui, M. Durier, il n'obéit à personne, sachez-le; il est son maître et bien son maître; loin de recevoir des ordres de M. Germain, j'ai vu celui-ci venir bien des fois lui demander des conseils. Vous le connaissez pourtant? monsieur Philippe; vous savez bien qu'il a une volonté de fer et un courage que rien n'ébranle... Quand on se souvient de l'état dans lequel étaient les Ajoncs à son arrivée et qu'on les compare à ce qu'ils sont aujourd'hui, on est confondu... Vous dites qu'il est routinier; elle est forte, celle-là...! mais personne ici ne recherche comme lui les améliorations... Nous nous chamaillons souvent à ce sujet..., et je suis forcé de convenir qu'il a toujours raison... Il n'est pas là, je puis bien l'avouer... Quant à ce que vous avez dit, qu'il est exigeant et dur pour le monde, ce n'est pas bien... Vous êtes son adversaire; mais ce n'est pas une raison pour le calomnier et manquer de loyauté....

Fig. 68. — Je voterai pour monsieur Durier et tous les honnêtes gens feront bien de m'imiter.

M. Durier est bon comme le pain, et si, chez lui, il y a quelqu'un qui gronde, c'est moi; mais il me laisse grogner sans se fâcher... Puis il paye toujours rubis sur l'ongle le jour de l'échéance, et certains qui disent du mal de lui sont loin d'en faire autant. Voilà, monsieur Philippe, ma manière de voir et je voterai pour M. Durier (fig. 68) et tous les honnêtes gens feront bien de m'imiter. Vous m'avez invité à boire un café, j'ai accepté; mais comme vous m'offrez une politesse dans le but de faire du tort à mon patron que j'aime et que je respecte, je ne veux rien accepter de vous... Bonjour la compagnie.

Et après avoir payé sa consommation, il sortit, salué par les applaudissements de tous les assistants. Ceux-ci s'étaient amusés des paroles de Michel et de la déconvenue de Philippe auquel on reprochait de payer difficilement et irrégulièrement ce qu'il devait.

Sans qu'il s'en doutât, Michel servit beaucoup son maître ; ses paroles furent redites et commentées, et, le dimanche suivant, la liste sur laquelle était porté Pierre Durier passa à une très forte majorité.

Le Comice agricole. — Cette année-là, le Comice agricole de l'arrondissement devait tenir son concours à Barville. M. Germain, qui était membre du Comice, avait engagé Pierre à soumettre son exploitation à l'examen du jury.

La commission, chargée de la visite des domaines, s'était rendue aux Ajoncs et avait été frappée de l'excellente tenue de la ferme, des bons soins donnés aux engrais, de la parfaite installation des animaux, de la beauté des récoltes et des résultats obtenus par le drainage de la prairie.

Le jour du concours, la place du bourg avait été décorée avec des guirlandes de verdure qui reliaient de grands mâts, au haut desquels flottaient des oriflammes tricolores. Sous des abris légers (fig. 69), les plus beaux animaux du canton étaient exposés ; plus loin se montraient les instruments et les produits agricoles (céréales, toisons, beurre, fromages, etc.). Au milieu de la place, adossée à la mairie, une tente avait été dressée, décorée de faisceaux de drapeaux ; au fond de cette tente, une estrade sur laquelle s'alignaient des fauteuils de velours rouge destinés au préfet et aux principales autorités du département. Toute la population du bourg, augmentée de celle des localités avoisinantes, accourues pour assister à cette fête, circulait bruyante et animée.

Fig. 69. — Sous des abris légers, les plus beaux animaux du canton étaient exposés.

Pendant que les membres du jury examinaient les animaux et les produits, les cultivateurs causaient entre eux des prix qui allaient être décernés et discutaient les chances des candidats. Au loin, on entendait la musique des saltimbanques, les orgues de Barbarie des manèges des chevaux de bois et les coups de feu des tirs à la carabine.

Vers trois heures, le préfet en grand uniforme, habit brodé et épée au côté, arriva escorté par les pompiers et la fanfare de Barville. Reçu par le maire et le président du comice, il vint prendre la place d'honneur sur l'estrade au pied de laquelle se tenaient immobiles, en grande tenue, Lambert et un autre gendarme. Pierre Durier, qui avait été avisé qu'il figurerait au nombre des lauréats, était venu avec sa femme et ses enfants.

Le silence établi, le secrétaire du comice rendit

compte dans un rapport détaillé des travaux du jury chargé de la visite des domaines. Passant succcessivement en revue les exploitations qui avaient mérité des récompenses, il adressait des éloges à leurs propriétaires, tout en glissant quelques réserves, et, après avoir appelé leur attention sur certains perfectionnements à réaliser, il terminait en proclamant la récompense attribuée : à celui-là, une mention honorable ; à celui-ci, une médaille de bronze ; à cet autre, une médaille d'argent. Quand il vint à parler des Ajoncs, son langage se modifia. Les éloges succédaient aux éloges. Qu'il s'agît de l'installation des animaux, de la valeur et de la qualité du troupeau, des récoltes en terre, des soins donnés aux fumiers, des améliorations apportées aux prairies, tout était parfait et le rapporteur terminait par ces paroles : « La visite du domaine des Ajoncs
« a été pour nous, messieurs, une véritable fête. Jus-
« qu'ici, nous n'avions pas rencontré une exploitation
« aussi parfaite, aussi sagement conduite et donnant
« des résultats plus satisfaisants, ainsi qu'il nous a été
« permis de nous en convaincre par la comptabilité
« qui nous a été soumise. Ce que M. Durier, aidé de
« sa courageuse femme, a fait, depuis huit ans qu'il
« possède les Ajoncs, est un sûr garant de ce qu'il fera
« dans l'avenir. Aussi est-ce à l'unanimité que le
« Comice proclame l'exploitation de M. Durier comme
« digne d'être citée en exemple, et qu'il lui décerne la
« prime de culture, consistant en une médaille d'or et
« une somme de mille francs. »

Des acclamations frénétiques se firent entendre, et Pierre Durier, au milieu des bravos, pendant que la fanfare jouait la Marseillaise, monta sur l'estrade pour recevoir sa récompense. Le préfet s'était levé ; en lui remettant sa médaille (fig. 70), il lui adressa ces paroles:

— Recevez mes compliments, monsieur, pour cette haute récompense que vous avez si bien méritée ; je félicite M. le maire de Barville de vous compter au nombre de ses administrés.

La distribution continua et Pierre Durier obtint encore des prix pour ses porcs et ses vaches laitières.

La séance s'achevait et chacun se disposait à se retirer, quand le préfet, retenant les assistants, leur dit :

— Messieurs, avant de clore cette séance, il me reste encore

Fig. 70. — Recevez mes compliments pour cette haute récompense que vous avez si bien méritée.

une récompense à décerner. Elle n'a pas été prévue au programme ; mais je suis certain que vous aurez plaisir à la connaître, car elle est destinée à un homme qui habite au milieu de vous et dont tous vous avez pu apprécier, depuis de longues années, la vie toute d'honneur, de probité et d'abnégation. En de nombreuses circonstances, il n'a pas craint de braver la mort pour sauver ses semblables. Tous ces actes de dévouement, inspirés par le simple sentiment du devoir, il les a accomplis modestement, naturellement, affrontant tranquillement le danger, avec un courage civique, moins éclatant, mais peut-être plus méritant que le courage militaire, car il n'en a pas les entraînements. Je suis heureux de remettre, au nom de M. le Président de la République, la médaille militaire au gendarme Lambert !

Des hurrahs accueillirent les paroles du préfet et ce fut au milieu des bravos et des trépignements étouffant le bruit de la musique que la séance fut levée.

Pierre Durier et Lambert étaient entourés de tous les habitants qui se pressaient pour venir les féliciter et leur serrer la main.

Le soir, au banquet, Pierre Durier, le héros de la journée, fut placé à la droite du préfet. Celui-ci, dans un toast, porta la santé des lauréats (fig. 71) et but à la prospérité de la France qui, avec des hommes comme Pierre Durier, était assurée de se maintenir toujours à la tête des nations.

Fig. 71. — Le préfet, dans un toast, porta la santé des lauréats.

Quand Pierre Durier rentra chez lui, quoiqu'il fut tard, tout son monde l'attendait. Sa femme et ses enfants l'embrassèrent avec émotion, heureux de lui prouver leur affection et la joie que leur causaient ses succès.

Après avoir rendu les baisers à sa femme et à ses enfants et avoir serré affectueusement la main à Michel et à Jeannette :

— Mes chers amis, leur dit-il, je suis bien heureux

de la belle récompense qui m'a été décernée ; je la dois à vous tous qui m'avez si bien secondé, à toi ma bonne Marthe, à vous Michel, à vous aussi Jeannette.

— Oh ! moi, dit Michel, je n'y suis pour rien, monsieur Durier. Si vous m'aviez écouté, vous n'auriez certainement pas eu de prix ; car, toutes les fois que vous vouliez faire une amélioration, je trouvais toujours que vous aviez tort... Mais il ne faut pas m'en vouloir ; voyez-vous, c'est plus fort que moi et ça ne me corrigera pas.... N'importe, j'ai été bien content quand je vous ai vu monter sur l'estrade, et j'ai applaudi de toutes mes forces, car je vous aime bien.

Avec l'argent de son prix, Pierre Durier acheta à sa femme une chaîne et une montre en or, offrit un cadeau à Jeannette et à Michel et fit faire des réparations et des améliorations dans la maison d'habitation.

Le lendemain, M. Germain vint, à son tour, féliciter Pierre Durier.

En lui exprimant combien il avait été heureux de son succès, il ajouta :

— Maintenant, il faut que vous soyez notre collègue au comice. La récompense que vous avez obtenue vous range au nombre des meilleurs agriculteurs du département ; votre place est marquée parmi nous. Je vous engage à solliciter votre admission, et, si vous voulez, je serai très heureux d'être votre parrain*.

— Ce sera pour moi un grand honneur ; puisque vous offrez de me présenter, j'accepte avec reconnaissance.

— Notre comice est parfaitement composé, reprit M. Germain, et on y travaille beaucoup ; toutes les nouvelles découvertes, tous les nouveaux procédés de culture y sont examinés et discutés. Dans nos réunions mensuelles, vous entendrez des rapports et des communications qui vous intéresseront, j'en suis certain... Nous avons créé, il y a quelque temps, un champ d'expériences pour l'étude des plantes et des méthodes nouvelles, et nous allons organiser dans chaque canton des champs de démonstration, afin de prouver ce qu'on peut obtenir, en choisissant bien ses semences, en cultivant avec soin, en fumant avec discernement.

Pierre Durier sut se créer parmi les membres du comice des relations agréables et utiles. Il était très assidu aux réunions, et souvent on réclamait son avis dans les questions de pratique agricole, pour lesquelles ses collègues lui reconnaissaient la plus grande compétence.

Son admission au comice lui avait encore procuré l'avantage de mettre à sa disposition des journaux et des livres qu'il emportait chez lui et qui le tenaient au courant des progrès agricoles.

Maurice s'intéresse aux travaux des champs. — Les récompenses décernées à son père avaient fait une vive impression sur l'esprit de Maurice qui, de lui-même, prenait chaque jour une plus grande part aux travaux de la ferme : Pierre Durier secondant son ardeur, lui avait confié, pour soulager Michel qui était surchargé de besogne, le soin d'une des deux étables ; mais cela ne suffisait pas à l'enfant, et bien souvent, avant l'école, il trouvait encore le temps, ses animaux soignés, d'accompagner son père et de l'aider selon ses forces. Déjà, il savait conduire la herse et le rouleau et exécutait parfaitement tous les travaux qui ne demandaient que de l'adresse.

Un matin que tous deux venaient de faner au regain, Pierre Durier s'assit sur le bord d'un fossé et appela son fils auprès de lui.

— Reposons-nous un instant... D'ailleurs, j'ai à te parler sérieusement.

Maurice vint se placer à côté de son père.

— Mon enfant, dit Pierre Durier, voici que tu as treize ans. Tu vas bientôt avoir terminé tes classes. Tu es un bon élève ; M. Noël, qui te trouve intelligent et travailleur, m'a dit que, si tu poursuivais tes études, tu pourrais prendre telle carrière qui te plairait... Mon intention est de te laisser absolument libre de ton choix. C'est pourquoi je viens te demander ce que tu veux faire ; il est temps maintenant de se préoccuper de ton avenir.

— Mais papa..., dit Maurice un peu interdit.

— Va, parle sans crainte, mon enfant, et si tu n'as pas encore songé à la profession que tu veux embrasser, prends le temps de réfléchir ; tu me donneras ta réponse plus tard.

Fig. 72. — Mon choix est fait ; je veux être agriculteur comme vous.

— Mon choix est fait ; je veux être agriculteur comme vous (fig. 72).

— Ne me réponds pas à la légère.

— J'ai souvent réfléchi à ce que je ferais quand je serai grand, et j'ai toujours désiré vous imiter.

— Penses-y : le métier est très pénible ; il faut se donner beaucoup de mal et souvent les intempéries vous enlèvent le fruit de votre travail. Un bon cultivateur n'a jamais de repos ; il doit être levé matin et travailler toute la journée. La terre à fumer, à labourer, les champs à ensemencer, à rouler, herser, moissonner, les animaux à soigner, donnent un travail incessant. Tu le vois, jamais je ne m'arrête. Te sens-tu assez fort et assez courageux pour entreprendre une aussi lourde tâche ?

— Oui papa, je sais qu'on a beaucoup de mal. Vous m'avez montré les côtés pénibles de cette profession, mais j'en connais aussi les avantages. J'ai vu la joie que vous éprouviez quand, après vos soins et vos efforts, vous obteniez des récoltes abondantes ; la satisfaction que vous ressentiez lorsque vous aviez transformé en champs fertiles des terres incultes comme vos landes, en riches prairies des pâturages trop humides. Ces plaisirs, je veux les goûter aussi, et ces belles récompenses qui vous ont été décernées et qui m'ont rendu si heureux, j'espère les mériter à mon tour, afin que vous éprouviez, à me les voir obtenir, le même bonheur que j'ai ressenti quand on vous les a données. Et puis ce que j'aime dans la vie des champs, c'est cette liberté, cette indépendance qui doublent l'ardeur au travail. Dans les autres professions, même quand on est patron, on dépend toujours de quelqu'un ; il faut se plier au goût et au désir de celui pour qui l'on travaille. Tandis que l'agriculteur est son maître absolu ; il fait ce qu'il veut, cultive comme il lui plaît et n'est responsable qu'envers lui-même. Enfin j'aime cette vie au grand air, au milieu des bonnes odeurs des foins retournés, devant ces admirables levers et couchers de soleil, auprès des animaux qui vous connaissent et vous obéissent

— Tes paroles, mon cher Maurice, me font le plus grand plaisir ; ce que tu ressens, je l'ai éprouvé moi-même à ton âge. La vie du cultivateur est pénible, mais elle offre des jouissances qu'aucune autre existence ne saurait procurer. Cette ferme des Ajoncs, que j'ai prise, il y a huit ans, en si mauvais état et qui est maintenant si prospère, m'a donné de bien grandes joies. Puisque tu es décidé à faire ce que ton père a fait, ta résolution va me donner un nouveau courage ; bientôt tu pourras m'aider, et, à nous deux, nous obtiendrons encore de plus beaux résultats. Quand je serai vieux, je verrai ce domaine prospérer entre tes mains et je mourrai content en pensant que tu seras là pour continuer mon œuvre. Oui, tu as raison, mon enfant, c'est la plus noble des professions, et si je t'en avais d'abord montré les mauvais côtés, c'était afin de ne pas peser sur ta détermination. Tu m'as répondu selon mon désir et j'en suis bien heureux.

Pierre Durier serra son fils dans ses bras et tous deux se remirent au travail.

Les imprudences de Suzanne. — Cependant Suzanne Germain grandissait ; c'était maintenant une jolie petite fille de six ans qui avait une grande affection pour Maurice et Marie. Ceux-ci, du reste, la payaient de retour. Dès qu'ils avaient un moment de liberté, ils couraient à Beauvoir, où leur mère, que Suzanne appelait *maman Durier* en souvenir des soins qu'elle lui avait prodigués et qu'elle lui prodiguait encore, leur permettait de se rendre pour jouer avec la petite fille. Quand les enfants Durier, retenus par leur travail, ne pouvaient aller retrouver Suzanne, c'était elle qui venait aux Ajoncs.

Adorée de son père, dont elle était l'espoir et la consolation, elle était très gâtée et faisait tout ce qui lui passait par la tête. Heureusement, la faiblesse paternelle n'avait pas eu une mauvaise influence sur le caractère de Suzanne dont le cœur était excellent; son seul défaut était d'être trop espiègle et de se plaire à tous les jeux violents et bruyants. N'étaient ses vêtements, on l'aurait volontiers prise pour un garçon. Grimper aux arbres, monter sur les chevaux, conduire les voitures, franchir les haies et les barrières, étaient ses plaisirs favoris. On avait beau lui dire : « Suzanne, vous allez tomber; Suzanne, vous allez vous blesser, » rien n'y faisait; elle était la terreur de ses bonnes à la surveillance desquelles elle échappait toujours.

Son père lui avait donné, pour ses promenades, une mignonne charrette anglaise attelée

Fig. 73. — Suzanne descendit à fond de train la côte de Barville.

d'un joli petit âne qui trottait à merveille. Une après-midi qu'elle allait sortir et que l'âne attelé attendait dans la cour, ne s'était-elle pas avisée, pendant que la bonne était rentrée dans la maison chercher un vêtement oublié, de détacher l'âne et de partir toute seule. Descendant à fond de train la côte de Barville (fig. 73), risquant de verser, d'accrocher une lourde charrette ou d'écraser quelqu'un, elle était entrée triomphante dans la cour des Ajoncs. Marthe Durier, stupéfaite de la voir arriver toute seule, l'avait réprimandée et avait envoyé au plus vite à Beauvoir où l'on était dans une inquiétude mortelle. Son père avait voulu la gronder ; mais au premier mot de reproche, elle lui avait passé les bras autour du cou en lui disant d'un air câlin :

— On ne veut jamais me laisser conduire ; j'ai voulu montrer que je sais très bien m'y prendre, et la preuve, c'est qu'il ne m'est rien arrivé.

Quand elle venait aux Ajoncs, un de ses grands plaisirs était de pêcher dans la pièce d'eau située dans le bas de la prairie. Malgré les engins de pêche les plus perfectionnés que son père lui avait donnés, elle ne prenait jamais rien ; mais elle n'en persistait pas moins, se vantant, après chaque séance infructueuse, de rapporter la prochaine fois un gros poisson.

Elle allait aussi souvent trouver le berger Jérôme qu'elle aimait beaucoup et avec lequel elle était toujours très sage, parce qu'il lui en imposait par son air grave et par sa barbe blanche. Le berger s'était aussi attaché à cette petite fille. Il lui avait choisi, dans son troupeau,

Fig. 74. — Moutonnette.

un jeune agneau tout blanc qui s'était habitué à venir manger dans la main de Suzanne ; celle-ci lui avait mis un collier en cuir rouge avec une plaque d'acier sur laquelle était gravé le nom de *Moutonnette* (fig. 74), qu'elle avait donné à son agneau.

Elle aimait aussi le berger Jérôme, parce qu'il lui racontait des histoires qui la ravissaient. Quand Suzanne et Marie avaient bien caressé Moutonnette et lui avaient donné à manger, Suzanne revenait auprès du berger et lui disait :

— Papa Jérôme, j'ai été bien sage aujourd'hui,

demandez-le à ma bonne; vous allez nous raconter une histoire (fig. 75)?

Et alors le vieux berger, s'asseyant sur une souche, lui disait :

— Voulez-vous l'histoire des sept étoiles, l'histoire de la princesse Anémone, l'histoire de la brebis et de ses deux agneaux... ?

Histoire de la brebis et de ses deux agneaux. —

L'histoire de la brebis et de ses deux agneaux, s'écriait Suzanne, qui avait une préférence pour ce conte qu'elle avait entendu vingt fois et dont elle ne se lassait pas.

Fig. 75. — Papa Jérôme, j'ai été bien sage aujourd'hui; vous allez nous raconter une histoire.

— Il y avait une fois, disait alors le berger Jérôme de sa voix grave, dans un troupeau qui paissait sur le mont Lubéron, une brebis qui avait deux agneaux, les plus jolis agneaux que l'on ait jamais vus. Leur mère était très fière de leur gentillesse; elle les gâtait et faisait toutes leurs volontés. Quand ils avaient des exigences trop grandes, elle cherchait bien à les raisonner; mais alors ils gambadaient si gracieusement autour d'elle, ils lui faisaient de si mignonnes caresses qu'elle finissait toujours par céder.

Les grands défauts de ces deux agneaux étaient la curiosité et l'amour de l'indépendance. Ils avaient une manière de bêler qui signifiait : Si nous allions nous promener au loin, nous verrions des pays nouveaux et nous trouverions peut-être des pâturages plus gras et plus savoureux. La mère avait beau bêler de façon à leur faire comprendre qu'il ne fallait pas s'éloigner de crainte de la morsure des chiens et ensuite parce qu'il y aurait danger de rencontrer un **ours** ou un **loup**, les

---

Leçon de choses : **Ours.** — L'ours (fig. 76) est un *mammifère* de l'ordre des *carnivores*. D'assez grande taille, il a les membres épais et courts, les yeux petits et vifs, le museau pointu. Ses pattes sont terminées par cinq doigts armés d'ongles puissants ; il marche sur la plante du pied (*plantigrade*) ; son pelage est de couleur uniforme.

Fig. 76. — L'ours.

L'ours se rencontre dans toutes les contrées du monde, mais particulièrement dans les *pays froids* de l'hémisphère boréal. Il marche lentement, court peu et monte facilement aux arbres ; il vit dans les cavernes, se nourrit surtout d'herbes et de fruits et ne mange de la viande que lorsqu'il y est forcé par la faim. Il a l'odorat très fin, la vue perçante et se montre très circonspect.

Doué d'une certaine intelligence, il s'apprivoise assez facilement (surtout l'ours brun). Les *bateleurs* utilisent la faculté qu'il possède de se tenir aisément dressé sur ses pattes de derrière pour lui faire faire de nombreux exercices.

On distingue l'**ours brun** d'Europe, l'**ours noir** d'Amérique, l'**ours gris** et l'**ours blanc**. Ce dernier habite les régions polaires et se nourrit de phoques et de poissons.

L'ours vit de 40 à 50 ans. Sa fourrure chaude, souple et épaisse est très recherchée. Sa graisse est employée pour la parfumerie et sa chair est bonne à manger.

Fig. 77. — Le loup.

Les anciens prétendaient que l'ours naissait informe et qu'il était transformé par sa mère qui, le léchant de tous côtés, finissait par lui donner une tournure convenable. C'est de cette croyance qu'est venu le dicton : **ours mal léché**, que l'on applique aux individus grossiers et insociables.

Leçon de choses : **Loup.** — Le loup (fig. 77) est un *mammifère*

petits agneaux ne voulaient rien entendre et ne se tenaient tranquilles au milieu du troupeau que lorsque les chiens les maintenaient dans l'obéissance.

Cependant un jour, ils trompèrent la vigilance du berger et des chiens occupés d'un autre côté. La mère les suivit en faisant des *béé, béé*, qui signifiaient : où allez-vous donc? il ne faut pas vous écarter; mais ces agneaux étaient comme les petits enfants qui n'écoutent jamais les grandes personnes, ils allaient toujours, gambadant, broutant et faisant des *béé, béé* qui voulaient dire : Comme c'est joli par ici, que l'herbe est fraîche et délicieuse, que c'est bon d'être libres ! Ils firent tant et tant de détours qu'à la tombée de la nuit, ils se trouvèrent loin de leur pâturage et complètement perdus. Les bêlements qu'ils poussaient alors ne ressemblaient pas à ceux du matin ; c'étaient des bêlements de peur et de tristesse. Les deux petits agneaux se serraient auprès de leur mère qui cherchait en vain à se reconnaître, quand tout à coup un grognement très rapproché qui les glaça de terreur. A la clarté de la lune, ils aperçurent un ours qui, les ayant entendus, venait de sortir de sa tanière et accourait pour faire un bon repas. La brebis, comprenant le dan-

---

de l'ordre des *carnassiers*. Il a la taille d'un grand chien, avec des oreilles droites, une mâchoire plus puissante, un museau plus allongé et un pelage plus touffu.

Très carnassier, le loup *détruit le gibier, ravage les basses-cours et les bergeries*. Quand il est très affamé, il ne craint pas de s'attaquer à l'homme.

Il existe des loups dans tout le continent européen; en Russie, ils se réunissent en troupes nombreuses. La destruction des loups est encouragée en France par une loi du 3 août 1882, qui accorde une prime pour la destruction de ces animaux.

A Rome, le loup était consacré à **Mars** et particulièrement honoré, sans doute parce que, d'après la légende, **Romulus**, fondateur de Rome, et son frère **Rémus**, abandonnés dans un lieu désert, avaient été allaités par une louve.

ger, se plaça en avant de ses petits et se mit à pousser des *béé, béé* de toutes ses forces. Ces cris de désespoir pouvaient la sauver, si elle était entendue ; mais on ne répondit pas à cet appel suprême, et la brebis, voyant que tout était perdu, se précipita au-devant de l'ours, dans l'espoir de sauver ses agneaux en faisant le sacrifice de sa vie. L'ours la saisit dans ses grosses pattes et allait la dévorer, lorsque des voix et des aboiements se firent entendre au loin. C'était le berger qui, ayant constaté la disparition de la brebis et de ses deux agneaux, parcourait la montagne avec ses chiens à la recherche des fugitifs. L'ours à ce bruit se sauva sans emporter sa proie ; mais quand le berger arriva, il trouva la pauvre brebis étouffée. Les deux petits agneaux tout tremblants de peur, sauvés par le dévouement de leur mère, furent ramenés au pâturage et plus jamais ils n'eurent la tentation de s'éloigner.

— Et le méchant ours, dit Suzanne, l'a-t-on tué ?

— L'histoire ne le dit pas, répondit Jérôme.

La transhumance, le déboisement et le reboisement des montagnes. Les fruitières. — Souvent, pendant que les petites filles jouaient avec Moutonnette, Maurice causait avec le berger qui lui enseignait à manier un mouton, lui indiquait les défauts et les qualités des animaux, lui montrant ceux qu'il fallait garder pour la reproduction et ceux qu'il fallait engraisser et vendre à la boucherie. Il lui enseignait aussi les soins à donner aux troupeaux, les pâturages qu'il fallait choisir. Il lui racontait la vie qu'il menait dans sa jeunesse quand, l'été, il quittait la Camargue, où il passait l'hiver dans un mas * isolé, pour aller avec son troupeau dans la montagne. Il y restait jusqu'à l'époque où, les premières neiges le chassant, il redescendait vers les plaines.

Il aimait à rappeler sa vie nomade sur les hauteurs où, moyennant une faible rétribution, il pouvait faire paître ses moutons sur d'immenses espaces, et c'était avec amertume qu'il parlait des nouveaux règlements que l'on cherchait à établir et qui avaient pour but, sous prétexte d'améliorations, d'entraver ces anciens usages.

Ces coutumes, si peu en rapport avec celles dont il était témoin, étonnaient Maurice. Certes, il avait de la vénération pour ce vieux berger qui, depuis sa naissance, lui avait témoigné tant d'affection ; mais en grandissant, il en était venu peu à peu à n'accepter qu'avec réserve ses explications et ses opinions qu'il soupçonnait souvent d'être empreintes d'erreur ou d'ignorance. Afin de s'éclairer, il questionna M. Noël qui lui donna les renseignements qu'il cherchait.

— Ce que vous a dit le berger est exact. Ces émigrations de moutons s'appellent la *transhumance* et elles existent dans tous les pays chauds où l'on élève la race ovine, en Algérie, en Espagne et dans le midi de la France. Les troupeaux qui, l'hiver, peuvent vivre dans les vallées et les plaines, y mourraient de faim, l'été, quand le soleil a brûlé l'herbe ; ils sont donc obligés d'émigrer et de rechercher des pâturages qui ne se rencontrent plus alors que sur les hautes montagnes où des populations extrêmement pauvres sont heureuses de tirer un léger profit de la location de leurs pâturages. Mais cet usage présente de graves inconvénients. En effet, le mouton, par la manière dont il broute, arrache l'herbe ; par la conformation de ses pieds, il dégrade la montagne dont la terre est ensuite facilement entraînée par les pluies. Dès qu'il survient un orage, l'eau n'étant plus retenue par la terre dans laquelle elle s'infiltrait pour aller alimenter les sources, se précipite en torrents vers la plaine, détruit tout sur son passage et cause des inondations souvent désastreuses.

Le seul moyen de remédier à ces maux, c'est de regazonner ces hauteurs dénudées et d'y planter du bois. Dans ce but, de grands travaux ont été entrepris. On met obstacle aux torrents en établissant des barrages (fig. 78) soit en maçonnerie, soit en clayonnages*, soit même, en certains endroits, en plantant simplement dans le lit des torrents des saules qui divisent les eaux et amortissent le courant. Partout où l'on trouve de la terre, on plante des arbres, laissant à la nature le soin de faire le reste et de

Fig. 78. — Un barrage.

couvrir de végétation les parties dénudées. Déjà des résultats remarquables ont été obtenus et des contrées menacées naguère de destruction par les torrents et les avalanches sont aujourd'hui complètement à l'abri, grâce aux reboisements opérés. Mais la condition essentielle pour la reconstitution de la montagne, c'est la suppression de la transhumance, l'interdiction du pâturage du mouton qui, ainsi que je vous l'ai dit, détériore le sol, et son remplacement par les animaux de l'espèce bovine, qui mangent l'herbe sans l'arracher.

Afin de tirer parti du lait des vaches, des *fruitières* ou *fromageries*, créées par l'association de tous les habitants, ont été installées sur les hauteurs : on y fabrique des fromages cuits, tels que le fromage de gruyère. Les bénéfices de la vente sont répartis, après la défalcation des frais, au prorata* de la quantité de lait fourni par chacun des associés.

Ce désir de s'instruire, cette curiosité de l'esprit avaient inspiré à M. Noël une vive sympathie pour Maurice qui venait de finir ses classes et d'obtenir, haut la main, son certificat d'études. Il avait une jolie écriture, ne faisait pas de fautes d'orthographe et était très fort en arithmétique. M. Noël, afin de compléter l'instruction de cet élève qui montrait de si grandes dispositions, avait proposé à Pierre Durier de donner à Maurice quelques notions de physique, de chimie et d'histoire naturelle qui sont si utiles pour un agriculteur.

Cette offre avait naturellement été acceptée avec reconnaissance. Dans la journée, Maurice secondait son père, et le soir, il se rendait chez M. Noël avec lequel il travaillait une heure ou deux.

Suzanne tombe à l'eau. — Un jour de moisson, Suzanne Germain était venue aux Ajoncs et était allée, suivant son habitude, pêcher avec Marie. On avait beau lui dire que le grand soleil du milieu du jour n'était pas favorable pour prendre du poisson ; elle s'obstinait, et depuis deux heures elle jetait sans résultat sa ligne, quand tout à coup son hameçon s'enfonça et fut entraîné au loin. Joyeuse à l'idée d'une bonne prise, elle se pencha en avant pour laisser le poisson s'enferrer, puis elle tira vivement; mais la ligne n'obéit pas. Comme elle était tout à fait sur le bord, cette résistance inattendue lui fit perdre l'équilibre et elle tomba dans l'eau à un endroit très profond. Sa bonne, au lieu de venir à son aide, perdit la tête et se mit à pousser des cris. Marie voulut aller bravement au secours de sa petite amie ; mais elle n'était pas bonne nageuse, et, dès qu'elle sentit la terre lui manquer, elle prit peur et se cramponna aux herbes de la rive en appelant au secours. Suzanne, qui s'était débattue un instant soutenue par ses jupons, venait de s'enfoncer et l'on apercevait son petit corps flottant entre deux eaux (fig. 79).

A cet instant, Maurice revenant à la ferme, entendit

Fig. 79. — On apercevait le corps de Suzanne flottant entre deux eaux.

les appels désespérés de sa sœur. Pressentant un malheur, il accourut à perdre haleine.

Dès que Marie l'aperçut, elle lui cria :

— Suzanne se noie ! Suzanne se noie !

A peine a-t-il compris ce qui se passe, qu'il se jette à l'eau, arrive en trois brassées auprès de Suzanne, la saisit par le milieu du corps, et nage vigoureusement vers la rive où il la dépose sur le gazon.

Suzanne ne donnait pas signe de vie.

Alors il la couche sur le côté de façon qu'elle puisse rendre l'eau qu'elle avait absorbée, et, aidé de Marie et de la bonne, il lui frictionne le corps de toute la force de ses bras... Suzanne restait toujours inerte.

Désespéré, Maurice lui ouvre la bouche et lui envoie

son souffle dans les poumons; en même temps, il lui presse la poitrine de façon à provoquer les mouvements respiratoires. Enfin, après un quart d'heure d'efforts, Suzanne ouvrit les yeux et poussa un soupir.

— Sauvée! elle est sauvée...! Suzanne, m'entendez-vous...! Marie, va vite chercher nos parents, et nous, dit-il à la bonne, continuons à la frictionner.

Quand monsieur et madame Durier arrivèrent, Suzanne commençait à revenir à elle... Sa **respiration** encore irrégulière se rétablissait, et, par moment, elle rendait l'eau qu'elle avait bue.

Pendant que Marthe Durier courait chez elle préparer un lit pour y coucher Suzanne, Pierre Durier, la prenant dans ses bras et la serrant contre sa poitrine pour la réchauffer, la portait aux Ajoncs (fig. 80).

Étendue chaudement dans le lit de Marie, Suzanne avait complètement repris ses sens, lorsque M. Germain, que la bonne avait été prévenir, arriva aux Ajoncs.

En voyant sa fille qu'il avait crue morte, revenue à

LEÇON DE CHOSES : **Respiration**. — On donne le nom de **respiration** à l'action par laquelle nous faisons *pénétrer* l'air dans nos poumons pour *rejeter* ensuite les gaz impropres à la vie dont le sang s'était chargé. Chez l'homme, la respiration a pour objet de transformer le sang **veineux** chargé d'acide carbonique en sang **artériel** qui contient plus d'oxygène.

Le mécanisme de la respiration comprend l'**inspiration** qui appelle l'air extérieur dans nos poumons où il vivifie le sang, et l'**expiration** qui rejette au dehors un air vicié.

Lorsqu'un grand nombre de personnes sont réunies dans un lieu fermé, l'air *respirable* se trouve bientôt altéré dans sa composition; il devient *irrespirable* en raison de la grande quantité d'acide carbonique produite par la respiration : le renouvellement de l'air est indispensable.

Tous les êtres organisés respirent, en ce sens qu'ils s'assimilent l'air atmosphérique. L'homme et les vertébrés aériens respirent par les **poumons**; les poissons, par les **branchies**; les insectes, par les **trachées**; les plantes par les **feuilles**.

elle et lui souriant, il éprouva une émotion si violente qu'il ne put rester debout. Lorsqu'il fut remis, il couvrit sa fille de baisers et, se tournant vers Maurice et Marie, il les embrassa en disant :

— Mes chers enfants, je vous dois la vie de ma Suzanne : je ne l'oublierai pas.

Le soir, Suzanne, bien enveloppée dans des couvertures, fut ramenée chez son père ; deux jours après, à la voir courir dans le jardin, fraîche et rose, personne n'aurait pu supposer qu'elle avait vu la mort de si près.

Pendant qu'à Beauvoir la gaieté était revenue avec la santé de Suzanne, l'inquiétude régnait aux Ajoncs.

Maladie de Maurice. — Le lendemain du jour où la petite fille était tombée à l'eau,

Fig. 80. — Pierre Durier prenant Suzanne dans ses bras la porta aux Ajoncs.

Maurice s'était plaint d'un point de côté et le soir il avait eu de la fièvre. La nuit avait été mauvaise ; une toux sèche se faisait entendre et le malade se plaignait d'une forte oppression.

Le médecin, qu'on avait appelé, déclara que Maurice avait une pleurésie* qui provenait du **refroidissement**

LEÇON DE CHOSES : **Refroidissement**.—Le refroidissement est la *transition* plus ou moins brusque du *chaud* au *froid*. Un refroidissement rapide ou prolongé présente des dangers pour la vie humaine, car il peut déterminer des maladies très graves, telles que la **pleurésie** et la **pneumonie**. C'est afin de maintenir la cha-

gagné en se jetant ruisselant de sueur dans l'eau et en gardant sur lui ses habits mouillés pendant qu'il cherchait à ranimer Suzanne.

Le mal fit des progrès rapides ; Maurice perdit connaissance. Brûlé par une fièvre ardente, il battait la campagne et tenait des propos incohérents. Ses parents, dans une inquiétude mortelle, ne quittaient pas son chevet. Ils n'osaient se parler ; mais, quand leurs yeux se rencontraient, leurs regards exprimaient la tristesse de leurs pensées.

M. Germain, informé de la maladie de Maurice, était accouru auprès de M. et madame Durier et passait ses journées à la ferme. Il interrogeait le médecin qui venait plusieurs fois par jour et qui ne dissimulait pas la gravité de la situation. Une consultation avait eu lieu, et cette consultation n'avait pas ranimé leurs espérances, car le docteur de la ville, tout en approuvant le traitement prescrit par son confrère, avait trouvé le malade très mal, la situation des plus compromises, et ne conservait d'espoir que dans la robuste constitution de l'enfant.

Après une semaine passée dans les transes et dans les larmes, le médecin constata une légère amélioration et, quelques jours après, déclara qu'il répondait de la vie de Maurice. Mais il ajouta qu'après une maladie aussi grave, de grandes précautions seraient nécessaires, et que, si cela était possible, il faudrait que l'enfant allât passer l'arrière-saison dans le midi, afin d'éviter les brouillards de l'automne et de hâter son rétablissement.

— Très bien, docteur, dit M. Germain, qui assistait

---

leur du corps et d'éviter les refroidissements que l'usage de la *flanelle* est conseillé.

à la visite, ce que vous recommandez sera ponctuellement exécuté ; Maurice ira trois mois dans le midi ; je me charge de cette partie de la médication.

Et, comme M. et madame Durier le regardaient sans comprendre, il ajouta :

— J'ai contracté une dette de reconnaissance éternelle vis-à-vis de Maurice, qui n'a pas craint de risquer sa vie pour arracher ma fille à la mort. C'est un devoir pour moi de lui rendre la santé qu'il a compromise pour mon enfant, et ce qu'il sera possible de faire pour cela, je le ferai... Aussitôt qu'il sera en état de partir, nous irons sur les bords de la Méditerranée, où le soleil du Midi achèvera de le rétablir.

M. Germain emmène les enfants dans le Midi. — La convalescence fut longue. Grâce aux soins dont il était entouré, Maurice se remit enfin et l'on fixa la date du départ. Marie, qui n'avait pas craint de se jeter à l'eau pour porter secours à sa petite amie, fut aussi du voyage, ainsi qu'une bonne chargée de soigner les deux petites filles.

Pendant quinze jours, Marthe et Jeannette veillèrent tard pour préparer les vêtements de Maurice et de Marie. Au moment des adieux, la mère, quoique bien heureuse du plaisir qu'ils allaient éprouver, ne put s'empêcher de verser des larmes en pensant que, pendant trois mois, elle allait être séparée de ses enfants qui, jusqu'à ce jour, ne l'avaient jamais quittée.

Les voyageurs gagnèrent Lyon, puis descendirent cette admirable vallée du Rhône, allant à petites journées, afin de ne pas fatiguer les enfants. On séjournait dans les villes principales qui devenaient le point de départ d'excursions dans les campagnes environnantes et aux sites les plus célèbres.

C'est ainsi que, dans le Vaucluse et les Bouches-du-

Rhône, ils visitèrent les domaines irrigués par le canal de Craponne et le canal des Alpines, dont les prairies, fauchées quatre fois par an, produisent jusqu'à 12 000 kilogrammes de fourrage à l'hectare. Ils firent une promenade sur les contreforts du mont Ventoux et examinèrent les plantations de chênes truffiers, au pied desquels se rencontre la truffe si recherchée des gourmets et dont la reproduction et la multiplication sont encore incomplètement connues[1]. Après avoir passé par Saint-Rémy de Provence, célèbre par ses primeurs, ils entrèrent dans la Crau.

Le colmatage. — La Crau est une contrée désolée, où ne se rencontrent que de loin en loin quelques fermes isolées appelées *mas* et où le sol desséché ne montre que des cailloux. Les enfants, vivement impressionnés par la solitude, écoutaient M. Germain qui leur apprit que la Crau était autrefois bien plus étendue, mais que, grâce au *colmatage*, ce désert diminuait chaque jour.

— Qu'est-ce que c'est que le colmatage? dit Suzanne.

— Le colmatage consiste dans l'apport, au moyen de l'irrigation, d'une eau limoneuse, c'est-à-dire char-

---

LEÇON DE CHOSES : **Irrigation.** — On donne le nom d'**irrigation** à l'*arrosage artificiel* de la terre. L'eau de rivière, de ruisseau, de puits, est amenée sur le sol, soit au moyen de canaux de dérivation, soit par élévation à l'aide de pompes.

L'irrigation est *indispensable* dans les pays chauds pour la production des fourrages et des légumes.

Dès les temps les plus reculés, les irrigations ont été employées pour exciter la végétation. Les *Égyptiens* utilisaient les eaux du Nil pour féconder leur sol. Les *Arabes* ont exécuté en Espagne des travaux d'irrigation remarquables, qui assurent encore la fertilité de certaines provinces de ce pays.

---

1. La Dordogne et les départements environnants, Lot et Lot-et-Garonne, produisent aussi beaucoup de truffes. Les truffes de cette région, dites truffes du Périgord, sont les plus estimées.

gée de terres arrachées aux montagnes par les torrents et les rivières. L'eau, ainsi répandue sur le sol, s'évapore lentement, et le limon ou la terre, qui était en suspension, se dépose et constitue peu à peu une couche arable dans laquelle on peut obtenir des récoltes.

— En combien d'années ? monsieur, demanda Maurice.

— Cela dépend, mon ami, de la nature des eaux ; trois, cinq, dix ans et plus. Quand ce pays, que l'on appelle avec raison le désert de la Crau, sera sillonné par des canaux et fécondé par le colmatage, il sera...

Le mirage. — Tout à coup Suzanne interrompit son père :

— Papa, s'écria-t-elle, tu nous dis qu'il n'y a pas d'eau ; mais je vois là-bas un grand étang entouré d'arbres.

Et, en parlant, elle montrait l'horizon. A ces mots,

Fig. 81. — Ce que vous croyez voir n'existe pas ; c'est un effet du *mirage*.

ils s'étaient tous levés dans la voiture, et, suivant l'indication de Suzanne, ils virent, en effet, au loin, un lac dans l'eau duquel paraissaient se réfléter des ombrages et des habitations (fig. 81).

M. Germain sourit et dit :

— Ce que vous croyez voir n'existe pas : c'est une illusion de vos yeux qui s'appelle *mirage* et qui se produit souvent dans les contrées désertes et sablonneuses. Nos soldats en ont été fréquemment victimes pendant l'expédition d'Égypte. Accablés par un soleil brûlant, mourant de soif, ils croyaient tout à coup apercevoir au loin un lac limpide ; ils y couraient, mais le lac fuyait ou disparaissait et ils ne rencontraient qu'un sol aride et brûlé.

La Camargue. — De la Crau, les voyageurs passèrent dans la Camargue, qui les intéressa particulièrement, parce que c'était le pays du berger Jérôme. Ils rencontrèrent des bandes de bœufs et de chevaux à moitié sauvages, surveillés par des gardiens à cheval. La vue des **flamants** au plumage rose, qui, sur le sol, se tiennent en ligne comme des soldats, et qui, lorsqu'ils s'envolent, se réunissent en triangle, les amusa beaucoup.

Les vendanges. — Ils arrivèrent enfin dans le département du Gard et se rendirent chez un grand viticulteur, ami de M. Germain, où ils devaient passer quelques jours.

Ils tombèrent en pleine vendange. Ce fut une fête pour les enfants de se mêler aux ouvriers et de faire la

---

LEÇON DE CHOSES : **Flamant**. — Les **flamants** sont des oiseaux formant un groupe à part ; ils se rapprochent des *palmipèdes* par les trois doigts de devant entièrement palmés, et des *échassiers* par la hauteur excessive de leurs jambes (environ *un mètre*).

Le corps du flamant est gros comme celui du dindon : le cou est très long ; le plumage d'un beau rouge très recherché.

La *femelle* fait son nid sur un endroit élevé ; gênée par ses longues pattes, elle se met à cheval pour couver.

Dans l'antiquité, la chair du flamant était estimée, la langue en particulier.

Les flamants se rencontrent en troupes dans les plaines marécageuses du littoral de la Méditerranée, et en général, dans les contrées chaudes et tempérées du globe.

cueillette du raisin. Armées de ciseaux, les petites filles coupaient les grappes et les mettaient dans un panier qu'elles allaient vider, quand il était rempli, dans la hotte d'un vendangeur. Celui-ci, à son tour, portait la hotte pleine dans un tonneau placé sur une charrette qui conduisait le raisin à la cuve.

Maurice ne pouvait se lasser d'admirer la végétation vigoureuse des ceps, si différents de ceux qu'il avait

Fig. 82. — Les foudres renferment chacun de trois à quatre cents hectolitres de liquide.

vus dans son pays. C'étaient de véritables arbustes, sans échalas, plantés à grande distance les uns des autres. Comme il s'étonnait de cette fructification surprenante, on lui dit que les productions de 80 et 100 hectolitres de vin à l'hectare n'étaient pas rares dans la contrée; que l'hectare, ne contenant que quatre à cinq mille ceps, il était nécessaire que chaque pied de vigne fût chargé de nombreuses grappes, puisque cinquante ceps devaient produire un hectolitre.

Il considéra avec admiration ces immenses chaix* si frais, si bien installés pour la fabrication et la conservation du vin, avec leurs foudres gigantesques (fig. 82) renfermant chacun de trois à quatre cents hectolitres de liquide.

Comme M. Germain félicitait le propriétaire de l'abondance de sa récolte, celui-ci répondit :

— C'est la première année rémunératrice qui nous arrive depuis dix ans. Nous avons traversé de tristes moments et j'ai vu la ruine de bien près.

Le phylloxera. — Vous rappelez-vous, monsieur Germain, ajouta-t-il, lorsque vous êtes venu me voir, il y a une quinzaine d'années, comme notre pays était riche et prospère ? Du Rhône à la Garonne, ce n'était qu'une suite ininterrompue de vignes... Quelle abondance ! Quelle production ! Puis, tout à coup, un fléau originaire d'Amérique s'est abattu sur nos vignobles. Pendant cinq ans nous les avons vus tous disparaître, les uns après les autres, ignorant alors la cause de leur destruction. A force de recherches, les savants ont découvert que le mal était dû à un puceron, appelé *phylloxera* (fig. 83), invisible à l'œil nu. Cet insecte ronge les racines de la vigne et la détruit en trois ou quatre ans.

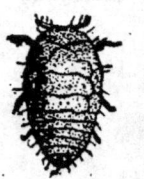

Amas de phylloxera.

Fig. 83. — Phylloxera sans ailes (très grossi). Il ronge les petites racines de la vigne.

A un moment, le phylloxera sort de terre pourvu d'ailes ; il est alors transporté au loin par les vents. Il tombe au milieu d'un vignoble, pond un œuf sur l'écorce d'un cep, et au printemps suivant, de cet œuf sort un insecte qui descend sous terre, se fixe sur les racines où il se reproduit en nombre effroyable, puisque l'on a calculé qu'un seul phylloxera pouvait donner naissance, en une seule année, à plusieurs milliards d'insectes.

La cause de la perte de nos vignes découverte, il fallait trouver un remède. Aujourd'hui nous avons plusieurs moyens pour lutter contre le fléau. Dans les terrains de plaine qui peuvent être irrigués, on emploie la submersion qui détruit le puceron, en laissant les ceps sous l'eau pendant cinquante jours. Dans les vignes qui ne peuvent être inondées, on se sert du sulfure* de carbone ou du sulfocarbonate* de potassium dont les vapeurs toxiques * asphyxient le phylloxera. Enfin, nous pouvons reconstituer nos vignobles au moyen des plants américains qui, plus robustes que les nôtres, résistent aux piqûres de l'insecte. Parmi les cépages américains, les uns donnent des raisins qui sont transformés en vin : ce sont les producteurs directs; les autres, dont les fruits sont rares ou mauvais, servent uniquement de porte-greffes à nos plants français. Grâce à ces méthodes diverses, nous nous considérons maintenant comme sauvés et nous entrevoyons le jour où renaîtra notre ancienne prospérité.

Après cette visite, M. Germain et les enfants passèrent par Marseille et arrivèrent à Cannes où ils s'installèrent.

Lettre de Maurice à ses parents. — Maurice écrivait fréquemment à ses parents. Voici une des lettres qu'il leur adressa pendant son voyage.

« Mon cher papa et ma chère maman,

« Nous nous portons tous bien et nous nous amusons
« beaucoup. Notre bonheur serait complet, si vous
« étiez auprès de nous. Nous visitons un pays superbe,
« où tout ce que nous voyons est nouveau pour nous.
« Le ciel est toujours bleu, et sans la poussière qui

« nous gêne bien par moment, on ne saurait souhaiter
« une température plus agréable. Avec ce beau soleil
« qui n'est caché par aucun nuage, je sens mes forces
« revenir, je ne tousse plus du tout, et il me semble
« que je serais maintenant tout à fait en état de
« reprendre mes occupations à la ferme. M. Germain
« sourit quand je lui dis que ma santé est rétablie et
« il continue à me faire prendre toutes sortes de pré-
« cautions. Je n'ai pas la permission de me lever de
« bonne heure, et aussitôt que le dîner est fini, vers
« huit heures, il m'oblige à me mettre au lit. Bien sûr,
« vous ne me reconnaîtrez pas quand vous me reverrez,
« tellement cette existence de paresseux va m'en-
« graisser.

« Dans la journée, nous faisons de belles promenades
« qui m'intéressent beaucoup. Les cultures de ce pays
« n'ont aucun rapport avec celles de chez nous. L'autre
« jour nous avons assisté, dans une ferme, à un spec-
« tacle qui m'a bien étonné. Pour retirer le grain de
« l'épi, on ne se sert ni de batteuse, ni de fléau ; on
« met les gerbes par terre en les disposant en rond
« autour d'un pivot d'où part une longue perche à
« laquelle sont attelés des bœufs, des mules ou des
« chevaux. En tournant autour de ce pivot, les
« bêtes piétinent les gerbes et en font sortir le
« grain (fig. 84). M. Germain m'a dit que cette
« méthode s'appelait le *dépiquage* et qu'elle était très
« ancienne ; mais je ne la crois pas bonne : d'abord
« parce qu'elle doit donner un travail incomplet ;
« ensuite parce que les animaux salissent de toutes
« façons les grains et la paille.

« J'espère, mon cher papa et ma chère maman, que
« vos santés sont bonnes. Si vous avez la même tem-
« pérature que nous, vos semailles ont dû se faire dans

« de bonnes conditions ; nous parlons souvent de vous
« avec M. Germain, et quand nous avons de vos nou-
« velles, cela nous rend bien contents.

Fig. 84. — En tournant autour d'un pivot, les bêtes piétinent
les gerbes et en font sortir le grain.

« Faites bien, je vous prie, mes amitiés à Michel et
« à Jeannette.

« Adieu, mon cher papa et ma chère maman. Marie
« et moi nous vous embrassons de tout notre cœur.

« Votre fils respectueux,

« Maurice DURIER. »

Maurice se rétablit. — Le séjour sur le bord de la Méditerranée, dans ce pays charmant, au milieu des orangers, des citronniers et des **eucalyptus**.

LEÇON DE CHOSES : **Eucalyptus.** — Les eucalyptus, dont les variétés sont très nombreuses, appartiennent à la famille des *myrtacées* et sont originaires de l'Australie.
Les eucalyptus croissent rapidement et atteignent une hauteur considérable. Leur bois, d'une grande dureté, est utilisé pour l'ébénisterie et les constructions.
Certaines espèces fournissent une huile essentielle, recherchée par la pharmacie. L'eucalyptus globulus a le feuillage bleu de Suède, tirant sur le vert de mer. Sa croissance est d'une rapidité extraordinaire. Depuis quelques années on l'a multiplié dans le midi de la France, en Corse, et surtout en Algérie où il réussit à merveille et où il rend les plus grands services.

acheva promptement de rétablir Maurice et de lui rendre toutes ses forces et toute sa vigueur; progressivement, M. Germain lui imposa un régime plus fatigant. Laissant les deux petites filles jouer au bord de la mer sous la surveillance de la bonne, M. Germain, qui était grand marcheur, emmenait Maurice faire de longues courses dans la campagne. Tantôt ils parcouraient les montagnes de l'Esterel couvertes de **pins** et de chênes-verts, tantôt ils visitaient les champs de fleurs : violettes, rosiers, jasmins, qui sont l'objet d'un si important commerce dans ces régions ; ils poussèrent même, un jour, jusqu'à Grasse pour visiter une grande fabrique de **parfums**.

LEÇON DE CHOSES : **Pins**. — Les **pins** sont des arbres d'une taille généralement élevée ; ils appartiennent à la famille des *conifères*. Leurs feuilles toujours vertes sont réunies en spirale autour des rameaux ; on les appelle **aiguilles** à cause de leur forme allongée. Leurs fruits, nommés **pommes de pins**, contiennent une graine appelée **pignon**.

Les pins, arbres du Nord pour la plupart, se plaisent dans les terrains secs, sablonneux et arides.

Plusieurs espèces produisent de la résine qui a de nombreux emplois dans l'industrie (*vernis, cire à cacheter, etc.*). Un pin peut fournir *chaque année, pendant* 20 ans, de 6 à 8 kilogrammes de résine. Le bois de pin est utilisé par la charpenterie et la menuiserie.

Le pin *sylvestre* se rencontre sur les hautes montagnes, dans les parties septentrionales de l'Europe. Son bois est recherché pour la fabrication des ustensiles de ménage.

Le *pin maritime*, qu'on a utilisé pour fixer les sables mouvants des landes de Gascogne, se trouve sur les montagnes des Pyrénées et du Dauphiné. Il fournit de la résine, du goudron et de la térébenthine.

Le *pin parasol* est ainsi nommé à cause de la disposition de ses branches qui forment une tête arrondie ; son bois est blanc et peu résistant.

Le *pin laricio*, qui atteint une hauteur considérable, se plaît dans quelques parties de la France. Le tronc de cet arbre est utilisé pour la **mâture**.

LEÇON DE CHOSES : **Parfums**. — On donne le nom de **parfums** à toutes les substances qui répandent une odeur agréable, soit par

Les olives; l'huile d'olive. — Ils assistèrent à la cueillette des olives (fig. 85). Comme Maurice s'étonnait des précautions que l'on prenait pour cette

Fig. 85. — La cueillette des olives.

récolte qui se faisait à la main, M. Germain lui expliqua que le gaulage avait l'inconvénient de blesser les branches et de compromettre la production des années suivantes en faisant tomber les bourgeons à fruits.

---

la *combustion*, soit par *l'évaporation* naturelle. La base de tous les parfums se trouve dans les résines et les huiles essentielles extraites des plantes, ou dans le produit de certains animaux, tel que le musc.

Les **parfums simples** sont ceux qu'on emploie tels que la nature les a fournis (*ambre, musc, encens, benjoin*). Les **parfums composés** sont obtenus par le mélange de plusieurs parfums. On distingue aussi les parfums *secs* et les parfums *liquides*.

L'usage des parfums est très ancien : ils étaient utilisés pour honorer la Divinité et embaumer les morts. A Rome, sous les empereurs, le luxe des parfums fut porté à son comble ; certaines essences rares étaient payées au poids de l'or.

Autrefois, les parfums étaient fournis par l'*Orient* et surtout par l'*Arabie* ; aujourd'hui, on trouve dans tous les pays des fabriques de parfums : *Grasse, Nice, Avignon, Montpellier, Paris*, en France ; *Cologne* en Allemagne ; *Florence* en Italie sont les principaux centres de l'industrie de la parfumerie.

La parfumerie occupe une place importante dans l'industrie française.

— L'olivier, lui dit-il, est la richesse des pays qui bordent la Méditerranée. En France, sauf dans quelques régions privilégiées, cet arbre ne donne que des récoltes médiocres ; mais en Sicile, en Grèce, dans les îles Ioniennes, en Algérie, en Tunisie, il forme la principale culture. Dans ces contrées, les oliviers vivent très longtemps et deviennent très gros. Le bois, dur, poli, bien veiné, est employé pour l'ébénisterie et la marqueterie. Il fournit également un chauffage excellent. Les feuilles servent à la nourriture des chèvres et des moutons qui en sont très friands.

Pour compléter l'instruction de Maurice, M. Germain le mena visiter une huilerie. Quand les olives sont complètement mûres, ce que l'on reconnaît à la couleur noire que prend le fruit, on les recueille dans des draps placés sous les arbres ; elles sont mises ensuite sous un pressoir et de la pulpe du fruit jaillit l'huile. La plus grande propreté est indispensable à cette fabrication. L'huile, une fois obtenue, est placée dans des dames-jeannes hermétiquement bouchées, et peut être ainsi conservée indéfiniment. Les olives destinées à la table sont cueillies avant leur maturité. Afin de leur ôter leur amertume, elles subissent une préparation qui consiste à les faire macérer dans de la saumure.

Retour à Barville. — Vers le milieu de décembre, on revint à Barville. Maurice et Marie furent bien heureux de revoir leurs parents auxquels ils apportaient des souvenirs, ainsi qu'à M. Noël, à mademoiselle Jamin, à Michel et à Jeannette.

Ils étaient gais, bien portants, joyeux de se retrouver au milieu de tous ceux qu'ils aimaient et auxquels ils faisaient d'interminables récits de toutes les choses curieuses qu'ils avaient vues.

CHAPITRE V

DÉBUTS DE MAURICE

Mauvaise conduite de Philippe. — Tandis que par son énergie, son travail, son ordre et son économie, Pierre Durier voyait sa situation s'améliorer et l'aisance entrer dans sa maison, Philippe par son inconduite, son intempérance et sa paresse, descendait la pente fatale qui mène au déshonneur et à la misère. Aux Ajoncs, les terres abondamment fumées, d'une propreté irréprochable, produisaient le maximum de récoltes; les animaux bien choisis, bien soignés, largement et sagement nourris, fournissaient en abondance lait et viande. Chez Philippe, les terres sales, auxquelles on ne donnait qu'un engrais insuffisant et mal préparé, produisaient moins chaque année, et le nombre des animaux diminuait, le propriétaire ne remplaçant pas les vides causés par la vente.

Depuis longtemps, à Barville, on soupçonnait le mauvais état des affaires de Philippe; les paysans en causaient souvent entre eux et prévoyaient que cela finirait mal. Dès le début, le père de Philippe s'était plaint des mauvais traitements qu'on lui faisait subir. Il n'avait pas caché qu'on lui servait irrégulièrement sa rente et ensuite qu'on ne la lui payait plus. Puis, tout à coup, il avait cessé de sortir et de parler. Ceux qui venaient chez son fils, en le voyant immobile et silencieux, l'air hébété, avaient cru que l'âge et la fatigue avaient brisé ce corps autrefois si solide, et, ne soupçonnant pas le profond chagrin qui le minait, ne s'en étaient plus occupés.

Philippe pour faire face à ses besoins et satisfaire ses

fantaisies avait emprunté. Pour rembourser, il avait contracté de nouveaux emprunts, augmentant ainsi ses dettes à chaque échéance. Tourmenté de tous côtés par ses créanciers qui réclamaient leur argent, il avait été contraint d'hypothéquer* ses biens pour la moitié de leur valeur.

Plus sa situation devenait critique, plus il allait au cabaret, cherchant ainsi à s'étourdir et à se soustraire à ses préoccupations. Brutal avec ses ouvriers qu'il payait irrégulièrement, il avait fini par ne plus trouver personne pour le servir et par être obligé de travailler lui-même ; mais son domaine était trop grand pour qu'il pût suffire à la besogne

Fig. 86. — Philippe était sombre et avait l'esprit toujours hanté par les soucis.

et les produits de son exploitation s'en étaient ressentis. Toujours sombre, l'esprit hanté de soucis, (fig. 86), il avait le dégoût de sa maison, et, aussitôt son travail terminé, il fuyait la société des siens qui étaient pour lui des reproches muets et vivants. Il ne trouvait de soulagement que dans l'ivresse qui lui procurait un oubli momentané.

Puis quand, sous l'influence du vin et de l'eau-de-vie, la démarche mal assurée, la tête lourde, il revenait chez lui, le moindre mot, le moindre prétexte le faisaient entrer dans des fureurs redoutables ; alors il frappait sa femme, son enfant, brisait les meubles, jusqu'au moment où, anéanti, il tombait comme une brute, envahi par un sommeil de plomb.

La femme de Philippe, qui avait longtemps enduré sans mot dire les colères de son mari, effrayée un jour par ses menaces, s'était sauvée et s'était réfugiée aux Ajoncs.

Marthe Durier, toute saisie de la voir arriver tremblante de peur, l'ayant interrogée :

— Ah ! madame Durier, s'était-elle écriée, nous sommes bien malheureux !

— Qu'y a-t-il donc ?

— Mon mari est rentré tout à fait ivre, et comme je lui reprochais sa conduite, il a saisi un couteau et s'est élancé sur moi... Je n'ai eu que le temps de me sauver ; sans cela, je ne sais pas ce qui me serait arrivé... Et pourtant, au fond, il n'est pas méchant...; mais ses affaires ne vont pas et il boit pour oublier... Où tout cela nous mènera-t-il ? Quel exemple pour son fils...! Il ne me donne plus jamais d'argent et je ne sais comment me procurer la nourriture nécessaire à la maison... Et le père qui est là dans un coin, qui ne prononce pas une parole, et qui, lorsqu'il nous regarde avec ses yeux égarés, semble nous maudire... Ah ! voyez-vous, madame Durier, c'est horrible !

Et la pauvre femme suffoquée par la peur et le chagrin s'était laissée tomber sur une chaise.

— Voyons, madame Philippe, disait Marthe Durier en cherchant à la consoler, ayez de l'espoir ; votre mari reviendra peut-être à de meilleurs sentiments.

— Hélas ! madame Durier, Philippe ne se corrigera pas... Le malheur est entré chez nous et nous finirons misérablement... Je n'ai pourtant pas mérité un sort pareil : je me suis toujours bien conduite ; j'étais laborieuse, économe et point coquette : si Philippe avait été travailleur, j'aurais été heureuse de le seconder comme vous secondez votre mari... Si, dans le temps, j'ai tourmenté mon beau-père pour qu'il nous cédât son bien, c'était pour faire plaisir à Philippe ; mais moi, je n'y tenais pas. Nous étions bien plus heureux alors, la maison était gaie.. ; tandis que maintenant, quand mon mari est là, ce sont des cris, des injures, des coups, et, quand il est absent, ce vieillard, toujours ce vieillard, silencieux et immobile !... Oh ! j'en deviendrai folle !...

— Remettez-vous, madame Philippe ; vous me faites de la peine... Que pouvons-nous faire pour vous ?

— Rien, hélas ! je le sais bien... Pourtant, si monsieur Durier voulait voir Philippe, peut-être quelques conseils, quelques bonnes paroles pourraient le ramener à de meilleurs sentiments.

— J'en parlerai à mon mari.

— Merci, madame Durier, merci, dit en s'en allant la femme de Philippe : votre promesse me fait du bien ; je pars avec un peu d'espoir. Dieu veuille qu'il entende les bons conseils qui lui seront donnés et que la raison lui revienne enfin !

Quand Marthe Durier eut raconté sa conversation avec madame Philippe, Pierre Durier ne put cacher son ennui.

— Quels conseils veux-tu que je lui donne ? dit-il à sa femme. Philippe ne m'écoutera pas ; c'est un homme perdu, on ne peut plus le sauver. Il est criblé de dettes, il boit, il ne travaille pas ; mon intervention ne fera que l'aigrir davantage... ; il me répondra par des injures et tu sais que je ne les supporte pas. Alors à quoi m'exposerai-je ? à une querelle et peut-être à une lutte : c'est une mauvaise affaire que tu aurais bien fait de m'éviter.

— Mon cher Pierre, répondit Marthe Durier, cette

pauvre femme est si malheureuse, si à plaindre...!
Essayons cela pour elle, sois calme; s'il te dit des
injures, méprise-les : les insultes de Philippe ne sau-
raient t'atteindre. Madame Philippe paraissait si heureuse quand je lui ai promis que tu parlerais à son
mari!

— Eh bien! j'essayerai, dit Pierre Durier.

Quelque temps après, il rencontra Philippe; il alla
à lui et amicalement lui dit :

— Bonjour, Philippe, comment vas-tu? On ne te
voit plus aux Ajoncs.

Philippe étonné regarda Pierre Durier et lui répondit
d'une voix rude :

— Que veux-tu que j'aille faire chez toi?

— Mais nous causerons, nous nous donnerons des
conseils réciproques.

— Tu n'as pas besoin de mes conseils et je n'ai que
faire des tiens.

— Peut-être.

— Comment, peut-être?

— Dame, reprit Pierre Durier, les affaires ne me
paraissent pas aller très bien, et il me semble qu'un
bon avis pourrait t'être utile.

— Qui t'a dit que mes affaires n'allaient pas?

— Personne, mais ça se devine : tes terres ne sont
pas soignées, tes récoltes sont maigres et puis tu as
toujours l'air sombre... Je ne suis pas le seul, du reste,
à croire que tu as des ennuis.

— Eh bien! oui, j'ai des ennuis et des tourments...;
rien ne me réussit, la chance est toujours contre moi.

— Voyons, mon cher, n'as-tu aucun reproche à
t'adresser?

— Dis tout de suite que c'est de ma faute, répondit
Philippe dont les sourcils se froncèrent.

— Allons, calme-toi, je ne veux pas t'être désagréable... Écoute-moi sans te fâcher... Je suis désolé, je t'assure, de te voir dans la triste situation où tu te trouves ; si cela continue, tu ne pourras pas tenir : tu dois de l'argent de tous côtés, et un de ces jours, on te saisira... Et alors, toi, ta femme, ton père, ton fils, que deviendrez-vous ?... Tu sais bien que ce que je te dis en ce moment est la vérité ; ton air triste, accablé, prouve que tu songes à l'avenir, et lorsque tu bois, c'est pour chasser les pensées qui t'obsèdent.

Philippe se taisait. Pierre Durier, espérant le toucher, continua d'un ton affectueux.

— Mon cher Philippe, il en est peut-être temps encore : renonce à ta manière de vivre, occupe-toi de tes cultures, consacre tout ton temps au travail ; tu es un agriculteur intelligent, habile ; fais-toi aider par ton fils qui commence à être d'âge à te seconder, par ta femme qui ne demandera pas mieux.... Mais d'abord cesse d'aller au cabaret, ne te grise plus, pense aux tiens que ton inconduite va mettre sur la paille.... Si tu veux rentrer dans la bonne voie, tout le monde en sera heureux et chacun te tendra la main.

— Laisse-moi tranquille, répondit Philippe en l'interrompant brusquement ; je ne te reconnais pas le droit de me faire de la morale.... Parce que la fortune t'a souri, parce que tout t'a réussi, il ne te convient pas de faire le maître d'école et de blâmer les autres. Le monde est partagé en deux, ceux qui ont de la chance et ceux qui n'en ont pas. Tu es des premiers et moi je suis avec les seconds ; or nous ne pouvons nous entendre.... De plus, je suis jaloux de toi, jaloux de tes succès, jaloux de ton bonheur, et je ne puis pas te rencontrer, sans comparer ta position à la mienne.... Aussi je te hais, je te souhaite tout le mal possible (fig. 87).... Je ne veux plus te voir et je te défends de me parler.

Et crispant ses poings, il s'éloigna de Pierre Durier qui ne put s'empêcher de murmurer :

— Le malheureux ! le malheureux !

Lambert devient garde-chasse chez M. Germain. — Vers la même époque, le gendarme Lambert avait été mis à la retraite et était entré comme garde-chasse chez M. Germain. Celui-ci, appréciant sa probité et son énergie, lui réservait cette place depuis longtemps, afin de mettre un terme au braconnage qui s'exerçait sur ses terres et détruisait son gibier. Il était assuré qu'avec Lambert les déprédations cesseraient et que sa présence seule suffirait pour inspirer une terreur salutaire.

Fig. 87. — Je te hais et je te souhaite tout le mal possible.

Lambert avait prêté serment devant le tribunal, afin d'avoir le droit de dresser des procès-verbaux

Cette nouvelle fonction qui avait de l'analogie avec son ancien genre de vie, mais qui était moins pénible, lui convenait à merveille. Coiffé de la petite casquette de velours, la plaque sur la poitrine, le fusil sous le bras, on le voyait maintenant parcourir en tous sens le domaine de Beauvoir (fig. 88).

Outre les cent francs de sa médaille et les arrérages de sa pension, Lambert recevait de M. Germain des gages assez élevés pour ses services et pour ceux que sa femme rendait par la surveillance de la basse-cour, le soin du linge de la ferme et la préparation de la nourriture des ouvriers ; aussi était-il devenu un des personnages importants de Barville. Son fils aîné,

Fig. 88. — Le garde-chasse Lambert parcourait en tous sens le domaine de Beauvoir.

Félix, qui avait été élevé dans une école d'enfants de troupe, venait de s'engager dans l'infanterie de marine ; son second fils, nommé Georges, sorti récemment avec un diplôme de l'école d'horticulture de Versailles, était revenu auprès de ses parents et était employé comme jardinier chez M. Germain.

Maurice horticulteur. Les primeurs. — Cependant Maurice grandissait et se développait. Sa croissance rapide le fatiguait, et plusieurs fois à la suite de travaux un peu durs pour lui, il avait éprouvé des syncopes*. Pierre Durier, afin de le ménager tout en l'occupant, l'avait chargé de la vacherie, de l'écurie et des détails concernant l'intérieur de la ferme. Il lui avait aussi confié l'entretien du jardin, qui exigeait des soins et de l'adresse plutôt que de la force.

Maurice s'était mis avec ardeur à ce nouveau travail. Ayant beaucoup de sympathie pour Georges Lambert plus âgé que lui de quelques années, il lui avait demandé des conseils qui lui avaient été profitables.

Sans négliger la culture des légumes nécessaires à la maison, il avait voulu faire des primeurs*. Observant ce qui se pratiquait dans le potager de M. Germain, où Georges Lambert obtenait à Pâques des fraises, des haricots verts et des petits pois, Maurice l'imita et put présenter sur le marché des légumes et des fruits forcés qu'il vendit très cher ; mais au prix de quel travail ce résultat avait-il été obtenu ! La terre de son potager avait été enrichie de tous les éléments fertilisants ; constamment remuée et amendée, elle était douce et légère ; il lui donnait, selon les besoins, du fumier de vache, de mouton, de porc ou de basse-cour qu'il recueillait séparément. Consultant sans cesse le **thermomètre** pour savoir s'il devait ouvrir ou fermer ses châssis, il se levait souvent au milieu de la nuit, afin de prendre les précautions nécessaires pour préserver ses couches qu'un brusque changement de température ou qu'une pluie trop violente aurait pu

---

Leçon de choses : **Thermomètre.** — Le thermomètre (fig. 89) est un instrument de physique qui sert à *mesurer* la *chaleur*. Sa construction est fondée sur la propriété qu'ont certains corps de se dilater d'une manière régulière sous l'effet de la chaleur et de se contracter sous l'impression du froid.

Le thermomètre ordinaire se compose d'un *tube* de verre fermé et très étroit, terminé à son extrémité inférieure par une boule contenant de l'**alcool** ou du **mercure**. Si la température s'*élève*, le liquide *monte* dans le tube : si, au contraire, la température

compromettre. Il prenait un soin égal de ses espaliers qu'il couvrait de toiles au printemps, au moment des gelées printanières, dans le but de garantir du rayonnement nocturne les fleurs et les fruits nouvellement noués. Ses arbres fruitiers, taillés suivant les méthodes les plus rationnelles, donnaient des fruits superbes (fig. 90).

Fig. 90. — Les arbres fruitiers étaient taillés suivant les méthodes les plus rationnelles.

Quoique les profits de cette culture ne dussent pas être en rapport avec le mal que Maurice s'était donné, son père l'avait laissé faire,

---

s'abaisse, le liquide *descend*. La hauteur du liquide dans le tube dépend donc de la température; elle est indiquée par des traits appelés *degrés* et qui constituent l'échelle thermométrique.

Pour **graduer** le thermomètre, on le plonge dans de la *glace fondante* et l'on marque 0 au point où le mercure s'arrête; puis on le place dans de l'*eau bouillante* et l'on marque 100 au point qu'atteint le mercure; enfin on divise en 100 parties égales l'intervalle compris entre ces deux points et on prolonge l'échelle ainsi obtenue au-dessus du point 100 et au-dessous du point 0. On désigne les degrés *au-dessus* de 0 en les faisant précéder du mot *plus* ou du signe +; les degrés *au-dessous* de 0 sont précédés du mot *moins* ou du signe —.

Fig. 89. — Le thermomètre.

Le thermomètre ainsi divisé porte le nom de *thermomètre centigrade*. La température des deux points de repère 0 et 100, étant bien connue, il est facile de se faire une idée de la température qui correspond à un nombre donné de degrés.

heureux de lui voir accomplir ces travaux avec passion et de trouver en lui le désir d'arriver à la perfection ; car il était certain que l'ardeur avec laquelle Maurice se livrait maintenant à la culture maraîchère et fruitière, ne lui ferait pas défaut quand, plus tard, il s'emploierait à d'autres travaux plus profitables.

En effet, le climat de Barville ne se prêtait pas à la production des primeurs ; l'hiver y était rigoureux et au printemps les **gelées tardives** y étaient fréquentes.

Ces cultures, si avantageuses dans les pays favorisés par le soleil, comme la Provence et l'Algérie, ou dans les contrées préservées de la gelée par l'influence bienfaisante du *Gulf-Stream* *, comme la Bretagne (notamment à Roscoff*), exigeaient des précautions pénibles et coûteuses aux Ajoncs ; toutefois, au point de vue de l'étude, de l'observation et de l'instruction, les travaux de Maurice étaient excellents, et c'était là le motif qui avait décidé Pierre Durier à les encourager.

Michel, qui aidait quelquefois Maurice quand il en

LEÇON DE CHOSES : **Gelées tardives.** — Les **gelées tardives** ou gelées **printanières** sont celles qui se produisent en avril et mai, au moment du réveil de la végétation. Elles sont dues à un abaissement considérable de la température, lorsque l'air est calme et le ciel absolument pur. La rosée se congèle et fait périr les bourgeons fraîchement éclos.

Une croyance populaire attribue ces gelées à la lune qui commence en avril et finit en mai, et qu'on appelle **lune rousse**, parce que les bourgeons gelés paraissent *roussis*. La lune est, bien entendu, absolument étrangère au phénomène physique du rayonnement nocturne qui se produit dans les pays où le ciel est limpide et transparent.

Dans le désert du Sahara, le rayonnement nocturne amène un abaissement de température d'autant plus sensible que, pendant le jour, la chaleur est étouffante.

Pour éviter les accidents dus aux gelées printanières, les jardiniers abritent leurs espaliers avec des **auvents** ou des **toiles** ; les vignerons brûlent au milieu de leurs vignes des **goudrons** ou simplement des **pailles mouillées** de façon à répandre, entre le ciel et les plantes, d'épais nuages de fumée.

avait le loisir et lorsqu'il fallait faire un travail urgent, ne se gênait pas pour lui faire ses observations.

— Tout ça, c'est des tours de force, lui disait-il ; à quoi ça sert-il de contrarier la nature ? Les fraises doivent venir en juin comme les petits pois et les haricots verts... Tu te donnes bien du mal pour les faire pousser deux mois plus tôt...; ils sont moins bons et te reviennent beaucoup plus cher.

— Qu'importe ? répondait Maurice, si j'en retire un prix plus élevé. A Pâques, mes fraises se vendent deux sous la pièce, parce qu'elles sont très rares. Au mois de juin, elles valent à peine vingt centimes le kilogramme.

Maurice obtient une médaille au concours horticole. — A l'exposition horticole, Pierre Durier autorisa son fils à présenter sous son nom des fruits très beaux qui lui valurent une médaille d'argent. L'enfant fut très fier de cette récompense, qui fut pour lui un encouragement à mieux faire encore.

Michel qui, ainsi qu'on l'a vu, n'avait pas ménagé ses critiques et ses remontrances, en éprouva une joie très sincère. Il aimait beaucoup Maurice qu'il avait vu grandir, qu'il considérait un peu comme son enfant. Aussi répétait-il partout que les fruits de Maurice étaient les plus beaux et qu'on avait commis une injustice à son égard en ne lui décernant pas la médaille d'or.

Maurice, enhardi par ce succès, avait formé de nouveaux projets; il avait demandé à son père d'agrandir le jardin, afin d'entreprendre la production des primeurs sur une échelle beaucoup plus vaste.

Pierre Durier résista au désir de son fils. Il lui fit comprendre que l'essai qu'il avait fait, qui était très intéressant, parce qu'il prouvait ce que peuvent produire la persévérance et le travail, ne devait pas être généralisé, attendu qu'il n'était pas profitable.

— La culture, ajouta-t-il, exige beaucoup de prudence et de circonspection. Il faut aller lentement et sûrement. La médaille que tu as obtenue prouve que tu avais de beaux fruits, mais ne démontre nullement que la production des fruits et des légumes soit lucrative. Le premier point à examiner, c'est le prix de revient de ce que nous faisons pousser. Si la vente d'une récolte donne des bénéfices, nous devons persévérer; si, au contraire, elle nous constitue en perte, il faut y renoncer immédiatement. Or j'ai relevé sur nos comptes l'argent que tu as gagné avec tes fruits et tes primeurs, et j'ai mis en parallèle le prix de ton travail, celui des fumiers, des châssis, des cloches, etc.... Eh bien! sais-tu quel est le résultat? Un bénéfice de quelques francs; et pourtant tu as travaillé avec une ardeur, une intelligence dont aucun ouvrier, même le plus zélé, le plus dévoué, n'eût été capable... Ce n'est donc pas une culture profitable. Il ne faut jamais s'obstiner. La terre nous fait connaître ce qu'elle peut donner; observons, et profitons de nos observations....; n'ayons jamais de parti pris... Rappelle-toi M. Baron; il était intelligent et instruit, il savait cultiver, ses animaux étaient superbes, son installation parfaite, et pourtant il s'est ruiné en peu de temps... Pourquoi? parce qu'il est arrivé ici avec des idées préconçues, qu'il n'a pas voulu tenir compte du milieu dans lequel il se trouvait, et que, malgré les avertissements que la nature lui donnait, il a persévéré... La terre a été la plus forte, et dans la lutte qu'il avait entreprise pour la forcer à se plier à sa loi, c'est lui qui a succombé.

Les champignons. — Maurice écoutait son

père et voyait à regret s'écrouler les beaux projets qu'il avait conçus. Le profit insignifiant qu'avait donné son travail acharné le consternait ; il en éprouvait une véritable mortification. Son père s'en aperçut et lui dit :

— Je t'ai parlé franchement, comme à un homme ; il ne faut pas te décourager. Ce que tu as fait est très remarquable... ; j'en ai été fort étonné, car je n'y comptais pas. Continue donc ces travaux horticoles qui, à cause des soins et des précautions qu'ils exigent, sont une excellente préparation aux travaux des champs pour lesquels tu es encore trop jeune et trop délicat ; mais n'entreprends pas davantage.

— J'avais pourtant formé un projet.

— Lequel ?

— D'essayer la culture des champignons de couche dans les carrières qui ne nous servent à rien ; la réussite me paraissait presque certaine.

— Tu as raison, Maurice, voilà une bonne idée à laquelle j'applaudis. Les caves des carrières sont à ta disposition ; fais-en ce que tu voudras.... Mais tu n'as pas de blanc* de champignons ; où t'en procureras-tu ?

— Georges Lambert connaît un champignonniste qui lui en enverra.

— Très bien, je vois que tu as pris tes précautions.

Maurice, aidé de Georges Lambert, choisit la partie la plus obscure des carrières et en nivela parfaitement le sol. Puis il y porta du fumier de cheval dont il fit des talus de trente à trente-cinq centimètres d'épaisseur.

Pendant quinze jours, il foula cet engrais avec ses pieds de façon à lui faire perdre toute son humidité et à lui donner la consistance des mottes de tan, afin de lui permettre de s'échauffer facilement. Il le disposa ensuite le long des murs en longues couches qu'il arrosa souvent, en ayant soin de les recouvrir de paille pour les préserver du contact de l'air et faciliter la fermentation. Cette fermentation accomplie, il troua les couches avec une cheville, y introduisit le blanc de champignons et les recouvrit de terreau. Huit ou dix

Fig. 91. — Une champignonnière.

jours après, les premiers champignons firent leur apparition (fig. 91); ils furent trouvés excellents, et ils eurent un écoulement d'autant plus facile que, dans le pays on était peu habitué à en voir, et qu'on était obligé de recourir aux champignons récoltés dans les bois ou dans les prés, malgré les dangers qu'ils présentent.

En effet, quelles que soient les précautions que l'on apporte à la récolte des champignons sauvages, les accidents sont fréquents. Entre une espèce comestible et une espèce vénéneuse, il y a souvent peu de différence, et pour ne pas commettre d'erreur, il faut une très grande expérience [1].

Quoique très occupé par ses travaux, Maurice ne restait pas indifférent à ce qui se passait autour de lui. En parcourant la campagne, il observait les procédés mis en pratique, faisait son profit de ce qui était bien pour l'imiter et de ce qui était mal pour l'éviter, s'intéressant surtout aux cultures qu'il voyait pour la première fois.

Le chanvre. — C'est ainsi qu'il avait suivi avec un intérêt tout particulier le développement d'une chènevière située dans un riche terrain d'alluvion*. De temps à autre, il était allé examiner les progrès de cette plante, dont les fleurs mâles sont en grappes et les fleurs femelles en épis. Il avait pris part à l'arrachage des tiges qui atteignent une hauteur de un mètre cinquante à deux mètres, qui s'enlèvent une à une à la main, et que l'on réunit en petites bottes dont on forme des faisceaux. Il avait été invité à la préparation du rouissage qui s'opérait dans un grand étang éloigné des habitations et où le chanvre devait séjourner une quinzaine de jours, pour permettre aux fibres de l'écorce de se débarrasser des matières qui les collent et de se séparer plus facilement de la tige.

De grands chariots amenaient de la chènevière le chanvre au bord de l'étang. Avec les bottes, on construisait des sortes de radeaux qu'on maintenait sous l'eau au moyen de lourdes pierres.

La fabrication de ces radeaux demandait une certaine adresse, surtout au début. Deux bottes de chanvre

---

1. En cas d'empoisonnement causé par des champignons vénéneux, il faut recourir immédiatement aux vomitifs, ou aux purgatifs, si les champignons sont mangés depuis quelque temps.

placées en croix en constituaient la base ; sur cette base, d'autres bottes étaient placées transversalement ; puis, dès qu'elles formaient une sorte de plate-forme, l'ouvrier qui le construisait sautait dessus, afin de pouvoir plus facilement placer les autres bottes et achever son ouvrage. La difficulté consistait à bien établir la première assise et à s'y installer sans la faire chavirer. Quand, par un défaut d'équilibre, l'ouvrier tombait à l'eau, il était en butte aux quolibets de ses camarades ; mais, lorsqu'au contraire il réussissait et que le radeau achevé s'éloignait majestueusement, emportant son

Fig. 92. — Le radeau achevé s'éloignait majestueusement, emportant son architecte sur une île de verdure.

architecte sur une île de verdure, chacun récompensait son habileté par des bravos (fig. 92).

Maurice avait examiné avec attention la manière de procéder ; aussi quand un ouvrier, pour lui tendre un piège, lui avait offert de prendre part au travail, il avait accepté la proposition et s'en était tiré sans accident. On avait été étonné de son habileté, et, le soir, chacun déclarait qu'il avait eu les honneurs de la journée.

Lettre d'Étienne Durier. — Cette même année, Pierre Durier avait reçu une longue lettre de son frère Étienne qui, ainsi qu'on l'a vu précédemment, était comptable dans une importante maison de commerce de Paris.

Pierre et Étienne Durier ne s'étaient pas vus depuis la mort de leur père. A cette époque, la liquidation de la succession paternelle les avait réunis quelques jours ; mais, depuis lors, Étienne n'était pas venu chez son frère et Pierre n'avait pas trouvé le temps d'aller à Paris. Les deux belles-sœurs et leurs enfants ne se connaissaient pas. Cette longue séparation avait naturellement eu pour effet de les rendre de plus en plus étrangers l'un à l'autre. Cependant ils s'écrivaient de loin en loin ; mais leurs lettres manquaient de ces élans d'affection et d'épanchement si naturels entre frères. Pierre Durier se tenait sur la réserve vis-à-vis d'Étienne qu'il considérait comme un bourgeois aisé. De son côté, Étienne, qui n'avait pas eu le temps d'apprécier son frère, n'était pas éloigné, tout en lui sachant une nature bonne et généreuse, de ne voir en lui qu'un paysan aux allures rudes et grossières.

La lettre d'Étienne Durier était ainsi conçue :

« Mon cher frère,

« Je viens te prier de me rendre un service, et ce qui
« m'encourage à m'adresser à toi, c'est que je connais
« ton excellent cœur et que tu feras, j'en suis certain,
« tout ton possible pour me venir en aide.

« Ma femme et mes enfants sont souffrants ; il fau-
« drait pour les rétablir le calme des champs, l'exer-
« cice, la vie au grand air. Si tu pouvais leur donner
« l'hospitalité pendant les vacances, je suis convaincu
« que les quelques semaines passées chez toi leur ren-
« draient la santé. Je pense que tu es logé assez gran-
« dement pour les recevoir ; à la campagne, on a
« toujours de la place ; ce n'est pas comme dans
« nos petits appartements de Paris : pourvu que tu

« puisses mettre deux lits à leur disposition, l'un pour
« ma femme et ma petite Fabienne, l'autre pour Adrien
« et Jules, le reste ira tout seul.

« Jules, le plus jeune de mes fils, qui a maintenant
« douze ans, est extrêmement délicat et sa santé me
« donne de graves inquiétudes. Il a fréquemment des
« éblouissements, le moindre refroidissement occa-
« sionne chez lui une toux qui m'effraye ; le médecin
« recommande les plus grands ménagements, défend
« qu'on le fasse travailler et voudrait pour lui la vie à
« la campagne. Malheureusement, je suis attaché à la
« ville ; car il me faut pourvoir à l'existence de toute
« ma chère famille.

« Or trois enfants à élever sont une lourde charge et
« une grande fatigue pour la mère.

« Aussi je t'assure que notre existence est pénible...
« Nous nous levons de bonne heure. Avant d'aller à ma
« maison de commerce, je prends ma part, autant qu'il
« est possible, des soins du ménage ; je monte l'eau, le
« bois, le charbon ; mais il faut que je sois à mon tra-
« vail avant huit heures, et je n'en sors que le soir
« après sept heures. Pendant toute la journée, ma
« femme s'occupe de la maison, surveille les enfants,
« les mène à la pension, prépare les repas et souvent
« se trouve obligée de veiller tard pour remettre en
« état les vêtements que les gamins ont détériorés dans
« leurs jeux.

« Estelle fait face bravement à tous ses devoirs. D'un
« caractère gai et enjoué, c'est elle qui me rend le cou-
« rage quand elle me voit triste et soucieux ; mais elle
« se fatigue et je voudrais qu'elle pût se reposer un peu,
« faire une nouvelle provision de force et de santé, car
« nous ne sommes pas au bout de nos peines. A mesure
« que les enfants grandissent, leur instruction devient

« plus coûteuse et nous avons encore quelques années
« difficiles à passer.

« Plus j'y réfléchis, plus je crois que c'est toi, mon
« cher frère, qui as suivi la bonne voie. Notre père
« voyait avec regret ton goût pour la vie des champs;
« il était très fier de ma situation à Paris. Il obéissait à
« un préjugé, malheureusement trop répandu, qui fait
« rechercher le bien-être et l'aisance à la ville. C'est
« une grave erreur dont je me rends bien compte
« aujourd'hui. Avec des revenus moindres de moitié,
« nous vivrions aussi bien à la campagne et notre santé
« serait meilleure. Si moi, qui, somme toute, n'ai pas à
« me plaindre, puisque je gagne bien ma vie, je fais
« cet aveu, que doivent dire ceux qui végètent dans les
« emplois pénibles et mal rétribués ?

« Je termine cette longue lettre en exprimant l'es-
« poir qu'aucun obstacle ne t'empêchera d'accueillir ma
« demande et j'attends avec impatience une réponse de
« toi m'annonçant la réalisation de mes désirs.

« Estelle, Adrien, Jules et Fabienne seront très heu-
« reux de faire connaissance avec ta femme et tes
« enfants, et je ne doute pas que le temps qu'ils pas-
« seront auprès de vous ne crée entre eux des liens
« d'affection durable.

« Adieu, mon cher frère, je t'embrasse bien cordia-
« lement, et je te prie de présenter mes respects affec-
« tueux à ta femme.

« Ton frère affectionné,

« Étienne DURIER. »

Cette lettre causa un profond étonnement à Pierre
Durier qui la relut plusieurs fois ; jamais son frère ne
lui avait fait aucune confidence, et il le croyait sinon
riche, du moins dans une situation aisée. Ses parents

lui avaient tellement répété qu'Étienne avait une position brillante à Paris, qu'il avait fini par le croire, et qu'il se considérait comme son inférieur.

D'autres que Pierre Durier auraient été satisfaits d'apprendre que ce frère qu'on lui avait si souvent cité comme modèle, se débattait dans les difficultés de la vie. Lui, au contraire, se sentit ému ; il plaignit Étienne et, après avoir communiqué cette lettre à Marthe, il répondit tout suite à son frère pour inviter Estelle Durier et ses enfants à venir le plus tôt possible.

Marthe Durier se montrait un peu inquiète à la pensée de se trouver en contact avec sa belle-sœur.

— C'est une dame, disait-elle, et moi je ne suis qu'une paysanne ; je vais paraître gauche et maladroite.

Pierre Durier eut beaucoup de peine à lui rendre la confiance légitime qu'elle devait avoir en elle-même. Il dut lui répéter vingt fois qu'elle était très intelligente, très adroite, et que surtout elle avait la première de toutes les qualités, une nature affectueuse.

— La femme de mon frère est aussi une ménagère. Elle s'occupe surtout de ses enfants et de sa maison. Vous avez des occupations communes ; je suis certain que vous vous entendrez à merveille.

Maurice et Marie se montrèrent ravis, quand ils apprirent la venue de leurs cousins de Paris, et formèrent ensemble de nombreux projets pour leur faire passer des vacances agréables.

Les biens de Philippe sont saisis. — Pendant que Pierre et Marthe Durier préparaient leur maison pour recevoir leurs parents, un grave événement s'était passé chez Philippe.

Lorsque était arrivée l'époque du remboursement de son emprunt hypothécaire, Philippe s'était trouvé dans l'impossibilité de satisfaire à ses engagements. En vain, il avait été trouver son créancier, lui offrant les conditions les plus avantageuses, celui-ci s'était montré inflexible et lui avait envoyé le lendemain de l'échéance un commandement, bientôt suivi d'une saisie.

Le père de Philippe, assis immobile et muet auprès de la cheminée, paraissait étranger à tout ce qui se passait et se disait autour de lui. Il assistait impassible aux récriminations et aux discussions qui se produisaient entre son fils et sa bru, laquelle se plaignait constamment de n'avoir pas d'argent pour subvenir à la nourriture et à l'entretien de la maison.

Comme on le croyait privé de raison, d'autant plus que, lorsqu'on lui parlait, il ne répondait que par signes, sa présence n'imposait aucun ménagement, et Philippe en maintes circonstances, sous le coup d'inquiétudes et d'ennuis, ne s'était pas caché pour faire part à sa femme des difficultés qui l'étreignaient de toutes parts.

Le vieillard pourtant avait gardé toute sa lucidité d'esprit. Contemplant avec stupeur la décadence de sa maison, il avait concentré toute son intelligence pour songer à son domaine qu'il se repentait d'avoir abandonné. Tout ce qui n'était pas sa terre le laissait indifférent; mais toutes les fois qu'il en était question, son attention se réveillait, il prêtait l'oreille, et les paroles échangées à ce sujet se gravaient dans son esprit.

Il savait bien que son fils avait des dettes; mais il était loin de supposer que ses terres étaient engagées, et qu'un jour prochain, il faudrait quitter la maison et voir ses biens passer dans des mains étrangères.

Aussi, quand il vit l'huissier inventorier le domaine et dresser le procès-verbal de saisie, il eut le pressentiment du malheur qui se préparait (fig. 93). Ses yeux, s'illuminèrent, le sang afflua à ses joues, et, sans mot dire, il suivit attentivement tous les mouvements de l'officier ministériel qui énumérait chaque meuble et l'inscrivait ensuite sur une feuille de papier. Lorsque l'huissier fut parti avec Philippe pour continuer son travail au dehors, le vieillard retomba dans son inertie et ses enfants ne songèrent plus à son attitude et à son air étrange qui les avaient frappés.

Fig. 93. — Quand il vit l'huissier venir inventorier le domaine, il eut le pressentiment du malheur qui se préparait.

Le soir, au moment du repas silencieux, car chacun était sous l'impression des tristes événements de la journée, quand la femme de Philippe lui présenta sa soupe, le vieillard la repoussa, se leva, et marchant lentement, vint se placer devant son fils qui, les coudes sur la table, se cachait la tête dans les mains. Il lui dit :

— Philippe, que se passe-t-il ?

Philippe fut tellement saisi d'entendre la voix de son père muet depuis des années, qu'il crut voir un spectre devant lui.

— Qu'est venu faire ici cet homme ?... C'est un huissier ?

— Mais, mon père...

— On te saisit... Tu as des dettes et tu ne peux les payer ?

Philippe baissa la tête sans répondre.

— Cela devait être. Cette terre que tu m'as forcé à te donner, tu l'as négligée, tu l'as abandonnée aux mains des ouvriers, et elle, pour te punir, n'a plus produit comme par le passé... La terre est reconnaissante ; elle récompense ceux qui l'aiment et qui la soignent, et ne rend rien à ceux qui la délaissent... Pourquoi ai-je cédé à tes obsessions ?... Je savais pourtant bien que tu n'étais pas travailleur, que tu aimais mieux aller au café que herser ton blé et faner les foins... J'avais espéré qu'une fois en possession de mon bien tu ressentirais pour lui le même amour que moi... J'ai eu trop de confiance en toi... J'en suis puni... J'ai vu, jour par jour, les récoltes diminuer, les étables se vider, la gêne s'étendre sur nous tous et aujourd'hui, voici les gens de loi qui arrivent... Qu'ai-je fait pour être ainsi châtié ?... Je n'ai eu qu'un fils, je lui ai mis dans les mains tous les moyens de réussite, et, au lieu de la prospérité que j'espérais, je vois la misère et la honte arriver à grands pas... Ah ! pourquoi ne suis-je pas mort plus tôt !

— Allons, mon père, calmez-vous ; vous vous exagérez les choses... Il n'est question ni de honte ni de misère.

— Alors, pourquoi l'huissier ? Quand les gens de loi arrivent, c'est un mauvais présage ; ils annoncent la ruine d'une maison... Combien dois-tu ?

— Ne vous inquiétez donc pas de cela...

— Je veux tout savoir... Réponds-moi... Combien dois-tu ?

DÉBUTS DE MAURICE.

— Je n'ai rien à vous dire... Allez reprendre votre place.

— Je suis ton père et tu dois m'obéir... Encore une fois, combien dois-tu?

— Mais, répondit Philippe, en se levant, sous l'influence de la colère, je suis le maître ici et personne n'a de comptes à me demander... Ce bien m'appartient et j'ai le droit d'en faire ce que je veux; je puis même le vendre si bon me semble.

— Le vendre?

— Oui, le vendre... Qui donc m'en empêcherait?

— Te l'ai-je cédé pour cela?

— Vous me l'avez cédé sans condition : j'en ai la propriété absolue, et je n'entends pas qu'on conteste mes droits.

— Misérable! s'écria le vieillard, c'est toi qui oses me parler ainsi ; voilà le châtiment de ma faiblesse pour toi... Philippe, tu es sur une pente funeste... Tu as dissipé ton bien, tu as maltraité ton père, tu rends ta femme malheureuse, tu donnes à ton fils un exemple déplorable... Quand tu n'auras plus rien, que feras-tu? Incapable de travailler, quel avenir t'est réservé?.., Dans quelle boue rouleras-tu?... Sur quel banc d'infamie t'assiéras-tu? car tu es capable de tout.

Fig. 94. — Je n'ai plus de fils, et toi, je te maudis!

Et, fixant un œil hagard sur Philippe, il poussa un éclat de rire et montrant son fils du doigt :

— Et c'est mon fils !... lui...! jamais...! je le renie...! je n'ai plus de fils, et toi, je te maudis ! (fig. 94).

Puis, il retourna à sa place habituelle, s'assit et ne prononça plus une parole.

Mort du père de Philippe. — Il y eut un assez long délai entre la saisie et la mise en vente, par suite des formalités dont la loi entoure les expropriations. Le vieillard avait repris un peu de confiance, quand un jour il vit un homme s'approcher de la porte de la ferme, déployer un papier de couleur et le coller sur le mur.

Des voisins s'étaient approchés qui, après avoir lu, discutaient avec animation.

Soudain, le père de Philippe se leva comme mû par un ressort.

Sa bru, devinant sa pensée, se jeta au devant de lui.

— Père, où allez-vous ? lui dit-elle, en cherchant à l'arrêter.

Mais lui, la repoussant avec violence, sortit et se dirigea vers le mur où s'étalait l'affiche.

Les voisins s'étaient reculés, en se découvrant, par respect et par pitié.

Alors le vieillard lut ; quand il eut compris qu'on allait mettre son domaine en adjudication :

— Mon bien !... Vendu !...

En prononçant ces paroles, ses bras battirent l'air, et il tomba sur le sol la face en avant (fig. 95).

Il était mort.

Deux jours après, on conduisait ce malheureux à sa dernière demeure. Toute la population de Barville assistait à son enterrement.

Philippe, accompagné de sa femme et de son fils,

marchait derrière le cercueil ; mais lorsqu'au cimetière, après avoir jeté l'eau bénite sur la bière descendue au fond de la fosse, chacun se retira (fig. 96), personne ne vint serrer la main de ce fils que l'on accusait d'avoir, par son inconduite, causé la mort de son père.

Fig. 95. — Il tomba sur le sol, la face en avant.

La vente produisit juste la somme nécessaire pour désintéresser les créanciers et payer les frais de justice. Philippe se trouva sans ressources ; il dut, pour vivre, après avoir été son maître, après avoir commandé, aller travailler chez les autres.

Son fils se plaça comme bouvier dans une ferme des environs ; sa femme chercha aussi à gagner sa vie, car elle comptait peu sur le travail de son mari que cette catastrophe n'avait pas corrigé et qui dépensait au cabaret la plus grande partie de ce qu'il gagnait.

Fig. 96. — Au cimetière, personne ne vint serrer la main de ce fils qu'on accusait d'avoir causé la mort de son père.

Après avoir été un mauvais maître, Philippe allait devenir un mauvais ouvrier.

CHAPITRE VI

LES VACANCES

Estelle Durier et ses enfants arrivent aux Ajoncs. — Il était six heures du soir. Maurice et Marie, sur la route, interrogeaient l'horizon; Marthe Durier, aidée de Jeannette, mettait le couvert et surveillait les fourneaux; Michel rangeait les instruments et donnait un dernier coup de balai à la cour de la ferme.

On attendait Estelle Durier et ses enfants qui avaient annoncé leur arrivée et que Pierre Durier était allé chercher au **chemin de fer**.

Quel qu'ait été leur désir d'aller au-devant de leur tante et de leurs cousins, les enfants avaient été forcés de rester aux Ajoncs, la carriole devant se trouver remplie par les cinq personnes et les paquets qu'il lui fallait ramener.

— Tu ne les aperçois pas? demandait Marie à son frère qui s'était avancé sur le milieu de la route.

— Non.

— Ils sont en retard.

— Un peu; mais cela n'a rien d'étonnant, dit Maurice.

— Pourvu qu'ils n'aient pas manqué le train.

— Ne t'inquiète donc pas, ma sœur. Ils ne devaient

LEÇON DE CHOSES : **Chemins de fer**. — Les chemins de fer sont des routes dont la voie est formée par deux bandes (**rails**) parallèles de fer ou d'acier sur lesquelles roulent des voitures (**wagons**) traînées par une machine à vapeur (**locomotive**). Pour permettre l'écoulement de l'eau et donner plus d'élasticité à la voie, on met des cailloux et du sable (**ballast**) sur toute la partie de la route comprise entre les rails et les traverses qui les supportent.

L'établissement d'un chemin de fer entraîne de nombreux travaux d'art imposés par l'obligation où l'on se trouve d'éviter autant que possible les montées et les descentes. Les principaux travaux d'art sont les **viaducs** qui servent à franchir les vallées, les rivières, et les **tunnels** qui passent sous les montagnes.

Les chemins de fer datent du commencement du XIXe siècle. *Séguin* en France et *Stephenson* en Angleterre créèrent presque en même temps la *locomotive* (1829). En 1830, la première locomotive fonctionna sur le chemin de fer de *Liverpool à Manchester*. Les chemins de fer se sont rapidement développés ; il en existe maintenant sur tous les points du globe. C'est aux États-Unis que l'on compte le plus grand nombre de kilomètres de voies ferrées. La France possède environ 35 000 kilomètres de chemins de fer. Eu égard à la superficie du sol, l'Angleterre, la Belgique et l'Allemagne ont un réseau de voies ferrées plus développé que celui de la France.

arriver qu'à quatre heures, n'est-ce pas...? Le temps de réclamer les bagages, de s'organiser, de traverser la ville, de venir ici..., cela exige bien une heure et demie, d'autant plus que la voiture sera très chargée et que le cheval ne pourra trotter... Ajoute à cela que le train avait peut-être un peu de retard... Mais j'aperçois au loin...

Après avoir regardé avec une grande attention :

— Ce sont eux! Marie...; dans cinq minutes, ils seront ici (fig. 97).

Marie courut prévenir sa mère qui, après avoir ôté son tablier et s'être lavé les mains, vint rejoindre ses enfants.

Fig. 97. — Ce sont eux... Dans cinq minutes, ils seront ici.

Un instant après, la voiture entrait dans la cour et s'arrêtait devant la porte de la maison.

Pierre Durier aida sa belle-sœur à descendre. Estelle et Marthe s'embrassèrent et se présentèrent réciproquement leurs enfants.

Ceux-ci se considérèrent quelque temps sans rien dire; mais la glace fut rapidement brisée et en peu d'instants, l'intimité la plus complète s'établit entre eux.

Pendant que Pierre Durier et Michel déchargeaient la voiture et montaient les malles, Marthe Durier installait sa belle-sœur.

— Vous serez ici comme chez vous, lui dit-elle ; Fabienne couchera dans la chambre de Marie et les trois garçons habiteront une mansarde au second. Levez-vous tard, tâchez d'oublier vos préoccupations, et profitez de votre séjour auprès de nous pour vous reposer complètement.

Un quart d'heure après, tout le monde se trouva réuni pour le souper.

— Ma chère belle-sœur, dit Pierre Durier, je suis bien heureux de vous recevoir, vous et vos enfants ; mais je dois vous prévenir que si notre accueil est cordial, il est aussi des plus simples. Cette pièce où nous nous trouvons est à la fois notre cuisine, notre salle à manger et notre salon. Ces braves gens que vous voyez, Michel et Jeannette, qui sont à notre service depuis dix ans et qui nous ont toujours témoigné la plus grande affection, mangent avec nous. Quand ils ont su que vous deviez venir, ils ont offert de prendre à part leurs repas ; mais j'ai refusé, persuadé qu'il ne vous serait pas désagréable de vous trouver auprès d'eux et de leur témoigner ainsi le cas que vous faites du dévouement et de l'honnêteté.

— Vous avez bien fait, Pierre, de n'avoir rien changé à vos habitudes, répondit Estelle Durier, et je vous suis reconnaissante d'avoir eu cette bonne opinion de moi. En venant ici vous embarrasser de nos quatre personnes, nous vous supplions de ne pas modifier votre manière de vivre. Nous ne vous demandons que de respirer un peu de cet air dont nous avons tant besoin.

— A table donc, dit Pierre Durier et mangeons, car vous devez avoir grand'faim.

Les enfants dévoraient. Estelle Durier, fut vite rassasiée : la fatigue du voyage lui avait enlevé l'appétit ; de plus, elle était songeuse... Elle s'en excusa en disant :

— Ne faites pas attention, si je suis un peu triste ce soir; c'est la première fois que je me sépare de mon mari et je pense à mon pauvre Étienne qui va se trouver bien seul pendant notre séjour ici.

Après le repas, on fit un tour dans le jardin, et quand la nuit fut complètement tombée, chacun gagna son lit.

Visite de la ferme. — Le lendemain matin, au petit jour, Maurice se leva comme d'habitude. Malgré ses précautions pour ne pas réveiller ses cousins, ceux-ci ouvrirent les yeux, et le voyant déjà habillé, lui dirent :

— Quelle heure est-il donc, Maurice ?

— Mais il doit être quatre heures.

— Quatre heures ! et tu te lèves tous les jours à cette heure-là ?

— Oui, pendant l'été. A la campagne, on cesse de dormir quand le soleil paraît.

— Alors l'hiver, tu fais la grasse matinée ?

— L'hiver, je descends à six heures et demie.

— Qu'est-ce que tu peux faire dans l'obscurité ?

— Je vais soigner les animaux.

— Sans lumière.

— J'ai une lanterne; d'ailleurs, pour enlever les fumiers et donner les fourrages, je n'ai pas besoin d'y voir bien clair.

— Attends-moi, Maurice, je vais me lever, dit Adrien.

— Si vous êtes fatigués, dormez encore ; je viendrai vous reprendre dans deux heures.

— Nous sommes bien reposés, dit Jules, et puis nous voulons aller avec toi, cela nous amusera.

— Tu ferais peut-être bien, dit Adrien à son frère, de rester encore couché; tu t'enrhumes facilement, le matin l'air est frais et puis il y a de la rosée dans l'herbe.

— N'aie donc pas peur, je me mettrai un foulard autour du cou; j'ai de bonnes chaussures et je suis sûr que le bon air du matin ne peut que me faire du bien.

Adrien et Jules furent bientôt prêts et les trois garçons descendirent avec précaution, afin de ne pas réveiller madame Estelle Durier qui devait dormir encore.

Dans la cour, les petits Parisiens trouvèrent leur oncle à qui ils souhaitèrent le bonjour (fig. 98).

Fig. 98. — Dans la cour, les petits Parisiens trouvèrent leur oncle à qui ils souhaitèrent le bonjour.

— Déjà debout! dit celui-ci... C'est beau pour des enfants de la ville; mais vous allez vous fatiguer, car vous n'avez pas l'habitude de vous lever sitôt.

— Oh non! mon oncle, répondit Adrien : Maurice

LEÇON DE CHOSES : **Rosée**.— On donne le nom de **rosée** aux *gouttelettes d'eau* qui se forment, la nuit, sur les corps exposés à l'air.

La rosée est d'autant plus abondante que la température de la nuit diffère plus de celle du jour. Par les *nuits sereines*, sous l'effet du *rayonnement nocturne* (voir *gelées tardives*, page 179), la température s'abaisse, la vapeur d'eau de l'air se condense et une portion de cette vapeur d'eau se dépose sur les plantes à l'état liquide. Les nuages, faisant obstacle au rayonnement, empêchent la rosée de se produire. La saison aussi a son influence : en automne et au printemps, la rosée est plus considérable qu'en été.

se levait ; nous avons fait comme lui pour l'aider au besoin.

— Maurice n'a rien à faire ; je lui donne congé tout le temps que vous serez ici. La moisson est terminée, il y a moins de travail...; Michel et moi suffirons très bien à la besogne... Tu entends, Maurice, promène tes cousins et amuse-les.

Maurice leur fit visiter la ferme en détail. Il les mena dans l'étable, dans l'écurie ; il leur montra la porcherie, le clapier, la basse-cour où ils trouvèrent des œufs qui venaient d'être pondus et qui étaient encore chauds.

Puis ils allèrent examiner les instruments dont Maurice leur expliqua le mécanisme et l'emploi. Après avoir parcouru le jardin et admiré les poires et les pêches que portaient les espaliers, ils entrèrent à la laiterie en même temps que Marthe Durier et Jeannette apportaient la traite des vaches.

— Voici du lait tout chaud, mes enfants ; voulez-vous en goûter ?

Les enfants acceptèrent avec empressement et Maurice courut chercher des tasses.

Quand il revint, Marthe Durier versa à chacun de ses neveux un plein bol de lait que ceux-ci déclarèrent délicieux.

— Ma tante, qu'est-ce que vous faites de tout ce lait ? dit Jules.

— Mais, j'en fais du beurre.

— Est-ce que nous pourrons vous le voir fabriquer ? dit Adrien.

— Oui, mes enfants ; si vous voulez rester là vous allez apprendre comment on s'y prend.

Ils suivirent cette opération très attentivement ; souvent ils demandaient des explications que Maurice leur donnait avec complaisance, en leur indiquant l'emploi des ustensiles.

— Le lait écrémé, à quoi l'emploie-t-on? demanda Adrien.

— A la confection des fromages semblables à celui que vous avez mangé hier soir... Tiens, justement, voilà Jeannette qui va en fabriquer avec ce caillé.

En effet, Jeannette prenait avec une écumoire le caillé et le versait dans des moules ronds percés de petits trous. Quand elle eut rempli les moules, elle les plaça sur une table en bois de chêne un peu inclinée et percée à l'une de ses extrémités d'un trou par lequel le petit-lait s'égouttait dans un seau.

— Et ce petit-lait, à quoi sert-il? dit Adrien, car d'après ce que je vois rien ne se perd.

— A la nourriture et à l'engraissement des porcs.

— Comme c'est intéressant tout cela! s'écria Jules.

A ce moment, Marie et Fabienne, tenant chacune un panier à la main, arrivaient dans le jardin.

Les enfants s'embrassèrent.

— Tu as fait la paresseuse, dit Jules à sa sœur; nous autres, nous étions debout à quatre heures, et ce que nous avons déjà vu!

— Fabienne n'est pas paresseuse du tout, mon cousin, répliqua Marie. Nous nous sommes levées presque aussitôt que vous, nous avons fait nos lits et rangé notre chambre..., nous avons trait la chèvre. Et vous, si vous vous êtes levés un peu plus tôt, vous n'avez pas travaillé..., vous vous êtes promenés et amusés; il n'y a pas grand mérite.

— J'espère, Fabienne, que ta cousine prend ta défense, dit Adrien en riant; nous ne pourrons donc plus te taquiner impunément.

— Ah! mais non, dit Marie; vous saurez que j'ai

une bonne langue, et que, si vous nous attaquez, nous nous défendrons.

— Je viens de boire du lait de chèvre, dit Fabienne à ses frères.

— Est-ce que c'est bon le lait de chèvre? demanda Jules.

— Excellent, répondit Fabienne.

— Marie, vous nous en ferez goûter.

— Oui, mais à condition que vous ne taquinerez plus votre sœur.

— Nous le promettons, dirent les deux frères.

— Eh bien, ce soir, quand je trairai la chèvre, je vous en donnerai à chacun une tasse.

— Qu'est-ce que vous allez faire avec vos paniers? demanda Adrien.

— Nous allons cueillir des haricots verts pour le déjeuner, pendant que vous vous promènerez, répondit Marie.

Puis s'adressant à Maurice :

— Tu rapporteras des champignons; maman en a demandé.

— Bon, dit Maurice; après avoir visité les champs, nous reviendrons par les carrières.

— Et dans quoi les apporteras-tu?... Tiens, prends mon panier; je vais aller en chercher un autre.

Les trois garçons quittèrent la ferme et sortirent dans la campagne.

Ils traversèrent d'abord des chaumes de froment et d'avoine au milieu desquels se trouvait une meule (fig. 99).

— Que contient cette meule? demanda Jules.

— De la paille, répondit Maurice.

— Pourquoi ne la met-on pas dans les greniers? Elle doit s'abîmer sous la pluie.

— Non, c'est une erreur. La paille se conserve mieux en plein air, elle ne prend pas de mauvais goût...; et en outre, il faudrait de bien grands greniers, ce qui coûterait très cher, sans parler des dangers d'incendie. Une meule comme celle-ci exige simplement une couverture d'une dizaine de francs.

— Et on ne vous vole pas de paille?

— Il n'y a pas de danger. Voler une botte de paille,

Fig. 99. — Les meules sont des amas de paille, de foin, de céréales que l'on fait en plein champ et que l'on recouvre d'un toit rustique pour les mettre à l'abri des intempéries.

cela n'en vaudrait pas la peine et puis cela serait bien difficile. Essaye de tirer à toi une des bottes placées à ta hauteur...? Tu le vois, c'est impossible; il faut prendre par en haut et alors des échelles sont nécessaires... Du reste, autant que possible, on ne place jamais les meules bien loin de l'habitation; de sorte que celui qui voudrait dérober de la paille devrait amener une voiture, ce qui le ferait facilement découvrir... Et puis enfin, à la campagne, on est généralement honnête et les vols sont rares...

— Mais le blé, où le conserve-t-on? Je n'en ai pas vu dans les greniers.

— Non, papa le vend aussitôt la récolte; cela lui évite des dépenses.

— Comment des dépenses?

— Sans doute, dans les greniers le blé s'échauffe, il faut le retourner constamment; de plus, les **charançons**, les rats et les souris en mangent; c'est pourquoi papa préfère s'en défaire le plus tôt possible... Dans les grandes fermes où l'on a des batteuses à vapeur, comme vous en verrez à Beauvoir, chez M. Germain, on fait des meules de blé et d'avoine et on bat au fur et à mesure des besoins; mais aux Ajoncs, où nous avons peu de céréales, la récolte est battue immédiatement et nous ne gardons que la paille pour la litière.

Ils entrèrent ensuite dans un champ de betteraves, et comme les deux petits Parisiens regardaient avec étonnement cette plante qu'ils ne connaissaient pas, Maurice leur dit en riant :

— Vous n'avez donc jamais vu de betteraves?

— Ah! si, on en met dans la salade, dit Jules.

— Ce n'est pas cette variété-là.

— C'est donc de la betterave à sucre? demanda Adrien.

— Oui, répondit Maurice, à sucre et à alcool. Les

LEÇON DE CHOSES : **Charançons**. — Les charançons (fig. 100) sont des insectes **coléoptères**; ils ont la tête terminée par une *trompe* portant des *antennes*.

Fig. 100. — Le charançon (grossi).

On les rencontre dans les greniers à blé où ils causent des dégâts considérables : ils s'introduisent dans les grains de blé et les dévorent. La petitesse de ces insectes rend leur destruction très difficile.

résidus des betteraves employées à la sucrerie et à la distillerie servent à l'engraissement des bœufs pendant l'hiver. On donne aussi les betteraves en nature aux vaches qui en sont très friandes. Cette nourriture favorise la production du lait.

Tout à coup, au milieu de la conversation, un bruit de feuilles froissées se fit entendre et un animal à poil fauve passa auprès d'eux en courant et disparut dans les betteraves (fig. 101).

— As-tu vu ce lapin, Jules?

— Oui.

— Mais ce n'est pas un lapin, dit Maurice; c'est un lièvre.

— C'est que ça se ressemble.

— Pas trop, le lièvre est plus gros et n'a pas le même pelage.

Tout en causant, ils étaient arrivés aux prairies

Fig. 101. — Un animal à poil fauve passa auprès d'eux.

artificielles qui furent encore pour eux un sujet d'étonnement. Ils ignoraient la différence qui existe entre les prairies naturelles et les prairies artificielles. Le trèfle, le sainfoin, la luzerne leur étaient inconnus. Pour ces petits citadins, habitués à voir le gazon des squares* et des jardins, une prairie était une verte pelouse; aussi écoutaient-ils attentivement les explications que Maurice leur donnait gentiment et sans tirer vanité de sa supériorité sur eux.

Comme ils devisaient, une bande d'oiseaux s'éleva de terre et alla s'abattre un peu plus loin (fig. 102).

— Tiens! des pigeons! s'écria Jules.

— Comment? des pigeons? dit Maurice en riant...; mais c'est une belle compagnie de perdreaux.

— Ah! ce sont des perdreaux, reprit Adrien en courant vers l'endroit où les oiseaux s'étaient abattus et en les faisant s'élever de nouveau... Est-ce que mon oncle chasse?

— Non, répondit Maurice, nos terres sont louées; ce n'est pas un gros revenu, mais papa n'a pas le temps... et puis il dit que la chasse est un plaisir trop dispendieux pour lui.

Fig. 102. — Une bande d'oiseaux s'éleva de terre et s'abattit un peu plus loin.

Quand ils parvinrent sur le plateau où se trouvaient jadis les landes qui avaient été transformées en champs cultivés et en bois, Maurice leur expliqua les travaux que cette transformation avait exigés : épierrements, défoncements, amendements, fumures. Après leur avoir montré la prairie et les plantations des carrières qui, alors âgés de huit ans, formaient un joli bois bien touffu, il les emmena dans l'intérieur des carrières où il fit une ample récolte de champignons.

— Ils sont bons ces champignons? demanda Jules qui se montrait un peu inquiet.

— Certainement ; ce sont des champignons de couche.

— C'est qu'à la campagne, on dit qu'il faut prendre garde.

— Aux champignons cueillis dans les bois par ceux qui ne s'y connaissent pas..., c'est vrai...; mais ceux-ci sont semblables à ceux que vous mangez à Paris et tu pourras les avaler en toute sécurité.

Ils rentrèrent pour se mettre à table et firent honneur au repas, car cette promenade avait aiguisé leur appétit.

— Eh bien, mes enfants, Maurice vous a-t-il bien montré les Ajoncs, demanda Pierre Durier à ses neveux, et cette visite vous a-t-elle amusés ?

— Oui, mon oncle, répondit Adrien, nous y avons pris un très grand intérêt, et nous avons, à notre confusion, constaté une chose, c'est que nous étions des ignorants.

— Parce que ?

— Parce que nous ne savons pas distinguer le trèfle du sainfoin, les pommes de terre des betteraves... Ah ! Maurice doit avoir une fière opinion des Parisiens !

— Cela n'a rien d'étonnant, reprit Pierre. Si Maurice était transporté dans une grande ville du jour au lendemain, il se trouverait très dépaysé et probablement bien embarrassé... Tout cela, c'est affaire d'habitude... Dans quelque temps, vous reconnaîtrez facilement les plantes et ne les confondrez plus.

Puis se tournant vers sa belle-sœur qui étalait du beurre sur son pain :

— Eh bien, ma chère Estelle, comment trouvez-vous notre beurre ?

— Exquis.

— Marthe est devenue très habile...; mais il a fallu bien du travail et bien de la persévérance pour obtenir cette qualité..., car dans le commencement son beurre était bien loin de valoir celui-là.

Comme Estelle complimentait Marthe sur la qualité des mets qui étaient servis.

— Tout ce que nous mangeons ici, reprit Pierre Durier, est produit par la ferme, sauf la viande de boucherie et le pain, et encore rien ne nous dit que la viande ne provient pas d'un de nos bœufs ou d'un de nos moutons et que le pain n'est pas fait avec notre froment. Je ne vous cacherai pas que j'éprouve un vrai plaisir à me nourrir de ce que j'ai vu pousser et de ce que j'ai récolté. Nulle part, je ne trouve d'aussi bon beurre, des œufs aussi frais, des légumes aussi délicats que chez moi... Un de ces jours, Marthe vous fera une matelotte avec les poissons de l'étang, car je veux profiter de votre présence pour le faire vider... Je pense que cela vous divertira de voir cette pêche miraculeuse.

Pierre Durier présente sa famille à M. Germain. — Après le repas, ils se rendirent tous à Beauvoir, pour rendre visite à M. Germain à qui Pierre Durier avait annoncé la venue de sa famille.

Suzanne fit promptement connaissance avec les petits Parisiens et devint bien vite intime avec Fabienne, à laquelle elle montra ses poupées avec leurs trousseaux et tous les jouets que son père lui donnait. Quand on se fut bien promené dans le parc, qu'on eut goûté, au moment où on allait se séparer, M. Germain dit aux enfants :

— Mes amis, vous pourrez venir à Beauvoir autant que vous voudrez ; ma maison vous est ouverte, vous y serez toujours reçus avec plaisir. Suzanne se fait une fête de passer avec vous le temps des vacances... Tous les jours, vous fixerez vous-mêmes l'emploi du temps pour la journée suivante. Selon le côté où vous dirigerez vos promenades, vous viendrez chercher Suzanne, ou Suzanne ira vous prendre aux Ajoncs.

Dès le lendemain, les excursions commencèrent. C'était Suzanne qui s'était chargée d'organiser les parties. Pleine d'entrain et d'imagination, elle s'ingéniait à trouver chaque jour une distraction nouvelle, et elle soumettait ses projets à son père, qui, heureux du plaisir qu'elle éprouvait, mettait à sa disposition ses chevaux et ses voitures pour transporter tout ce petit monde, lorsque le but de la promenade était trop éloigné de Barville.

Une excursion. — Un matin, de très bonne heure, M. Germain était venu avec Suzanne chercher les petits Durier aux Ajoncs. Il avait été convenu la veille que l'on ferait une longue excursion qui occuperait toute la journée. On devait pêcher des grenouilles et des écrevisses et déjeuner sur l'herbe.

A peine la voiture était-elle arrêtée devant la porte que les enfants s'y installaient avec des cris de joie. Leurs yeux brillants de plaisir, leurs mouvements fébriles, leur exubérance faisaient plaisir à voir; et leurs parents, en leur adressant toutes sortes de recommandations, jouissaient de leur bonheur.

Quand M. Germain et Pierre Durier se furent bien assurés que rien n'avait été oublié, le signal du départ fut donné (fig. 103). Aux premiers tours de roue, les enfants agitèrent leurs chapeaux et leurs mouchoirs en criant : « Au revoir, à ce soir ! » tandis que leurs parents leur répondaient par ces mots : « Soyez bien sages, bien prudents ! »

Suzanne, assise entre Marie et Fabienne, les embrassait à chaque instant en disant : « Allons-nous nous amuser ! » et elle leur détaillait le programme de la journée. Cependant au bout d'une demi-heure, l'effervescence du départ était tombée, à l'agitation du premier moment avait succédé un grand calme, on entendait le roulement monotone de la voiture, et les petits voyageurs, se reposant de leur excitation passée, regardaient en silence la route qui fuyait derrière eux.

Fig. 103. — Le signal du départ fut donné.

M. Germain qui, jusqu'à ce moment, les avait laissés se livrer à leur manifestations bruyantes et joyeuses, craignant que le chemin ne leur parût un peu long, intervint alors et, afin de les distraire, entretint la conversation... Il s'adressa particulièrement aux petits Parisiens, et les questionna sur leurs études et sur les carrières qu'ils se proposaient d'embrasser.

— Moi, dit Adrien, je me destine au commerce. Je suis les cours d'une école spéciale où nous apprenons le français, l'histoire et la géographie, la tenue des livres, les sciences physiques et naturelles, le dessin et surtout les langues étrangères. Je sais déjà assez bien l'anglais et l'espagnol. Dans deux ans, j'espère avoir terminé mes études et obtenir mon diplôme.

Alors je partirai pour l'étranger où je pense pouvoir trouver facilement un emploi lucratif.

— Vos parents approuvent vos projets? demanda M. Germain.

— Oui, monsieur. Ma mère a eu de la peine à se faire à l'idée de me voir aller au loin ; elle aurait voulu, qu'à l'exemple de mon père, j'entrasse comme comptable dans une maison de commerce... Mais c'est si difficile maintenant de trouver une place où l'on puisse bien gagner sa vie, que je préfère m'expatrier... Tous les jours, les grandes maisons d'exportation s'adressent à notre directeur pour lui demander des jeunes gens ; j'espère, quand le moment sera venu, n'avoir que l'embarras du choix.

— Et ça ne vous fera pas de peine de quitter votre papa, votre maman et toute votre famille? dit Suzanne.

— Si, mademoiselle, et je suis sûr qu'au moment de partir, de m'éloigner de tous ceux que j'aime, de quitter mon pays, j'éprouverai beaucoup de chagrin ; mais avant tout, il faut se faire une position. D'ailleurs, maintenant, avec les facilités de communication, le Havre n'est pas plus éloigné de New-York qu'il y a cent ans Paris ne l'était de Marseille, et puis ce n'est qu'une affaire de quelques années, au bout desquelles j'espère bien revenir en France et utiliser les connaissances que j'aurai acquises à l'étranger.

Interrogé à son tour, Jules répondit qu'ayant du goût pour le dessin, il aurait aimé à être architecte. Malheureusement, il craignait de ne pouvoir suivre cette carrière à cause de sa mauvaise santé qui avait retardé ses études.

— Et toi, Fabienne, dit Suzanne, tu te marieras plus tard, car les femmes n'ont pas à choisir une carrière comme les hommes.

— Vous vous trompez, Suzanne, répliqua Fabienne; mes parents ne sont pas riches, et comme je ne veux pas leur être à charge, je devrai travailler...; d'ailleurs mon choix est fait, je passerai mes examens et je deviendrai institutrice.

— Oh bien! alors, dit Suzanne, dépêche-toi, tu viendras à Beauvoir faire mon éducation ; je suis certaine qu'avec toi, je travaillerai bien et que je ferai des progrès..... N'est-ce pas, papa, tu voudras bien que Fabienne soit ma maîtresse ?

— Je ne demande pas mieux, ma chérie, répondit M. Germain ; mais nous avons encore du temps devant nous... Dans cinq ou six ans nous en reparlerons... Si, à ce moment, Fabienne y consent, je serai très heureux de te confier à elle...; en attendant, les leçons de mademoiselle Jamin peuvent te suffire.

La pêche aux grenouilles. — En causant ainsi, ils étaient arrivés. Pendant qu'on remisait la voiture et qu'on mettait les chevaux à l'écurie, les enfants s'armaient de lignes à l'extrémité desquelles Suzanne, qui avait fait tous les préparatifs, avait attaché un petit morceau de drap rouge.

Adrien, Jules et Fabienne pour qui tout cela était absolument nouveau, regardaient les objets qu'on leur avait mis entre les mains et se demandaient comment ils allaient s'en servir, quand Suzanne prenant la tête de la petite troupe se dirigea vers une grande mare (fig. 104).

A leur approche, les **grenouilles** qui dormaient sur

LEÇON DE CHOSES : **Grenouilles**. — Les grenouilles, (fig. 105) sont de petits *batraciens* qui vivent de larves d'insectes aquatiques, de vers et de petits mollusques, et rendent des services à l'agriculture. Elles passent l'hiver engourdies dans la vase.

Leurs œufs, disposés en chapelets, sont abandonnés à la surface de l'eau. Les petits qui en sortent sont appelés **têtards** ; ils ont

le bord, effrayées par le bruit, se précipitèrent dans l'eau et se réfugièrent au milieu des roseaux.

— Y en a-t-il, y en a-t-il ! criait Suzanne : quelle belle pêche nous allons faire !

— Mais comment s'y prend-on ? demanda Fabienne.

— C'est bien facile, va... Lorsqu'on voit une grenouille qui montre son nez, on lui tend le chiffon rouge qui est au bout de la ligne...

Fig. 104. — Suzanne menant la tête de la petite troupe se dirigea vers une grande mare.

La grenouille, que le rouge agace, se précipite dessus.

d'abord une vie aquatique, manquent de pattes, possèdent une queue et respirent par des *branchies*. La transformation du têtard en grenouille dure de 2 à 3 mois : pendant cette période, les pattes se forment, la queue disparaît, les poumons remplacent les branchies.

Le cri de la grenouille, appelé **coassement**, est produit par un organe que le mâle

Fig. 105. — Métamorphoses de la grenouille. B, têtard, d'abord sans pattes ; — C, les deux pattes de derrière apparaissent ; — D, les deux pattes de devant poussent ensuite ; — E, l'animal a quatre pattes et une queue ; — F, la queue disparaît, l'animal est parfait.

possède dans le fond de la bouche et qui se gonfle à la volonté de l'animal.

La grenouille *commune* ou *verte* se trouve dans toutes les eaux douces. On la mange : c'est une nourriture légère qui convient aux estomacs délicats.

Quand elle a mordu le chiffon on l'enlève vite, et on l'envoie sur terre. On court alors après, on la saisit et on la met dans un filet.

— Et puis qu'est-ce qu'on en fait ?
— Mais on les mange, dit Suzanne.

Fabienne fit un geste de dégoût.

— C'est très bon, ma chère Fabienne, dit Maurice ; si nous en prenons suffisamment, nous en ferons un bon plat et tu verras... On n'en mange que la partie postérieure...; quand elles sont bien accommodées, on dirait du poulet.

Suzanne s'était tout de suite mise à pêcher.

— Tiens, regarde, Fabienne, en voici une qui va être prise, attention...! houp! dit-elle, en relevant vivement sa ligne (fig. 106) et en lançant la grenouille à vingt pas derrière elle...

Fig. 106. — Houp! dit Suzanne en relevant vivement sa ligne.

Puis, courant rapidement après la bête qui, un peu étourdie, cherchait à regagner la mare, elle la saisit par les pattes de derrière et la jeta dans le filet.

— Tu vois, ce n'est pas malin.

Sans perdre de temps, ils avaient tous imité Suzanne et à chaque instant les lignes s'enlevaient et faisaient de nouvelles victimes. Maurice, Suzanne et Marie, très habiles, ne manquaient jamais leur coup. Les petits Parisiens mirent quelque temps à se faire la main ; mais bientôt, ayant fait quelques prises, le succès augmenta leur ardeur. Seule Fabienne ne réussissait pas... : elle enlevait sa ligne trop vite, ne laissant pas à la grenouille le temps de saisir l'appât... Enfin elle parvint à en prendre une qu'elle lança derrière elle.

Comme elle restait immobile, interdite de son succès, ils lui crièrent tous :

— Cours donc après...! attrape-la...! elle va retourner à la mare...! là là...! près de la touffe d'herbe...! près de cette pierre! Et chaque fois que Fabienne allait la saisir, la grenouille faisait un saut qui effrayait la petite fille. Sa répulsion amusait beaucoup les autres enfants qui lui disaient :

— Prends-la donc...! prends-la donc! elle ne te mangera pas, va... C'est nous qui la mangerons...

Maurice vint à son aide, saisit la bête et la lui mit dans la main ; mais,

Fig. 107. — Dieu! que c'est froid, s'écria Fabienne.

à son contact, Fabienne fit un bond en arrière, laissant tomber la grenouille qui se sauva dans l'eau.

— Dieu! que c'est froid! s'écria Fabienne (fig. 107).

— Tiens, c'est vrai, dit Adrien, en se moquant d'elle; nous aurions dû la faire chauffer.

Cependant elle parvint à vaincre sa répugnance, et au bout d'une heure, elle prenait part à la pêche comme les autres et coopérait au butin qui remplissait deux grands filets.

Le moment du déjeuner était venu. On alla à la voiture prendre les provisions et l'on se dirigea dans le bois voisin vers une jolie clairière que M. Germain avait découverte.

Maurice avait coupé sur le bord de l'eau des branches de saule droites et flexibles et il en avait donné à ses cousins ; mais ceux-ci, embarrassés par les paquets qu'ils portaient, les avaient jetées. Maurice, dont les deux mains étaient aussi occupées, avait placé la badine dans sa bouche.

Ses cousins se mirent à rire en le voyant ainsi et lui dirent qu'il allait prendre le mors aux dents.

— Moquez-vous de moi, ça m'est bien égal, répondit Maurice ; mais, quand je me promène, il faut que j'aie toujours quelque chose à la main, ne serait-ce que pour battre les buissons ou les feuilles mortes.

Quand ils furent arrivés à l'endroit choisi par M. Germain pour manger et se reposer, il n'y eut qu'un cri pour déclarer le site délicieux. De grands arbres les couvraient d'une ombre impénétrable ; au milieu de blocs de rochers tapissés de mousse, poussaient de hautes fougères et des bruyères en fleurs, au-dessus desquelles s'étageaient les **bouleaux** et les trembles faisant res-

---

Leçon de choses : **Bouleau.** — Le bouleau est un arbre que l'on trouve dans les forêts de l'Europe, de l'Asie et de l'Amérique du Nord.

En France, le **bouleau blanc** est très répandu. Son écorce est blanchâtre, son feuillage grêle et dentelé. Son bois léger est employé par les charrons et les sabotiers. Il est recherché pour le chauffage des fours. Les jeunes pousses du bouleau servent à faire des balais.

Aux États-Unis et dans le Canada, on se sert parfois, en guise de papier, de l'écorce d'un bouleau ; avec cette écorce presque indestructible, on fait des canots précieux par leur légèreté et même par leur solidité.

Dans la Sibérie, le bouleau croît assez rapidement ; les habitants emploient l'écorce pour couvrir leurs cabanes, pour faire des pirogues, des cordes, des filets et des ustensiles de ménage. On tire de

sortir la teinte grise de leur branchage sur le vert feuillage des futaies.

La vipère. — Fabienne s'était à peine installée que tout à coup on la vit se lever rapidement, devenir toute blanche et se sauver en poussant un cri.

Elle s'était assise sur un serpent qui s'était dressé sur sa queue en sifflant.

Les enfants, glacés de terreur, demeuraient immobiles. M. Germain, qui se trouvait un peu éloigné, accourait aux cris qu'il entendait, quand Maurice s'avançant dit :

— N'aie pas peur! Fabienne (fig. 108).

Et, en même temps, d'un coup de sa badine,

Fig. 108. — N'aie pas peur, Fabienne.

il cassa les reins à la vipère, car c'en était une, qui se tordit, et après quelques mouvements convulsifs, demeura immobile.

— Bravo! Maurice, dit M. Germain; tu as eu du sang-froid, de l'adresse et du courage. Fabienne, vous pouvez remercier votre cousin, car il vous a rendu un fameux service.

Fabienne, encore toute pâle, embrassa Maurice et tous les enfants successivement lui sautèrent au cou

---

cet arbre une *huile* qui donne aux cuirs, dits de Russie. l'odeur spéciale qui les caractérise.

en le félicitant. Maurice, un peu confus, disait simplement :

— Ce n'était pas malin ; vous en auriez tous fait autant à ma place.

Puis, ramassant le serpent, il lui ouvrit la gueule et montra les crochets à venin.

— Est-ce que la morsure de la vipère est mortelle ? demanda Suzanne.

— Généralement non, lui répondit son père, mais elle produit des désordres très grands et son venin rend très malade... Voyons, mes enfants, vous voilà remis, il faut manger maintenant. Maurice va jeter au loin ce reptile.

Cet événement avait coupé l'appétit des petits excursionnistes. Tout d'abord, ils ne mangèrent que du bout des dents ; mais peu à peu l'estomac reprit ses droits, et au bout d'une demi-heure, ils dévoraient, sauf, toutefois, Fabienne qui était encore pâle et émue.

— Tu te moquais de moi tout à l'heure, Adrien, dit Maurice, à cause de ma badine. Tu vois que c'est utile à la campagne ; il ne faut jamais s'asseoir ou se coucher par terre avant de s'assurer qu'il n'y a rien sur le sol.

— Mais enfin, dit Suzanne, quand on est mordu que faut-il faire ?

— Quand on est atteint au bras ou à la jambe, répondit M. Germain, car c'est généralement à ces membres que les morsures se produisent, le restant du corps, protégé par les vêtements, étant moins exposé, il faut tout de suite prendre un mouchoir et le serrer très fortement au-dessus de la plaie, afin d'arrêter la circulation et d'empêcher ainsi la pénétration du poison. Un excellent moyen consiste encore à sucer la plaie. Cette succion, lorsqu'on n'a pas d'écorchure dans la bouche, ne présente aucun danger ; car le venin qui cause de graves accidents quand il se mêle au sang, est sans effet lorsqu'il est absorbé par l'appareil digestif. Si l'on ne peut employer ce moyen, on doit agrandir la plaie au moyen d'incisions faites avec un canif, afin de la faire saigner, et la cautériser ensuite avec de l'**alcali**, dont un campagnard ou un excursionniste prudent doit toujours avoir un flacon sur lui. Enfin les médicaments recommandés après une morsure de vipère sont le lait ou les boissons tièdes… Mais heureusement, Fabienne, vous n'avez pas besoin de tout cela…; pour vous remettre, ce qu'il vous faut, c'est un tonique… : tendez-moi votre verre et buvez un peu de vin.

— C'était la première fois que je me trouvais en face d'un serpent, dit Adrien, et j'avoue que cela m'a fait un effet singulier… Je me suis senti comme pétrifié. Du reste toutes ces bêtes à sang froid, les serpents, les **crapauds**…, c'est hideux.

— Ah ! ne dis pas de mal des crapauds ! interrompit

LEÇON DE CHOSES : **Alcali**. — L'ammoniaque est désignée vulgairement sous le nom d'alcali volatil ; elle a une saveur âcre, caustique et une odeur désagréable et pénétrante.

L'ammoniaque, appliquée sur la peau, la rougit et la brûle. Aussi l'emploie-t-on pour *cautériser* les morsures des serpents venimeux, les piqûres des guêpes et autres insectes.

L'irritation que produit l'ammoniaque sur les organes de la respiration permet de l'utiliser pour rappeler à la vie les personnes **asphyxiées** ou tombées en **syncope**. L'ammoniaque liquide sert aussi pour dégraisser les étoffes.

L'air contient de l'ammoniaque produit par la décomposition des matières organiques. Les fosses d'aisances, les cimetières, les charniers sont des sources productives d'ammoniaque. Les eaux de pluie en contiennent également.

L'ammoniaque fournit à la végétation l'*azote* nécessaire à son développement.

LEÇON DE CHOSES : **Crapaud**. — Le crapaud (fig. 109) est un batracien. Son corps trapu et couvert de verrues d'où suinte une

Maurice : ce sont des animaux qu'il faut se garder de détruire : ils nous rendent service.

— Les crapauds ?

— Parfaitement ; dans les jardins ils protègent les légumes en détruisant les insectes, les limaces qui viennent les dévorer... N'est-ce pas ? M. Germain ?

— En effet... Il y a même des pays qui n'en ont pas et qui en achètent.

— Voilà une drôle de marchandise, s'écria Jules.

Tout en devisant, le repas s'était achevé. On replaça dans les paniers les restes du déjeuner et les ustensiles que les petites filles avaient été laver à une source voisine ; puis on reporta le tout dans la voiture, d'où l'on retira les balances préparées pour prendre les **écrevisses**.

La pêche aux écrevisses. — M. Germain avait alors conduit les enfants, portant chacun leur engin, vers un joli ruisseau très ombragé. Après avoir

---

humeur visqueuse, son aspect difforme, la bave qu'il répand quand il est irrité, en ont fait un objet universel de dégoût. Cette bave d'ailleurs n'est pas *venimeuse*. Le crapaud se cache dans les lieux sombres et humides, dans les trous des vieux murs, sous les pierres et même dans la terre. Les petits du crapaud, comme ceux de la grenouille, ont d'abord la forme de *têtards*.

Fig. 109. — Le crapaud.

On prétend que les crapauds vivent une quinzaine d'années ; ils ont une vie très peu active et peuvent rester longtemps immobiles sans prendre de nourriture. Ils se nourrissent de petits mollusques, de vers et d'insectes vivants : ils sont *utiles à l'agriculture*.

Le cri du crapaud est plaintif et rappelle celui de certains oiseaux de nuit.

Le crapaud a été l'objet de légendes et de contes de toutes sortes. Les charlatans et les sorciers le faisaient entrer dans la composition de remèdes employés pour guérir une foule de maladies.

LEÇON DE CHOSES : **Écrevisse**. — L'écrevisse (fig. 110) est un

fait choix des endroits reconnus les plus favorables, on avait plongé dans l'eau les balances garnies de viande crue. Toutes les dix minutes, on venait les lever et presque toujours on y trouvait un ou deux crustacés en train de dévorer l'appât.

Les enfants se disputaient pour les prendre et les jeter dans un panier préparé à cet effet. Dans sa précipitation, Jules en avait saisi une par les pinces et avait aussitôt poussé un cri en secouant son doigt au bout duquel se balançait une écrevisse (fig. 111).

Fig. 111. — Jules avait saisi une écrevisse par les pinces et avait poussé un cri.

Les enfants, voyant ses grimaces, avaient éclaté de rire, tandis qu'il criait :

— Aïe! Aïe! mais ça pince très fort!

Maurice vint à son secours et lui dit :

— Mais reste donc tranquille; si tu t'agites ainsi, l'animal aura peur de tomber et te serrera davantage.

---

crustacé qui se rencontre dans les cours d'eau. Elle a les six pattes antérieures terminées chacune par une *pince* à deux doigts. Les deux premières pinces sont très grosses et très fortes. Le corps de l'écrevisse, d'un brun verdâtre, devient rouge par la cuisson.

Les écrevisses vivent le jour cachées dans des trous ou sous des pierres; elles sortent le soir pour chercher leur nourriture qui

Fig. 110. — L'écrevisse.

consiste en mollusques, larves d'insectes, petits poissons, débris de chair corrompue. Elles changent de **carapace** chaque année.

La chair de l'écrevisse est succulente et très recherchée des gourmets.

Le *homard* et la *langouste* sont de la même classe que l'écrevisse.

Prends-le par le corps, comme ça ; il va lâcher... Tiens, vois-tu ?

— La coquine, dit Jules, en portant à sa bouche son doigt meurtri, je voudrais pouvoir la reconnaître quand elle sera cuite ; j'aurais un plaisir particulier à la manger.

Au bout de deux heures, il fallut songer au retour. Le panier était presque plein et chacun se réjouissait par avance du régal que les grenouilles et les écrevisses allaient procurer. Il avait été convenu que toute la pêche serait emportée à Beauvoir où le lendemain la famille Durier viendrait déjeuner.

En revenant, on causa des incidents de la journée et M. Germain parla de la maladie qui règne sur les écrevisses et qui les menace d'une destruction prochaine. Cette maladie, dont la cause est mal connue, jointe à une destruction irréfléchie, fait des ravages considérables et déjà beaucoup de cours d'eau sont dépeuplés. Les savants s'occupent de cette question ; il faut espérer qu'ils trouveront la cause du mal et qu'ils indiqueront le moyen d'y porter remède.

Pierre Durier vide son étang. — Quelques jours après, Pierre Durier vida son étang (fig. 112). La vanne fut ouverte, l'eau s'écoula, et bientôt les poissons, qui s'étaient refugiés dans la partie la plus creuse de l'étang, apparurent amoncelés les uns sur les autres, frétillant, sautant, se bousculant pour plonger dans l'eau qui restait.

A cette vue, Suzanne s'écria :

— Comment, il y en avait tant que cela...! Et dire que je n'ai pu en prendre un seul...! Suis-je maladroite !

Tous les poissons pêchés furent vendus, à l'exception de quelques-uns qu'on réserva pour le repeuplement.

Quand la pièce d'eau fut à sec, Pierre Durier fit enlever la vase, la mélangea avec de la chaux et en forma un compost qui devait lui servir plus tard à l'amélioration de ses terres.

Fig. 112. — Pierre Durier vida son étang.

Les conserves et les confitures. — Pendant que les enfants se promenaient dans la campagne, Marthe et Estelle faisaient des confitures et des conserves. Mademoiselle Jamin, l'institutrice, à laquelle les vacances donnaient des loisirs, venait leur donner des conseils et leur enseigner les moyens de tirer parti des fruits qui, extrêmement abondants cette année, ne trouvaient pas d'acheteurs et risquaient de se perdre. Elle leur apprit à faire des pruneaux, du raisiné, des poires et des pommes tapées, des conserves d'oseille, de cornichons, de haricots, du beurre fondu, etc...

Quelquefois, quand les garçons allaient faire une longue promenade, ou lorsqu'à la ferme on préparait des conserves et des confitures, les petites filles demeuraient aux Ajoncs pour aider à éplucher les fruits ou les légumes. Suzanne, en véritable enfant gâtée, se donnait beaucoup de mouvement ; comme la mouche du coche, sous prétexte de rendre service, s'occupant de tout, touchant à tout, elle retardait plutôt le travail.

10.

Quand Marthe Durier impatientée lui recommandait de se tenir tranquille, Suzanne avait une manière si câline de la regarder en lui disant : Maman Durier, laissez-moi retourner les confitures (fig. 113), ou permettez-moi de goûter au raisiné, que celle-ci, désarmée, laissait faire la petite fille.

Les deux belles-sœurs éprouvaient une vive sympathie l'une pour l'autre. Estelle avait fait ses confidences à Marthe. Elle ne lui avait pas caché combien l'existence est pénible et difficile à Paris. Malgré les bons appointements de son mari et leurs petits revenus, ils arrivaient tout juste, à force d'économies, à joindre les deux bouts, sans rien pouvoir mettre de côté. L'instruction de leurs enfants leur coûtait extrêmement cher. De plus, elle s'inquiétait de la santé de son mari qui était enfermé du matin au soir dans un bureau sans lumière et sans air et qui n'avait pas un jour de repos.

Fig. 113. — Maman Durier, laissez-moi retourner les confitures.

— Votre existence, ma chère Marthe, est bien préférable à la nôtre... Sans doute vous avez beaucoup de mal...; mais que de satisfaction vous éprouvez...! Vous êtes chez vous, vous faites ce que vous voulez, et quand vous avez une année abondante, vous en profitez..., A Paris, il est loin d'en être de même pour nous... Si les affaires vont bien, mon mari a plus de travail et n'en tire aucun bénéfice...; si au contraire elles vont mal..., il risque de perdre sa place.

A la fin de septembre, les jours plus courts et moins chauds, les pluies et les brouillards avaient mis fin aux grandes excursions. On se sentait heureux après une course dans la campagne de venir se réchauffer devant une bonne flambée de branchages jetés dans la grande cheminée.

La récolte des châtaignes, des noix, des pommes, des poires. — Le cidre et le poiré. — Cependant, il y avait encore quelques récoltes à rentrer, entre autres celles des noix, des châtaignes et des pommes que Beauvoir produisait en abondance. M. Germain surveillait très attentivement la cueillette de ses fruits. Il empêchait qu'on ne les gaulât brutalement, afin de ménager les branches de ses arbres que des chocs trop violents auraient pu meurtrir.

Les châtaignes et les noix, une fois tombées à terre, étaient débarrassées de leurs enveloppes et portées sous de vastes hangars où elles séchaient avant d'être expédiées sur le marché.

Les châtaignes sont une précieuse ressource pour les populations du centre de la France, particulièrement du Limousin, de l'Auvergne et du Languedoc; car elles entrent pour une part importante dans leur alimentation, soit qu'on les mange bouillies, soit qu'on les réduise en farine.

Il en est de même des noix qui sont converties en cerneaux, alors qu'elles n'ont pas atteint la maturité complète, qui se vendent en nature, fraîches ou sèches, ou qui se transforment en une huile comestible dont on fait usage dans la moitié de la France.

Les noyers et les châtaigniers sont dans leur pleine production à l'âge de soixante ans; ils peuvent donner, les premiers 80 litres de noix, et les seconds, 60 kilogrammes de châtaignes.

Comme M. Germain donnait des explications aux enfants, Suzanne dit à son père :

— Et les noisettes, qui sont si bonnes et que j'aime tant à cueillir, qu'est-ce qu'on en fait ?

— On les récolte également, on les fait sécher et on les vend comme fruits de table. On en retire aussi une huile très fine qu'on emploie pour la table, la parfumerie et la peinture; dans ce cas, les noisetiers sont l'objet d'une culture spéciale. Ils donnent alors des fruits meilleurs et plus gros que ceux que tu trouves dans les bois; ces noisetiers-là sont tous des sauvageons.

Au commencement d'octobre, on récolta les pommes destinées à la fabrication du cidre.

Lors de son installation à Beauvoir, M. Germain avait fait planter dans un herbage bien exposé, de nombreux pommiers qui maintenant étaient en pleine production. Il s'occupait avec un soin particulier de la fabrication de son cidre qui était excellent et qui jouissait d'une réputation méritée.

Après avoir fait enlever toutes les pommes tombées, afin qu'elles ne se mélangeassent pas avec les fruits sains et qu'elles n'altérassent pas la qualité du cidre, M. Germain, par une belle journée, convoqua tout son monde, et vers dix heures, après avoir laissé au soleil le temps d'évaporer la rosée, fit commencer la récolte.

Armés de longues perches crochues, les ouvriers secouaient les branches pour en faire tomber les fruits qui étaient recueillis dans des sacs ou dans des paniers, placés ensuite sur des charrettes et transportés à la ferme. Là, les pommes étaient placées en petits tas dans des greniers, afin de leur permettre de sécher, de compléter leur maturation. Il était recommandé de manier les fruits avec les plus grandes précautions et d'éviter de les meurtrir.

Lorsque les pommes eurent achevé de mûrir, on procéda à leur écrasement, c'est-à-dire à leur réduction en pulpes au moyen d'un moulin qui les divisait en petits morceaux ayant au plus la grosseur d'une noisette.

Puis on les fit passer au pressoir et le jus qui s'écoula fut versé dans des tonneaux.

Adrien et Jules voulurent goûter au liquide qui sortait du pressoir ; mais, après y avoir trempé leurs lèvres, ils firent la grimace en déclarant que c'était fade.

M. Germain leur dit en souriant :

— Mes amis, vous ne pouvez pas apprécier une boisson qui n'est pas encore faite. Pour que le cidre prenne du goût et du bouquet, il doit fermenter. Dans ce but, on le mettra dans des tonneaux bien préparés et placés dans un cellier d'une température constante de 8 à 15 degrés, en ayant soin de laisser le liquide au contact de l'air. Le cidre sera soutiré deux fois et alors il sera bon à être consommé.

M. Germain fit aussi avec des poires quelques barriques de poiré dont la fabrication est identique à celle qui vient d'être décrite. Ce poiré était destiné à être mélangé au cidre, afin d'en augmenter la force et le montant.

Adrien et Jules regrettaient bien de ne pas pouvoir apprécier le cidre à la fabrication duquel ils avaient coopéré en ramassant les pommes, en les cassant et en les pressant ; mais le temps des vacances touchait à sa fin. M. Germain les consola, en leur promettant de leur en envoyer un petit tonneau à Paris.

Départ d'Estelle Durier et de ses enfants. — Le jour fixé pour le départ était arrivé. Les deux mois qui venaient de s'écouler avaient été si gais, si heureux! Ces enfants, quoique de goûts et de caractères différents, avaient été si unis, si joyeux de se trouver ensemble, que la séparation leur semblait bien cruelle. En vain, on avait cherché à retenir Estelle Durier et ses enfants quelques jours de plus ; celle-ci n'avait pas voulu céder, faisant remarquer que son mari était seul depuis bien longtemps, qu'il réclamait leur présence et que d'ailleurs il était temps que les enfants se remissent au travail.

Ces raisons étaient tellement plausibles qu'on n'insista pas davantage.

Du reste, les santés étaient rétablies. Tous les quatre quittaient les Ajoncs avec des mines superbes. Bronzés par le grand air et le soleil, enforcis par l'exercice, ils avaient pendant leurs vacances fait provision de vigueur et de santé. Jules surtout était celui qui avait le plus profité. Arrivé à la campagne souffrant, sans appétit, sans sommeil, il se portait maintenant comme un charme, mangeait comme un ogre et dormait comme une marmotte. C'était lui qui partait avec le plus de regrets, car il avait pris goût à la vie des champs et pressentait qu'à la ville il allait manquer d'air et retomber dans son état maladif. Pierre Durier avait offert de le garder ; mais sa belle-sœur, craignant d'être indiscrète et alléguant que Jules, très en retard dans ses études, avait besoin de regagner le temps perdu, n'avait pas cru devoir accepter.

Marthe Durier avait préparé pour les Parisiens des

paniers contenant des fruits, des confitures, des conserves, des légumes, des œufs auxquels s'étaient jointes les provisions que Suzanne avait voulu donner à ses petits amis. Tous ces colis, trop lourds pour une seule voiture, avaient été placés dans une charrette, ce qui avait permis à tous les enfants de faire la conduite.

Pierre avait pris dans sa carriole sa belle-sœur et les trois petites filles, car Suzanne n'avait voulu quitter Fabienne qu'au dernier moment, et les trois garçons

Fig. 114. — Tant qu'ils purent se voir, les enfants échangèrent des signes d'adieu.

étaient montés sur la charrette avec tous les paquets.

Quand le train fut en gare, les enfants, le cœur bien gros, s'embrassèrent une dernière fois. A un signal donné, la locomotive siffla, les wagons s'ébranlèrent. Tant qu'ils purent s'apercevoir, les enfants échangèrent des signes d'adieu (fig. 113). Bientôt tout disparut; cependant Maurice, Marie et Suzanne restaient immobiles, considérant le train fuyant à l'horizon et attristés par cette séparation que chaque minute augmentait.

Le retour fut silencieux; on pensait aux voyageurs qui se dirigeaient à toute vapeur vers Paris, et on regrettait ces deux mois de plaisir, si vite écoulés.

CHAPITRE VII

L'ÉCOLE PRATIQUE

L'instruction agricole. — Maurice venait d'avoir quinze ans. Sa santé, un moment ébranlée par la fluxion de poitrine qu'il avait contractée en se jetant à l'eau pour sauver Suzanne et par une croissance rapide, était maintenant tout à fait rétablie. Grand, fort, agile, au courant de tous les travaux de la terre, il avait toutes les qualités requises pour faire un excellent ouvrier agricole et secondait activement son père dans l'exploitation du domaine.

Fig. 115. — Pierre Durier alla trouver M. Germain qu'il consultait toujours dans les circonstances graves.

Si Pierre Durier avait été égoïste ou simplement indifférent, il se fût montré satisfait. Entouré d'une famille charmante, voyant ses affaires prospérer et ses revenus augmenter chaque année, que pouvait-il désirer de plus ? Mais Pierre Durier pensait aux siens. Ayant un fils intelligent, travailleur, il voulait développer en lui les dons que la nature lui avait prodigués et le mettre en état de s'élever au-dessus du niveau que lui-même avait atteint.

Préoccupé de l'avenir de Maurice, il alla trouver M. Germain qu'il consultait toujours dans les circonstances graves (fig. 115).

— Monsieur Germain, lui dit-il, je viens vous demander un conseil. Voilà mon fils qui devient un jeune homme. Ainsi que vous le savez, Maurice aime beaucoup le métier que j'exerce ; à maintes reprises, je l'ai interrogé et il m'a toujours manifesté le désir d'être agriculteur. Déjà, il se tire habilement des travaux que nous exécutons journellement : il est adroit, avisé ; aucune difficulté ne le rebute, et dans quelques années, quand il aura acquis la plénitude de ses forces, il sera un cultivateur excellent. Mais en dehors de la pratique dans laquelle il est très versé, je voudrais lui voir acquérir les connaissances théoriques que je considère comme indispensables à tout bon agriculteur.

— Vous avez raison, mon cher Pierre, répondit M. Germain. Nous vivons à une époque où la science et l'industrie marchent à pas de géants, où pour lutter contre les difficultés économiques qui surgissent chaque jour, l'agriculteur doit être instruit, afin de pouvoir se dégager facilement de la routine et d'être à même d'apprécier les cultures qui, selon les moments, lui seront les plus profitables. Ceux-là qui prétendent que l'agriculteur en sait toujours assez sont dans la plus profonde erreur. Aucune profession n'exige peut-être des connaissances plus variées, plus étendues, et je vous approuve de vouloir perfectionner l'instruction de votre fils.

— Je suis heureux de votre assentiment, monsieur Germain, mais ici je me trouve embarrassé. Dans quelle école faut-il envoyer Maurice, pour qu'il y puise les connaissances que je désire lui voir acquérir ? Les Écoles nationales d'agriculture sont, il me semble, d'un ordre trop élevé. Maurice a fait de bonnes études primaires ; il travaille encore le soir avec M. Noël qui lui donne des notions de physique, de chimie et d'histoire naturelle ; néanmoins, je craindrais qu'il ne fût pas en état de subir l'examen d'entrée avec succès... Et puis les jeunes gens qui fréquentent ces écoles sont pour la plupart des fils de grands propriétaires, et j'aimerais mieux qu'il se trouvât dans un milieu plus modeste. D'un autre côté, les Fermes-Écoles sont des établissements bien élémentaires... J'ai passé par là...; on se perfectionne surtout dans la pratique, mais la partie théorique y est trop négligée... Maurice n'y apprendrait pas grand'chose et je craindrais que le temps qu'il y passerait ne fût du temps perdu.

— Vos réflexions sont justes, reprit M. Germain ; mais entre l'École nationale et la Ferme-École, il y a un établissement d'enseignement dont vous ne parlez pas et qui répond tout à fait à votre désir : c'est l'École pratique d'agriculture.

— L'École pratique d'agriculture... C'est donc une création nouvelle, car de mon temps cela n'existait pas.

— Les Écoles pratiques d'agriculture ont été instituées par la loi du 30 juillet 1875 ; elles sont destinées à recevoir les fils de cultivateurs comme vous. Le temps s'y partage également entre les travaux manuels et l'étude, de façon à éviter aussi bien la fatigue corporelle que la fatigue intellectuelle... Dans le département voisin, il en existe une qui vous conviendrait à merveille... Maurice y verrait des cultures un peu différentes des nôtres et ne serait pas trop éloigné de sa famille.

— Et quel est le prix de la pension ?

— Je ne sais pas au juste ; mais il doit varier entre quatre et six cents francs, et la durée des études y est de deux ans.

— Ce sera pour moi un sacrifice assez lourd, d'autant

plus que je serai obligé de prendre quelqu'un pour remplacer Maurice; cependant je n'hésite pas à me l'imposer en présence des avantages que mon fils en retirera.

— Il y aura peut-être un moyen d'éviter cette dépense, fit observer M. Germain. L'État et les départements entretiennent dans ces établissements un certain nombre de bourses et Maurice pourrait en obtenir une. Mais ceci est un accessoire dont nous nous occuperons plus tard. Je vais écrire à un de mes amis qui connaît le Directeur... Il me donnera les renseignements qui nous sont nécessaires et dans quelques jours vous serez complètement éclairé.

Six semaines plus tard, Pierre Durier conduisait son fils à l'École pratique.

Le mois qui avait précédé son départ avait été employé par Maurice à se préparer aux examens d'entrée (fig. 116). Muni du certificat d'études, il eût été dispensé de l'examen, s'il n'avait pas été candidat à une bourse; mais comme son père avait sollicité cette faveur, Maurice devait l'obtenir par le concours.

Fig. 116. — Maurice se prépare à l'examen d'entrée à l'école pratique.

M. Noël lui avait fait repasser l'histoire et la géographie de la France qu'il avait un peu oubliées depuis deux ans; il lui avait donné de nombreux devoirs de style et lui avait fait revoir les éléments de physique, de chimie et d'histoire naturelle, qui, il est vrai, n'étaient pas inscrits au programme, mais dont le jury devait tenir compte au moment de l'examen. Quant à l'arithmétique et au système métrique, Maurice les connaissait d'une façon très complète.

Tout en le faisant travailler, M. Noël lui disait :

— Ton père a raison, le temps que tu passeras à cette école d'agriculture te sera très profitable; plus tard, tu en ressentiras tous les bons effets et je suis sûr que tu feras honneur à ton vieux maître dont tu auras été le meilleur élève.

Avant de quitter Barville, Maurice alla faire ses adieux à toutes les personnes qu'il connaissait et chacune lui exprima ses regrets de le voir s'éloigner.

Le père Jérôme, qui devenait vieux et infirme, l'embrassa en lui disant :

Fig. 117. — J'ai bien peur de ne plus te revoir...

— J'ai bien peur de ne plus te revoir (fig. 117), car je suis bien usé et je sens que je m'en vais... Tu ne seras pas là quand je mourrai... C'eût été pour moi une consolation de savoir que tu m'aurais suivi jusqu'au cimetière et que tu aurais jeté de l'eau bénite sur mon cercueil.. Enfin, puisque cela n'est pas possible, il faut me résigner... Va, mon garçon... Continue à te bien conduire, l'honnêteté est la première condition du bonheur.

Marthe Durier, quoique bien affligée de voir son fils s'éloigner, eut assez d'empire sur elle-même pour dissimuler son chagrin. Le jour du départ, elle retint ses larmes en serrant son fils dans ses bras ; mais dès que la voiture qui l'emmenait eût quitté la cour, elle ne put maîtriser sa douleur et pleura abondamment avec Marie et Suzanne qui ne pouvaient se faire à l'idée de cette séparation.

Michel avait accompagné Pierre Durier et Maurice, afin de ramener la carriole. Profitant d'un moment où il se trouvait seul avec ce dernier, il lui dit :

— C'est une drôle d'idée tout de même qu'a ton père de t'envoyer encore à l'école, comme si tu n'en savais pas assez... Tu es quasi tout aussi savant que M. Noël et je me demande ce qu'on pourra bien t'apprendre... Mais ton père sait ce qu'il fait et je suis bien forcé de reconnaître qu'il agit toujours sagement... Si je parle ainsi, cela tient à une vieille habitude de raisonner, et aussi parce que j'éprouve de la peine à te voir t'éloigner, car je vais bien m'ennuyer quand tu ne seras plus là.

Fig. 118. — Tiens, voilà un petit souvenir de ton ami Michel.

Tirant alors de sa blouse un petit portefeuille, il le lui remit en ajoutant :

— Tiens, voilà un petit souvenir de ton ami Michel (fig. 118). Il n'est pas bien beau ; mais, quand tu t'en serviras, tu penseras à moi et tu pourras te dire qu'il y a au pays un vieux serviteur, grognon, radoteur, qui t'aime bien, et qui attend avec impatience le moment de ton retour.

Maurice, très touché, sauta au cou de Michel en lui disant :

— Mon brave Michel, je n'avais pas besoin de votre cadeau pour penser à vous; je vous remercie bien vivement de ce souvenir qui ne me quittera pas et que je porterai toujours sur moi.

Le soir, ils arrivèrent à destination et dès le lendemain les examens commencèrent.

Maurice s'en tira brillamment et son père revint très satisfait aux Ajoncs.

L'École pratique. — L'École pratique était installée dans un ancien château (fig. 119), auprès

FIG. 119. — L'école pratique était installée dans un ancien château.

duquel se trouvaient de vastes bâtiments d'exploitation. Placée sur une hauteur, elle dominait les terres du domaine. L'installation intérieure ne laissait rien à désirer. Le dortoir, le réfectoire, les salles d'études, de conférences, ainsi que les laboratoires, étaient bien et sainement installés.

Le Directeur était un homme jeune, intelligent, actif, paternel et sévère à la fois, qui exigeait beaucoup de ses élèves, mais qui les nourrissait bien et était plein de sollicitude pour eux.

Maurice habitué au travail et à la fatigue par l'apprentissage qu'il avait fait aux Ajoncs, trouva très douce l'existence de l'école pratique. Ce partage entre les travaux manuels et les études théoriques l'enchantait, et soit qu'il entrât dans la salle de cours, soit qu'il partît pour les champs, il était toujours satisfait et dispos. Ses camarades s'étonnaient de sa constante bonne humeur ; mais lui, quand il les voyait tristes et découragés, les remontait et leur communiquait sa gaieté et son ardeur à la besogne.

Déjà au courant des travaux agricoles et horticoles, il secondait les chefs de pratique qui n'avaient pas tardé à reconnaître qu'ils n'auraient pas grand'chose à lui apprendre. Loin de se targuer de son savoir, il écoutait attentivement leurs démonstrations, persuadé que, quelque habile qu'on soit, il reste toujours quelque chose à apprendre.

Souvent, sa tâche achevée, Maurice venait se placer auprès de celui de ses camarades qui, par manque d'habitude ou par maladresse, n'exécutait pas bien son travail. Il lui donnait des conseils, l'aidait même au besoin et, tout en lui évitant une réprimande, l'empêchait de se décourager.

Le directeur, charmé du bon esprit et de la discipline des élèves, n'avait pas eu besoin d'user de son autorité. Il avait traité cette promotion, si facile à diriger, d'une façon toute paternelle, et avait rendu aussi agréable que possible le régime de la maison.

Les journées étaient bien remplies à l'école pratique et les élèves n'avaient pas un instant d'oisiveté. Aussitôt levé, chacun se rendait aux écuries ou aux étables pour donner aux animaux les soins nécessaires, les panser, remplir les râteliers, les crèches et les auges, enlever les fumiers et remplacer les litières. Puis on partait pour les champs où l'on procédait, selon les saisons, aux différents travaux qu'exige la terre. A midi, après un repas substantiel suivi d'une récréation, les études théoriques commençaient.

Tantôt c'était un cours de droit usuel ou d'économie politique, tantôt un cours d'histoire et de géographie, tantôt un cours de mathématiques ou de dessin. D'autres jours, on donnait aux élèves des leçons d'agriculture, de zootechnie*, de génie rural ou d'économie rurale, ou bien on leur enseignait la physique, la chimie, la météorologie* et l'histoire naturelle.

Maurice, ayant déjà acquis avec M. Noël les premières notions des sciences qui faisaient l'objet de ces différents cours, résumant avec beaucoup de soin les leçons de ces professeurs, tirait le profit le plus complet de l'enseignement donné et faisait des progrès rapides. Ses examens mensuels étaient excellents, et sauf en dessin, il était de beaucoup supérieur à ses camarades. Lui, qui était si adroit, qui exécutait avec une précision étonnante les expériences et les dosages de laboratoire, dont les mains agiles travaillaient avec habileté le bois et le fer, n'avait jamais su rien faire avec un crayon. M. Noël, malgré tous ses efforts, avait échoué et avait dû renoncer à obtenir de lui un dessin présentable.

Les cultures de l'école pratique. — Les cultures de l'école pratique étaient très variées.

En dehors des prairies naturelles et artificielles (luzerne, trèfle, sainfoin) dont les produits étaient affectés à la nourriture des animaux, du froment, du seigle et de l'avoine, le domaine produisait de l'orge dont les grains étaient vendus aux brasseurs pour la production de la bière, et du sarrasin que l'on cultivait dans les terres sablonneuses et maigres. Cette céréale, dont le grain constitue un aliment dans certaines parties de la France, était ici utilisée comme engrais. Avant qu'il ne fût mûr, le sarrasin était retourné et enfoui en terre.

Les cultures industrielles comprenaient les betteraves, qui ont leur débouché dans les sucreries et les distilleries ; le houblon (fig. 120), qui grimpe si coquet-

Fig. 120. — Le houblon porte des cônes ou fruits qui sont utilisés par la brasserie.

tement le long de hautes perches et dont les cônes ou fruits sont utilisés par la brasserie ; le colza, qui fournit l'huile à brûler, et enfin le lin, dont la filasse sert à fabriquer les toiles les plus fines et les plus recherchées.

Afin de compléter l'instruction des jeunes gens, on leur faisait visiter les grandes fermes situées dans les environs, ainsi que les établissements industriels agricoles les plus importants.

La brasserie. — Le jour où le directeur livra ses orges à la brasserie, il emmena ses élèves et les fit assister à la fabrication de la bière, afin qu'ils pussent se rendre compte des nombreuses opérations qu'entraîne la préparation de cette boisson.

On humecte d'abord l'orge, partie essentielle de la bière, afin d'activer la germination ; lorsque l'orge est germée, on la dessèche, puis on la concasse entre des cylindres de fonte. En cet état, elle prend le nom de *malt*.

Le malt est ensuite jeté dans de grandes cuves en bois où l'on fait arriver de l'eau chaude, pendant que des ustensiles placés au milieu des cuves agitent violemment le mélange. Cette opération s'appelle le *brassage*.

Lorsqu'il est brassé, le liquide produit par les cuves et appelé *moût*, est mis en contact avec le houblon qui donne à la bière son arome. Après avoir été soumis à l'ébullition, le moût houblonné s'écoule dans un bac à repos, et quand il est refroidi, on y ajoute de la levûre * pour le faire fermenter.

Les résidus de la brasserie ont tous leur utilité.

Le malt épuisé et bien égoutté prend le nom de *drèche*. Mêlées à d'autres substances alimentaires, les drèches servent à la nourriture des bestiaux et particulièrement à celle des vaches laitières. La levûre est recherchée par les industriels dont les opérations nécessitent une fermentation alcoolique. Les distillateurs et les boulangers en sont les principaux consommateurs.

La distillerie. — Les betteraves furent livrées à une sucrerie et à une distillerie ; cette vente procura l'occasion d'une visite dans ces deux usines.

Il est à remarquer qu'une grande quantité de produits agricoles peuvent être distillés et fournir de l'alcool. Les matières alcoolisables peuvent se diviser en trois catégories.

1° Les liquides vineux et fermentés, tels que les vins, les bières, les cidres et les poirés.

2° Les matières contenant le sucre tout formé, telles que la canne à sucre, les fruits et les racines sucrées.

3° Les matières dans lesquelles le sucre n'existe pas tout formé, mais se produit aux dépens de l'un des éléments qu'elles contiennent par une opération nommée *saccharification*, telles sont les céréales, les fécules, les racines et les fruits féculents.

La distillation consiste à réduire les liquides en vapeur par l'action de la chaleur et à ramener ensuite la vapeur à l'état liquide en la condensant par le refroidissement.

La distillerie visitée par Maurice et ses camarades était une distillerie de betteraves produisant des *flegmes* * et ne rectifiant pas.

Pour obtenir ces flegmes, on lave les betteraves, on les coupe en rubans fins appelés *cossettes*. Au moment où ces cossettes sont introduites dans les cuves de macération *, on les arrose d'eau additionnée d'acide sulfurique *.

Le macérateur rempli, on y introduit, à l'état chaud, les vinasses * provenant des distillations antérieures. Le liquide ou le jus s'écoule de lui-même dans une autre cuve où il est mis en fermentation au moyen de levûre de bière. La fermentation accomplie, il passe à l'alambic, d'où s'échappe enfin l'alcool brut auquel on donne le nom de flegme.

Les résidus de distillerie, appelés *pulpes*, qu'ils soient fournis par les betteraves ou par les farineux, sont conservés avec soin dans des silos pour l'engraissement du bétail.

La sucrerie. — La sucrerie était placée au centre d'une contrée dont la betterave était la principale récolte. Afin de s'assurer la matière nécessaire à sa fabrication, le propriétaire de la sucrerie passait des contrats avec les cultivateurs, à charge par eux de lui fournir des racines très riches en matière sucrée. Pour obtenir le sucre, on extrait le jus des betteraves, préalablement lavées et coupées; puis on le place dans des chaudières de cuivre où on le mêle à un peu de chaux pour le séparer de certaines matières étrangères. L'écume que fait naître l'ébullition est enlevée à mesure qu'elle se produit. Quand le jus est suffisamment clarifié, on le concentre par une nouvelle cuisson, et on le verse enfin dans de larges bassines en le faisant passer par un filtre formé d'une étoffe de laine. Par le refroidissement, il se transforme en une masse cristalline; c'est le sucre brut.

Le sucre qui sert à l'alimentation et qui est livré en pains aux consommateurs, est du sucre *raffiné*. Le raffinage s'opère dans des usines spéciales placées, soit dans les ports de mer, pour les sucres des colonies, soit dans les grands centres, pour les sucres de betterave.

Le sucre, qui est un aliment sain et nourrissant, quand on n'en abuse pas, n'est entré dans l'alimentation générale que depuis un petit nombre d'années. Le sucre de canne, le plus anciennement connu, ne date guère que du dix-septième siècle. Il y a deux cents ans, il était encore si rare qu'on le vendait chez les pharmaciens comme médicament. Au dix-huitième siècle, il devint d'un usage plus fréquent et fit la fortune des colonies. Lors du blocus continental, Napoléon encouragea la fabrication du sucre de betterave, qui avait été découvert cinquante années auparavant, mais qu'on ne savait pas produire industriellement.

Depuis un demi-siècle, la fabrication du sucre de

betterave a fait des progrès énormes, non seulement en France, mais en Allemagne, en Autriche et en Russie, au grand détriment des colonies, qui soutiennent difficilement la concurrence et qui, actuellement, ne fournissent même plus la moitié du sucre consommé [1].

Les vacances. — Malgré le plaisir et l'intérêt que Maurice trouvait dans l'enseignement de l'école, malgré les liens de bonne camaraderie qu'il avait noués avec les jeunes gens de son âge, il lui arrivait parfois de regretter les Ajoncs et d'aspirer au moment où il pourrait se retrouver au milieu des siens.

Aussi ce fut avec joie qu'il vint passer six semaines de vacances dans sa famille.

Peu de jours après son arrivée, son père tomba malade et fut obligé de garder la chambre. Immédiatement, Maurice le remplaça et prit la direction de l'exploitation. Sans faire sentir son autorité, par son activité et le bon exemple qu'il donnait, il exerça sur les ouvriers le même ascendant que son père. Comme lui, il était doux et bienveillant avec ses serviteurs, dont il obtenait le maximum de travail sans avoir l'air de rien demander.

Michel était enchanté de se trouver sous ses ordres et exécutait ce qu'on lui commandait sans présenter la moindre observation.

Maurice, qui connaissait sa manie de raisonner et

---

[1]. La consommation du sucre était, en 1851, de 1 140 000 tonnes pour toute l'Europe, dont 978 000 tonnes de sucre de canne et 162 000 tonnes de sucre de betterave. En 1886 la consommation a été de 4 600 000 tonnes dont 2 100 000 tonnes de sucre de canne et 2 500 000 tonnes de sucre de betterave (statistique agricole de 1882).

Les chiffres ci-dessus montrent avec quelle rapidité a progressé la production du sucre qui a quadruplée en trente-cinq ans. Ils font ressortir également la prépondérance du sucre de betterave qui, en 1886, est vingt et une fois plus considérable qu'en 1851. (2 500 000 contre 162 000), tandis que la production du sucre de canne, pendant cette même période, n'a fait que doubler (978 000 contre 2 100 000).

qui s'en amusait, étonné de ce changement, lui dit un jour :

— Ah ça ! mon brave Michel, que s'est-il donc passé pendant mon absence ? Quel que soit le travail que je vous demande, vous le faites sans rien dire... Vous n'êtes pas malade au moins ?

— Ça te surprend ? mon petit Maurice. C'est que, depuis que je suis aux Ajoncs, j'ai vu tant de choses extraordinaires que je ne m'étonne plus de rien. Par moment, j'ai bien encore envie de parler ; mais je me retiens, me rappelant qu'à la suite de toutes mes observations, il m'a toujours été prouvé que j'avais tort. J'ai tellement confiance maintenant dans ce que vous affirmez, ton père et toi, que si l'un de vous me disait : Michel, on a trouvé moyen d'obtenir des grains sans semences, eh bien, vrai, je le croirais.

Le fils de Philippe. — Pendant son séjour chez ses parents, Maurice reçut la visite du fils de Philippe qui, ainsi que nous l'avons vu, était entré comme bouvier dans une ferme des environs.

Quoiqu'il l'eût eu pour camarade de classe, Maurice n'avait jamais été son ami, parce qu'il le trouvait avec raison jaloux, paresseux et batailleur. Mal élevé par son père qui lui donnait de mauvais exemples, gâté par sa mère qui se consolait en choyant son enfant du chagrin que lui causait son mari, le fils de Philippe aurait pu devenir un très mauvais sujet, et vraisemblablement, il en eût été ainsi, sans les catastrophes dont il fut témoin et qui firent sur lui une profonde et salutaire impression.

La malédiction de son aïeul, sa mort subite, l'enterrement à la suite duquel aucune main ne s'était tendue vers eux, la vente des biens, la misère qui était venue s'installer au foyer, la douleur de sa mère, le frappèrent si vivement qu'il prit la résolution de travailler et de gagner honnêtement sa vie.

On était satisfait de ses services à la ferme où il était bouvier, et s'il était venu trouver Maurice, c'est qu'il craignait d'en être chassé à la suite d'un événement récent.

Philippe, qui ne restait nulle part en place à cause de son caractère détestable, de son travail mauvais et irrégulier et de ses habitudes d'intempérance, cherchait dans le braconnage ses moyens d'existence.

Un jour qu'il tendait des collets dans une réserve de M. Germain, il fut pris sur le fait par le garde Lambert (fig. 121) qui lui dressa procès-verbal et le fit condamner par le tribunal correctionnel à quinze jours de prison et cent francs d'amende.

Fig. 121. — Un jour qu'il tendait des collets, il fut pris sur le fait par le gendarme Lambert.

Les domestiques de la ferme où travaillait le jeune Philippe lui avaient reproché la condamnation de son père et lui avaient laissé entendre que certainement le fermier le renverrait, parce qu'il ne voudrait pas avoir à son service le fils d'un braconnier et d'un prisonnier.

— Mon cher Maurice, disait-il, je t'en prie, demande à M. Germain d'intervenir en ma faveur ; ce n'est pas ma faute si mon père se conduit mal : je suis le premier à en souffrir... Tâche qu'on ne me chasse pas... Je suis utile à ma mère à qui je donne la plus grande partie de mes gages, car si elle n'avait eu que le salaire de mon père pour vivre, il y a longtemps qu'elle serait morte de faim. Avec ce qu'elle gagne en allant en journée et ce que je peux lui envoyer, elle parvient à payer son loyer et à avoir du pain... Ah ! s'il n'y avait que moi, je ne m'inquiéterais de rien. J'aurai bientôt l'âge d'être soldat ; je m'engagerais et je m'en irais bien loin, afin de ne plus être témoin de tout ce que je vois. N'est-ce pas? Maurice, tu parleras à M. Germain ; il connaît mon patron et un mot de lui suffira pour me sauver.

— Sois sans crainte, répondit Maurice ; il n'est pas possible que M. Germain, qui est la justice même, puisse t'en vouloir des fautes de ton père ; je lui parlerai, et dans le cas où ta crainte ne serait pas exagérée, je te promets qu'il interviendra en ta faveur.

— Merci ! Maurice ; tu es un bon garçon... ; je n'osais pas d'abord venir te trouver... Dans le temps, je n'étais pas camarade avec toi, tu ne te souviens de rien ; c'est gentil et je t'en suis reconnaissant... J'aimerais bien à travailler aux Ajoncs, parce que M. Durier est un bon maître ; mais à cause de mon père, qui viendrait à chaque instant me demander de l'argent et qui m'empêcherait de bien faire mon service, il vaut mieux que je sois un peu éloigné... Plus tard, si cela devient possible, prends-moi avec toi et tu verras comme tu seras content de moi.

Les vacances terminées, la santé de son père rétablie, Maurice quitta de nouveau Barville pour aller faire sa deuxième année à l'école pratique.

Retour à l'école pratique. — Maurice y

retrouva ses camarades qui furent heureux de le revoir, et ce fut gaiement que l'on reprit le cours des études interrompues.

Sans négliger aucune des matières de l'enseignement, Maurice étudia d'une façon particulière la zootechnie* et tout ce qui se rapporte aux soins à donner aux animaux, ainsi qu'au parti à tirer de leurs produits. Profitant de l'expérience qu'il avait acquise aux Ajoncs où, depuis quelques années, il voyait préparer le beurre, il proposa au directeur de l'École certaines améliorations pour la laiterie de l'établissement. Ses conseils furent suivis et les conséquences heureuses ne se firent pas attendre.

Fig. 122. — Un concours régional.

Il suivait aussi très attentivement la fabrication des fromages à pâte molle que l'on faisait dans la contrée. Ces fromages avaient de grandes qualités; mais leur affinage* laissait à désirer, à cause de l'humidité des caves où on ne pouvait les laisser séjourner tout le temps nécessaire.

Le concours régional. — Au mois de mai, un concours régional (fig. 122) eut lieu dans une ville voisine. Le directeur de l'École pratique, ayant été nommé commissaire à ce concours, offrit à Maurice de l'emmener pour le seconder et pour lui permettre de voir et de comparer les plus beaux types des différentes races d'animaux.

Le concours était très complet et très intéressant; aussi Maurice ne quittait pas l'enceinte de l'exposition, écoutant les appréciations des membres du jury, des éleveurs, et faisant son profit des conversations qu'il entendait.

Les principales races d'animaux domestiques. — L'espèce chevaline comprenait les animaux de demi-sang que la Normandie produit en grande quantité et qui sont utilisés pour la selle et le trait léger.

A côté d'eux, on voyait les chevaux de Tarbes et des Pyrénées, dont le Gouvernement se sert pour la remonte.

Plus loin, auprès de quelques chevaux limousins, également utilisés pour la cavalerie, se trouvaient des chevaux ardennais, que l'État achète particulièrement pour le train et l'artillerie.

Venaient ensuite les races de gros trait : les boulonnais qui traînent les voitures pesamment chargées, les bretons, les francs-comtois et les percherons qui donnent ces robustes animaux attelés aux camions et aux omnibus. Ce sont les percherons qui fournissent le plus souvent ces limoniers, si courageux, si solides, qui, dans les montées tirent plus que les autres, et qui, dans les descentes retiennent des poids de plusieurs milliers de kilogrammes.

Une section était réservée aux mulets. Ces animaux, originaires en grande partie du Poitou et des départements pyrénéens, sont très recherchés dans les pays méridionaux, où ils servent presque exclusivement de bêtes de trait. La production du mulet est une source de richesse pour les pays qui se livrent à cet élevage, par suite de l'exportation considérable qui s'en fait dans les pays voisins. L'étranger achète tous les ans à la France de quinze à dix-huit mille mulets, représentant une valeur d'environ seize millions de francs.

L'espèce bovine était brillamment représentée.

C'était d'abord la race normande, précieuse pour ses qualités laitières et sa facilité à l'engraissement; la race flamande, très bonne laitière également, et la petite race bretonne.

Plus loin se trouvaient les fémelins, originaires de la Franche-Comté; les charolais, au pelage blanc, qui fournissent des bêtes de travail et des animaux de boucherie excellents, les limousins ayant les mêmes qualités que les précédents; puis ensuite les parthenais, que l'on trouve dans les départements maritimes entre la Loire et la Garonne.

On y voyait également quelques échantillons des races méridionales, gasconne, garonnaise, pyrénéenne; des races du Plateau Central, Salers, Mézenc, Aubrac, et des races des Alpes parmi lesquelles se distingue la Tarine dont le berceau se trouve dans le département de la Savoie.

Il y avait aussi un ensemble remarquable d'animaux de races étrangères, nés et élevés en France, hollandais, fribourgeois, bernois, recherchés pour leurs qualités laitières, et enfin des durham, exclusivement aptes à la production de la viande et dont le principal mérite est la précocité.

En dehors des races françaises (crevant, berrichon, solognots, larzac, lauraguais, barberins), l'espèce ovine présentait des mérinos nombreux et choisis. Ces derniers animaux sont originaires de l'Espagne qui en défendait autrefois l'exportation sous les peines les plus sévères. Ce n'est qu'à la fin du siècle dernier que le roi d'Espagne, Charles IV, en donna un troupeau à Louis XVI. Le troupeau fut confié aux soins de Tessier qui créa la bergerie de Rambouillet, célèbre dans le monde entier. C'est de ce troupeau que sont sortis tous les mérinos français. Ces animaux sont recherchés pour leur laine abondante et fine.

Les races étrangères comprenaient des dishley et des southdown, originaires d'Angleterre, animaux de boucherie dont la qualité primordiale est la facilité à l'engraissement.

Si l'espèce porcine était peu nombreuse et ne présentait aux visiteurs que quelques craonnais, des berkshire et des yorkshire, par contre les animaux de basse-cour étaient nombreux et variés. Les coqs et les poules de la Cochinchine, de Houdan, de la Flèche, de Crèvecœur, de Dorking, de Yokohama, de Padoue; les canards de Rouen, les oies de Toulouse, formaient un ensemble remarquable.

Maurice, qui était plein de zèle et qui cherchait toujours à se rendre utile, s'était fait attacher aux épreuves pratiques des instruments pour lesquels des concours spéciaux étaient ouverts. Il put ainsi suivre de près les essais des machines nouvelles et apprécier leurs avantages et leurs inconvénients.

Pierre Durier achète un taureau. — Pierre Durier avait profité du concours pour venir passer quelques jours auprès de Maurice. Sur les conseils de celui-ci, il acheta un jeune taureau de formes irréprochables (fig. 123), en vue de l'amélioration de son troupeau. Quoique le prix en fût assez élevé, Pierre Durier, frappé des connaissances de son fils, s'était laissé convaincre et avait ramené le taureau aux Ajoncs. On l'avait placé dans une étable spéciale, spacieuse et aérée, afin qu'il pût se développer à l'aise, loin des autres animaux qu'il aurait pu troubler par son caractère ardent et difficile.

Maurice revient aux Ajoncs. — Maurice termina son année à l'École pratique, passa avec le plus grand succès les examens de sortie, fut classé le premier et revint aux Ajoncs où il trouva son cousin Jules installé à la ferme.

La santé de ce dernier était toujours languissante. Les

Fig. 123. — Pierre Durier, sur les conseils de son fils, achète un taureau.

médecins avaient déclaré à ses parents que le séjour de Paris lui serait funeste, s'il continuait à y demeurer et que l'air de la campagne pourrait seul, peut-être, le rétablir.

Pierre Durier, informé de cette grave situation, avait offert l'hospitalité à son neveu, et Jules habitait les Ajoncs depuis deux mois, quand Maurice y revint.

CHAPITRE VIII

LE FROMAGE DES AJONCS

Maurice est heureux de se retrouver au milieu des siens. — Le retour de Maurice aux Ajoncs avait fait renaître l'animation et la gaieté. Ce grand garçon était l'âme de la maison. Pendant les deux années qu'il avait passées à l'École pratique, le temps s'était écoulé, pour la famille Durier, triste et mélancolique. Dans la journée, quand le travail absorbait les pensées, on s'apercevait moins du vide causé par son absence ; mais au moment des repas et surtout le soir, pendant les longues veillées d'hiver, alors que Marthe Durier et Jeannette cousaient et que Pierre Durier lisait, les heures paraissaient s'écouler avec une lenteur désespérante. Bien souvent on les entendait dire :

— Ah ! si Maurice était là !

Lui revenu, tout changea. Dès le lendemain de son arrivée, il se remit au travail (fig. 124), comme s'il n'avait pas quitté les Ajoncs. Malgré les instances de ses parents qui voulaient qu'il se reposât et prît un peu de bon temps, dès l'aube, il était dans les champs, préparant les terres pour les semailles d'automne.

Fig. 124. — Dès le lendemain de son arrivée, Maurice se remit au travail.

— Que c'est bon ! disait-il à Michel, de se trouver au

milieu des siens, sur cette terre qui vous a vu naître et grandir. Certes, j'étais très heureux à l'École pratique, le directeur était un excellent homme qui me témoignait beaucoup de bonté ; j'avais des camarades que j'aimais et qui me rendaient mon affection ; mais quelle différence entre le travail que je faisais là-bas et celui que j'exécute ici ! Voyez-vous, Michel, il n'y a encore qu'un pays de beau, celui où l'on est né et qu'on habite ; il n'y a qu'une terre qu'on aime, celle qu'on possède et qu'on cultive.

A ses parents qui, en raison de l'excès de labeur qu'il s'était imposé pour passer ses examens, le pressaient de prendre des vacances, il répondait :

— Mais, je les prends mes vacances ; je me suis livré pendant ces derniers mois à des études qui m'ont un peu fatigué la tête ; ce qu'il me faut maintenant, c'est l'exercice et le grand air. Si vous saviez comme je me sens bien au milieu de nos luzernes, comme nos sainfoins me délassent !..... Vous voudriez que je ne fisse rien...? Mais rester inactif aux Ajoncs, cela me rendrait malade !

Pierre Durier, très heureux des sentiments exprimés par son fils, n'avait pas insisté.

Modifications à la culture proposées par Maurice. — Ensemble, Pierre Durier et son fils avaient parcouru le domaine, examinant et discutant les améliorations à y apporter. Maurice lui faisait part de ses idées et Pierre Durier, reconnaissant la justesse et appréciant la sagesse et la prudence avec lesquelles son fils voulait procéder, les avait approuvées.

Il avait été convenu que l'**assolement** serait réglé de

Leçon de choses : **Assolement.** — L'**assolement** est un système de culture qui consiste à partager une exploitation en diverses parties appelées **soles**, et à faire produire successivement à cha-

telle sorte que l'on pût produire le maximum de fourrages.

Avec le taureau que Pierre Durier avait acheté au concours régional et qui était superbe, Maurice comptait régénérer le troupeau par la sélection*, en gardant les animaux les plus irréprochables et en vendant ses autres élèves qui ne manqueraient pas d'être recherchés.

Essais de fabrication de fromages. — Maurice fit aussi part à son père d'un autre projet. Ayant remarqué que, toutes les fois qu'on peut directement tirer parti industriellement des produits agricoles, on obtient des bénéfices plus rémunérateurs qu'en les vendant tels que le sol ou les animaux les ont produits, il proposa à son père d'essayer la fabrication des fromages. Il se proposait d'utiliser, pour leur affinage*, les caves des carrières qui, très fraîches, très aérées, paraissaient présenter toutes les conditions voulues pour la réussite.

Comme il s'agissait d'essais, Maurice ne voulut traiter au début que de petites quantités de lait.

Son cousin Jules, qui avait des qualités d'organisateur, qui dessinait d'une façon charmante et qui aurait pu, si sa santé ne s'y était pas opposée, devenir un bon architecte, l'aida dans l'installation de la petite fromagerie. Trop délicat pour travailler au dehors, il

---

cune d'elles des récoltes différentes, mais de telle façon que les cultures se suivent dans un ordre déterminé et que les mêmes reviennent au bout d'un temps invariable.

Les assolements varient suivant les terrains. Les plus usités sont l'assolement **triennal** qui fait produire tous les *trois* ans la même récolte à la même terre, et l'assolement **quatriennal** qui ne ramène la même culture que tous les *quatre* ans.

Dans un assolement bien entendu, on prend soin qu'aucune récolte n'enlève à la terre les éléments nécessaires à la récolte suivante.

était enchanté de pouvoir rendre service selon ses moyens.

Ce fut dans le grenier de la maison que Maurice s'installa pour commencer sa fabrication. Au moyen d'une cloison, on le sépara en deux pièces, dont l'une fut affectée à la fromagerie et l'autre au séchoir. Dans la fromagerie, il plaça un fourneau pour obtenir la température nécessaire et une table dont la surface, entaillée de rainures longitudinales et transversales, avait une pente pour laisser écouler le petit-lait. Jules qui travaillait le bois comme un habile **menuisier**, plaça au séchoir, des tablettes (fig. 125) pour le séchage des fromages. Il mit également des planches dans la par-

FIG. 125. — Jules plaça des tablettes pour le séchage des fromages.

LEÇON DE CHOSES : **Menuisier** : Le **menuisier** est un ouvrier qui met en œuvre des bois *menus*, d'où le nom de menuisier.

La menuiserie tient une large place dans la *construction des bâtiments*; elle comprend les cloisons en planches, les portes, les fenêtres, les persiennes, les planchers, les escaliers, etc. La confection des *meubles communs*, tels que tables, chaises, armoires, rayons en bois blanc, bien que se rapprochant de l'**ébénisterie**, est encore de la menuiserie.

Les bois les plus employés par les menuisiers sont le sapin, le chêne, le hêtre et le peuplier.

Le menuisier travaille généralement sur un *établi*. Ses principaux outils sont le marteau, le maillet, le rabot, la varlope, la scie, le vilebrequin, l'équerre, les tenailles, la règle, le fil à plomb, etc.. Pour devenir habile dans son métier, le menuisier doit connaître les *éléments* de la *géométrie* et du *dessin linéaire*.

Avant 1789, les menuisiers formaient une *corporation* dont l'organisation remontait au quatorzième siècle.

tie des carrières que Maurice avait choisie comme offrant les conditions les plus favorables pour l'affinage.

Le soir, à la veillée, Maurice, Jules et Michel préparaient les moules, des nattes en jonc, des planchettes en bois de hêtre, des paillassons, des clayons et autres ustensiles pour la mise en forme, l'égouttage et le séchage (fig. 126).

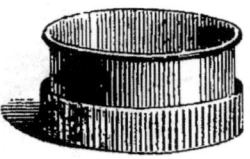

Moule.

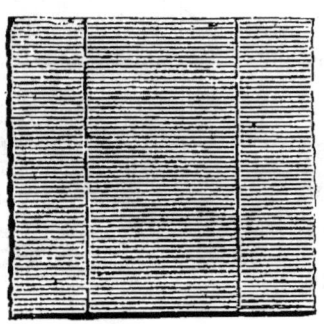

Paillasson.

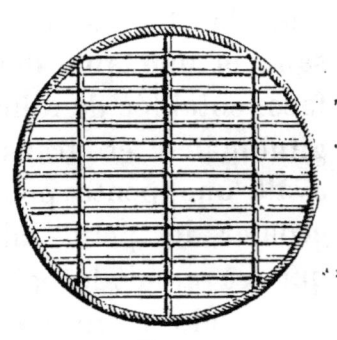

Clayon.

Fig. 126. — A la veillée, on préparait les ustensiles pour la mise en forme, l'égouttage et le séchage des fromages.

Ces préparatifs leur prirent un grand mois. Tous les loisirs que les travaux du dehors lui laissaient, Maurice les consacrait à cette installation. Jules, qui partageait l'ardeur de son cousin, sciait et rabotait toute la journée, et le soir, les deux jeunes gens, qui occupaient la même chambre, s'entretenaient encore de leurs projets avant de s'endormir.

Sans doute, dès le début, l'installation laisserait beaucoup à désirer; mais avant de faire des dépenses de constructions et d'aménagement, Maurice voulait se rendre compte des produits qu'il allait obtenir. S'il réussissait, il proposerait à son père de réserver tous les bénéfices réalisés sur la vente pour faire bâtir une fromagerie rationnellement organisée.

Quand l'installation fut achevée, Maurice fit cailler quelques litres de lait en y versant un peu d'extrait de présure*. Une fois le caillé bien formé, il le prit avec une cuiller et en remplit un certain nombre de moules qu'il rangea sur des planches ; puis il sala ses fromages avec du sel fin. Trois jours après, il les transporta au séchoir et les plaça sur des étagères disposées de façon à faciliter la circulation de l'air.

Chaque jour, les fromages furent retournés. Au bout de trois semaines, quand ils furent recouverts d'une moisissure bleuâtre, on les transporta dans les caves des carrières où, soir et matin, Maurice et Jules se rendaient pour surveiller attentivement l'affinage.

Les premiers fromages fabriqués laissent à désirer. — Enfin, le premier fromage fabriqué par Maurice fut soumis à l'appréciation des habitants des Ajoncs. La pâte en était grasse, mais elle manquait de finesse.

Maurice ne se montra pas satisfait.

— Si nous ne parvenons pas à mieux faire que les autres, disait-il, il est inutile d'entreprendre cette fabrication. Nous produisons du beurre qui se vend bien ; ce serait folie de se donner du mal, de courir les chances de ne pas trouver de débouchés, si nous ne devons pas tirer un plus grand profit de notre lait. Il est vrai que nous n'en sommes encore qu'à la période d'essais ; nous en dégusterons un autre demain et les jours suivants, afin de nous rendre compte du temps nécessaire pour l'affinage. Du reste, je me suis donné six mois pour arriver à mon but ; si, dans six mois, je n'ai pas obtenu le résultat que je cherche, j'y renoncerai.

La réussite. — Un jour, il eut l'idée de mêler du lait de chèvre au lait de vache, dans une proportion de cinq pour cent, et de faire subir les préparations ordinaires aux fromages fabriqués avec ce mélange. Il ne pensait plus à cette expérience, lorsqu'un soir, au souper, en faisant la dégustation habituelle, toute la famille (fig. 127) fut unanime à déclarer le fromage exquis et tout à fait supérieur aux autres. Il était fondant, la pâte était d'un blanc crémeux qui excitait

Fig. 127. — La famille fut unanime pour déclarer le fromage exquis.

l'appétit et son goût avait une finesse qui devait satisfaire les gourmets les plus difficiles.

Maurice, curieux de savoir à quoi il fallait attribuer cette supériorité, dit à Jules :

— C'est du 72, vois-donc ?

Jules courut chercher le cahier sur lequel il inscrivait les travaux de chaque jour et les préparations diverses, et, après avoir feuilleté, il lut :

— 72..... du 14 décembre, addition de lait de chèvre dans la proportion d'un vingtième.

— C'est le lait de chèvre! dit Maurice. Je dois avouer que lorsque j'essayais ce mélange, je ne comptais guère sur sa réussite. Voilà notre voie tout indiquée : à partir de demain, nous adopterons cette combinaison.

Un échantillon en avait été envoyé à M. Germain qui l'avait trouvé parfait et avait promis sa clientèle, lorsque la production serait regulière.

Deux mois après, la valeur des fromages ne laissait plus de doute : tous les échantillons avaient des qualités identiques. Il ne s'agissait plus que de les faire connaître.

La marque de fabrique. — Jules soumit un jour à la famille réunie un petit croquis qu'il venait de terminer et qui représentait très exactement la vue de la ferme. Autour du dessin étaient écrits en exergue les mots: *Ferme des Ajoncs, Durier, à Barville* (fig. 128).

Fig. 128. — La Marque de fabrique.

— Très joli, charmant, dirent successivement M. et Mme Durier, Maurice et Marie.

— Voilà qui ferait joliment bien sur l'enveloppe des fromages! ajouta Maurice; ou aurait une très jolie **marque de fabrique** et on empêcherait les contrefaçons…, malheureusement. cela doit coûter cher?

Leçon de choses : **Marque de fabrique; brevets.** — Afin de permettre à la clientèle de reconnaitre leurs produits, les fabricants ont l'habitude de placer, sur l'enveloppe qui les renferme, une étiquette spéciale avec *un dessin*, une *signature*, un *emblème* quelconque : c'est ce qu'on appelle la **marque de fabrique** ou **de commerce.** Le commerçant qui veut se conserver le droit exclusif de se servir de sa marque de fabrique, doit en déposer le modèle au greffe du tribunal de commerce de son domicile ou, à défaut, au greffe du tribunal civil. Celui qui se sert d'une marque de fabrique qui ne lui appartient pas est un **contrefacteur**, et devient passible de la *prison* et de l'*amende*.

Le **brevet d'invention** est un titre que délivre le gouvernement à l'auteur d'une découverte pour lui en assurer la propriété. Le

— Je voudrais, dit M. Durier, que Jules modifiât la légende, et qu'au lieu de Durier, à Barville, il mît Durier père et fils, à Barville.

— Mais papa, c'est vous qui êtes le propriétaire des Ajoncs.

— C'est vrai; mais si ces fromages réussissent et nous donnent des bénéfices, ce sera à toi que nous le devrons. En ce moment, d'ailleurs, il ne faut pas nous préoccuper de la parure des fromages ; il faut nous efforcer de les faire connaître. La prochaine fois que tu iras à la ville, tu en prendras un certain nombre que tu offriras aux hôteliers, aux marchands de comestibles pour les leur faire goûter; s'ils en sont satisfaits, il est certain qu'ils nous en commanderont; nous verrons alors ce que nous aurons à faire pour rendre le produit plus séduisant à l'œil et en faciliter l'écoulement.

Les fromages furent très appréciés et Maurice revint de la ville avec une commande, pour le prochain marché, de vingt-cinq fromages au prix de cinquante centimes. A ce taux, la fabrication du fromage était plus avantageuse que celle du beurre, attendu qu'on tirait vingt-cinq centimes par litre de lait et le petit-lait en plus, tandis qu'avec le beurre, le litre de lait ne rapportait que douze centimes ; il est vrai que, dans ce dernier cas, il restait le lait écrémé que l'on pouvait encore utiliser.

Une fois le procédé de fabrication bien établi, Marthe

---

brevet s'obtient sur simple demande et sans examen : aussi le gouvernement, qui n'en garantit pas la valeur, exige-t-il que tout brevet soit accompagné de la formule **S G D G** (*sans garantie du gouvernement*).

Les brevets ne se délivrent que pour *cinq*, *dix* ou *quinze* ans. Ils sont soumis à une *taxe annuelle* de cent francs. Le non payement de ce droit au profit de l'Etat entraîne la déchéance du brevet.

Durier s'était initiée à la préparation des fromages dont le débit augmentait peu à peu. Jules, qui tenait la comptabilité de la ferme, avait constaté que les dépenses nécessitées par les essais étaient déjà amorties, et que dorénavant, les bénéfices allaient se cumuler chaque semaine. Ainsi que Maurice l'avait proposé, ces bénéfices devaient être mis de côté pour la construction d'un bâtiment spécialement aménagé suivant les méthodes les plus perfectionnées.

Jules avait préparé les plans et les devis de cette fromagerie qui devait être bâtie à l'entrée des carrières, de façon à être contiguë aux caves d'affinage. La dépense était présumée devoir s'élever de quinze à dix-huit cents francs.

Pierre Durier conclut un marché avec un négociant de Paris pour la vente de ses fromages. — On était arrivé au mois d'août ; par une belle après-midi, une voiture s'arrêta à la porte de la ferme et un monsieur en descendit qui demanda M. Durier.

Jules, alla au devant de l'étranger, et lui répondit que son oncle était absent.

— Ne pourrait-on pas le prévenir ? reprit-il, car la communication que j'ai à lui faire est importante.

Jules envoya Jeannette à la recherche de Pierre Durier qui, accompagné de son fils, arriva peu de temps après.

— Monsieur, dit l'étranger, je suis très rond en affaires et je n'ai pas l'habitude d'aller par quatre chemins. Je suis un des principaux négociants en fromages de Paris. A l'hôtel où je suis descendu, on m'a servi hier soir et ce matin à déjeuner un fromage que j'ai trouvé très bon. C'est, m'a-t-on dit, un produit nouveau que vous êtes seul à fabriquer. Comme ce fromage me paraît devoir trouver des amateurs à Paris, je viens vous proposer de m'en expédier toutes les semaines une certaine quantité... Vous les vendez cinquante centimes la pièce, n'est-ce pas ?

— Oui, monsieur, répondit Pierre Durier.

— Eh bien, voulez-vous vous engager à m'en envoyer à partir du mois de novembre prochain cent par semaine, francs de port ?

— Permettez, monsieur, répondit Jules qui, pressentant le parti qu'on pouvait tirer d'une affaire se présentant dans de telles conditions, craignait que son oncle et Maurice n'accédassent trop facilement aux offres qu'on leur faisait, permettez, on les vend cinquante centimes à la ville, sans emballage ni transport... Et puis, ce n'est qu'un prix d'essai... Pour satisfaire à votre demande, il sera nécessaire d'augmenter l'outillage, de se procurer de nouvelles vaches, de bâtir une étable ; d'où des frais considérables qui ne permettent pas de livrer les fromages à moins de soixante centimes pièce, en gare, les frais de transport restant à votre charge.

L'étranger fut tout étonné d'entendre ce petit jeune homme discuter avec lui. Comme il le regardait, Pierre Durier se hâta de dire :

— C'est mon neveu, monsieur (fig. 129).

— Je tiens la comptabilité de la maison, reprit Jules, et, en vous parlant ainsi, j'ai voulu appeler l'attention de mon oncle sur les prix de revient... : c'est à lui de décider.

— Soit, dit le négociant, j'accepte le prix de soixante centimes, avec le port à ma charge ; mais j'ajoute une condition, c'est que j'en serai, à Paris, le seul dépositaire.

— Alors, monsieur, s'empressa de répondre Jules,

les conditions ne sont plus les mêmes... Vous m'autorisez, n'est-ce pas? mon oncle, à faire cette objection... Si nous acceptons vos propositions, monsieur, nous serons exposés à manquer la vente, dans le cas où d'autres marchands s'adresseraient à nous... Cela vaut un dédommagement, et je conseille à mon oncle de ne pas consentir à moins de quatre-vingts centimes par fromage.

— Ah! ce n'est pas raisonnable, fit l'étranger qui se leva.

Pierre Durier, craignant de manquer cette affaire, allait céder, quand Jules se hâta d'ajouter :

— Voyons, monsieur, soyez juste... Vous avez trouvé notre produit supérieur,

Fig. 129. — C'est mon neveu, monsieur!

puisque vous êtes venu nous faire des offres ; vous espérez en tirer un bénéfice tel que vous ne voulez pas nous en laisser vendre à vos confrères. Vous voulez un monopole... Cela se paye, un monopole... Si vous n'acceptez pas, maintenant que nous sommes fixés sur la qualité de notre fromage que nous savions bon, mais auquel nous n'osions attribuer une telle valeur, nous ferons des offres aux grands marchands de Paris qui, vraisemblablement, accepteront le prix de soixante centimes, sans nous demander d'aliéner notre liberté.

— Vous raisonnez très bien, mon petit ami; mais vous êtes trop exigeant... Voyons, Monsieur Durier, je fais l'affaire à soixante-quinze centimes... Voulez-vous?

— J'accepte, dit Pierre Durier, en frappant dans la main du négociant.

— Demain, reprit ce dernier, je vous invite à venir déjeuner à mon hôtel ; nous passerons ensuite chez votre notaire, dont vous voudrez bien me donner l'adresse, et nous signerons un traité. Il nous reste maintenant à nous entendre sur différents détails... D'abord, comment se nomme votre fromage?

— Mais il n'a pas de nom, dit Pierre Durier en riant.

— Il faut lui en donner un... Votre ferme ne s'appelle-t-elle pas la ferme des Ajoncs?

— Oui, monsieur.

— Eh bien ! voilà le nom tout trouvé : *Fromage des Ajoncs*... Maintenant il faudrait mettre une étiquette sur le fromage que vous envelopperez dans un papier **d'étain**.

— Jules, montre donc le projet que tu avais préparé, dit Maurice.

— Parfait, fit le négociant, en examinant le dessin ;

LEÇON DE CHOSES : **Étain.** — L'**étain** est un métal d'un blanc grisâtre, très mou et très malléable.

Il se rencontre dans la nature sous forme d'*oxyde* d'étain, soit en sable, soit en filons.

Les mines d'étain les plus importantes de l'Europe sont celles de Cornouailles en Angleterre. La presqu'île de Malacca, l'Allemagne, le Pérou fournissent aussi beaucoup d'étain. On en trouve également en France, mais en petite quantité.

L'étain est utilisé pour la *fabrication* d'une foule d'ustensiles d'usage domestique, tels que cuillers, assiettes, brocs, etc. On l'emploie pour l'**étamage**, opération qui consiste à couvrir d'étain certains métaux oxydables. Ainsi l'étamage du cuivre a pour objet d'empêcher la formation du vert de gris. Les feuilles qui servent à envelopper le chocolat, le sucre de pomme, etc., sont en étain.

L'usage de l'étain était connu des anciens qui envoyaient leurs vaisseaux s'approvisionner dans la Grande-Bretagne.

c'est vous qui avez fait ça ? Recevez tous mes compliments ; vous dessinez aussi bien que vous discutez les affaires... Il n'y a rien à changer... Si vous voulez, j'emporte votre projet, je le fais **lithographier** à Paris et on vous enverra des étiquettes au fur et à mesure des besoins. Ainsi, c'est entendu, à demain...; je vous attends tous les trois.

Dès que le négociant fut parti, Pierre Durier s'écria :

— Je n'ose croire à la réalité de cette offre, et si j'étais seul, je penserais avoir fait un rêve... Quinze sous mes fromages...! Ils ont donc des qualités extraordinaires ?

— Mais oui, mon oncle, et soyez certain qu'en ce moment le négociant se frotte les mains de la bonne affaire qu'il vient de conclure.

— Mais quel prix les revendra-t-il donc ? demanda Pierre Durier.

Leçon de choses : **Lithographie**. — La lithographie est l'art de reproduire par l'impression les dessins et écritures tracés au moyen d'un corps gras sur une pierre dite *pierre lithographique*.

Sur la pierre préalablement polie, on trace, avec un crayon gras, l'écriture ou le dessin que l'on fixe en lavant la pierre avec de l'*eau de gomme* additionnée d'*acide nitrique* ou *chlorhydrique*. Ce lavage a pour objet de rendre *insoluble* la partie tracée, et d'empêcher les parties intactes de la pierre de retenir les corps gras. On passe ensuite un rouleau couvert d'encre d'impression ; l'encre n'adhère qu'aux traits faits avec le crayon. On recouvre enfin la pierre d'une feuille de papier que l'on soumet à la pression d'un deuxième rouleau dont le poids est considérable.

Les meilleures pierres lithographiques viennent de Bavière ; on en trouve aussi en France, dans les environs de Dijon, de Châteauroux et de Périgueux.

L'application de la lithographie est assez récente ; elle ne remonte qu'au commencement du siècle, mais son développement a été rapide. Des artistes distingués ont reproduit, au moyen de la lithographie, les tableaux des grands maîtres et ont ainsi contribué à les vulgariser. Par l'emploi de papiers teintés et d'encres de couleurs diverses, on est arrivé à produire des lithographies qui ont l'apparence de l'*aquarelle* et celle de la *peinture à l'huile*.

— Un franc vingt-cinq ou un franc cinquante.

— Un franc cinquante, un petit fromage comme cela !

— Parfaitement, mon oncle, et dans les grands restaurants on les fera payer de deux francs cinquante à trois francs.

— Nous te devons une fameuse reconnaissance, mon garçon, dit Pierre Durier en frappant amicalement sur l'épaule de Jules ; sans toi, je les vendais dix sous, et je me serais estimé très heureux... Tu peux te vanter d'avoir le génie du commerce... Comme tu discutais avec ce monsieur ! Parole d'honneur ! je t'ai admiré.

— Si vous n'aviez pas cédé si vite, mon oncle, il aurait donné les quatre-vingts centimes.

— J'aurais eu un remords de les vendre si cher.. Mais puisque tu prends si bien nos intérêts, il est juste que tu participes à notre gain... Tu y as coopéré, tu en prendras ta part.

— Mais mon oncle, ce n'est pas...

— Oui, je sais ce que tu vas me dire, répondit Pierre Durier en l'interrompant. Ton père qui prétend que tu es à ma charge...! J'en voudrais beaucoup de charges comme ça qui me rapporteraient tous les ans de beaux bénéfices...! Dès demain, après le contrat signé, je lui écris que ta coopération dans cette affaire nous tient quittes l'un et l'autre, que je te garde à la ferme comme employé chargé de la comptabilité et de la correspondance, et que tu toucheras comme participation un sou par chaque fromage vendu. M'approuves-tu, Maurice ?

— Certainement, mon père... C'est très juste et je suis enchanté de vous voir aller au-devant de mes désirs.

Jules présenta quelques objections, mais il dut céder devant la volonté de son oncle... D'ailleurs, il était ravi, moins de l'argent qu'il allait gagner que du service qu'il avait rendu. Et puis la pensée de n'être plus à charge à ses parents et de se suffire à lui-même lui causait une satisfaction bien légitime.

Le lendemain, après un copieux déjeuner, le traité fut signé par-devant notaire. Le négociant ne récrimina plus sur le prix qu'on lui faisait payer; au dessert, en dégustant le fromage des Ajoncs qu'il arrosa de bon vin, il lui présagea un très bel avenir.

— Surtout, dit-il, ne laissez pas surprendre le secret

Fig. 130. — La fromagerie.

de votre fabrication... Je ne vous le demande pas, je n'en ai pas besoin; mais plus tard, quand ce fromage aura acquis de la renommée, des concurrents viendront, qui chercheront à vous imiter... Méfiez-vous aussi de vos domestiques; vous avez une fortune dans la main, ne la laissez pas échapper.

Construction de la fromagerie. — Sans retard, on construisit à côté des carrières un bâtiment qui contenait, au rez-de-chaussée, la fromagerie (fig. 130) avec tous les ustensiles les plus perfectionnés et le séchoir avec ses étagères à claire-voie ; au premier, deux chambres légèrement lambrissées, vastes et saines, contenant chacune un lit, un casier pour des livres, une commode et une table. Ces deux pièces étaient destinées à Maurice et à Jules.

Comme les carrières étaient presque contiguës à son jardin, Pierre Durier fit prolonger le mur de clôture, de façon à enfermer la fromagerie et l'entrée des caves dans l'enceinte de la ferme. Il prit sur ses champs une bande de terre pour y installer la porcherie, le clapier et la basse-cour. A leur place, il fit construire une nouvelle étable que l'extension donnée à la fabrication des fromages rendait nécessaire.

Enfin, pour nourrir ses animaux devenus plus nombreux, il dut affermer des prairies placées sur le bord de la rivière.

Madame Philippe entre au service de Pierre Durier. — Marthe Durier ne pouvant plus suffire à la besogne, son mari lui adjoignit madame Philippe qui fut employée à la préparation des fromages. Jeannette, aidée de Marie, s'occupait de la fabrication du beurre dans laquelle elle avait acquis une véritable habileté.

Activité de Maurice. — Ces travaux multiples faisaient régner à la ferme une grande activité. Maurice était partout : aux étables, pour surveiller les animaux ; aux champs, pour diriger les ouvriers ; à la laiterie, pour veiller à la bonne fabrication des fromages ; dans les prés, où se trouvaient les jeunes veaux dont il soignait l'élevage... Il avait la vivacité de son père avec la jeunesse en plus. Pierre Durier, qui commençait à se sentir fatigué et qui quelquefois souffrait de douleurs rhumatismales, se reposait souvent sur lui du soin de

LE FROMAGE DES AJONCS.

diriger l'exploitation. Quant à Jules, il s'occupait de la comptabilité et de la correspondance qui prenaient de jour en jour plus d'importance.

Installé dans le petit bureau du rez-de-chaussée, il y recevait les clients, discutait avec eux, n'appelant son oncle que pour lui soumettre les affaires dont il avait préparé les conclusions. Pierre Durier et Maurice, qui appréciaient son intelligence et sa finesse, ratifiaient toujours les arrangements qu'il avait pris.

Fig. 131. — Le soir, pendant l'hiver, la famille se tenait dans la grande salle du rez-de-chaussée.

Les veillées. — Le soir, pendant l'hiver, après le repas, la famille se tenait dans la grande salle du rez-de-chaussée (fig. 131). Pierre Durier mettait une bonne brassée de bois dans le feu et on attendait les amis.

M. Noël, mademoiselle Jamin, le fils Lambert étaient assidus à ces réunions intimes. Quelquefois, quand le temps était beau, M. Germain amenait Suzanne. Autour de la table, qu'éclairait une lampe à **pétrole**, les femmes

---

Leçon de choses : **Pétrole**. — Le **pétrole** est une matière minérale liquide, d'une couleur jaunâtre et d'une odeur âcre et désagréable. On l'emploie pour l'éclairage, bien que ce ne soit pas véritablement un *corps gras*. Le prix du pétrole est peu élevé;

travaillaient à l'aiguille tout en s'entretenant de leurs occupations, des recettes de ménage et quelquefois des événements qui s'étaient passés dans le pays, tandis que les hommes, assis en cercle devant le feu, parlaient des travaux des champs, de l'espoir des récoltes, du cours des grains, des nouveaux procédés de culture.

M. Noël, qui avait horreur des propos oiseux et des médisances, conséquences fatales des conversations qu'un sujet sérieux n'alimente pas, avait proposé d'employer une partie des soirées à la lecture. En dehors des livres et des journaux agricoles que Pierre Durier empruntait à la bibliothèque du comice, M. Noël, qui lisait très bien, leur avait fait connaître les plus beaux passages de nos grands littérateurs. Suzanne trouvant ses lectures un peu sérieuses, avait apporté quelques romans de Jules Verne qui avaient très vivement intéressé l'auditoire.

Ainsi employé, le temps passait d'une façon très agréable. Dès que neuf heures sonnaient à l'horloge, chacun se levait, prenait son manteau et regagnait sa maison, après s'être donné rendez-vous pour le lendemain.

Le troupeau des Ajoncs. — Sous la direction de Maurice, le troupeau des Ajoncs avait été complètement renouvelé et ne comprenait plus que des animaux de race très pure et d'une conformation parfaite.

---

mais il est d'un usage dangereux, car il s'enflamme facilement et peut faire *explosion*. On prétend que le pétrole peut être utilisé pour le chauffage des machines à vapeur; mais cet usage n'est pas encore entré dans la pratique.

Le *pétrole* se trouve dans l'intérieur de la terre, d'où on l'extrait au moyen de puits qui parfois sont jaillissants. Les environs de **Bakou** sur la mer Caspienne, au sud du Caucase, sont très riches en pétrole. Mais c'est la **Pensylvanie** (États-Unis) qui en fournit la plus grande quantité.

Avec une sûreté de jugement étonnante, Maurice discernait tout de suite si le veau qui venait de naître devait être conservé ou vendu à la boucherie. N'admettant pas la moindre tare chez ses élèves, il se défaisait de ceux qui présentaient des vices de conformation. Son père, qui lui reconnaissait une très grande compétence, suivait aveuglément ses avis et s'en trouvait bien, car les animaux reproducteurs des Ajoncs commençaient à avoir de la réputation dans les environs, et les cultivateurs de la contrée venaient en acheter pour améliorer leurs étables. La demande, de beaucoup supérieure à la production, avait fait naturellement hausser les prix, de telle sorte que la vente des animaux avait créé une nouvelle source de revenus pour la ferme.

Le fils de Philippe s'engage. — Un jour, Maurice venait de régler son compte avec le boucher de la ville, lorsqu'il rencontra sur la place de la Mairie le fils de Philippe.

— Tiens ! que fais-tu ici, lui dit-il, tu n'as donc plus ta place ?

— Non, je l'ai quittée ce matin ; je viens de m'engager.

— T'engager ? mais ta mère ne nous en a pas parlé !

— Elle ne le sait pas encore, j'allais le lui écrire.

— Pourquoi ne viens-tu pas aux Ajoncs ?

— J'ai honte de me faire voir au pays. Tout le monde n'est pas comme toi, Maurice, compatissant et juste... ; il y a des gens qui me reprocheraient la conduite de mon père et j'en éprouve déjà assez de chagrin, sans qu'à ce chagrin vienne s'ajouter le mépris des autres... Tu sais que mon père s'est encore fait condamner à la prison pour braconnage... J'ai obtenu la permission de le voir, pour lui faire mes adieux.

Hélas ! je ne l'ai pas trouvé tel que j'aurais voulu ; il s'est montré indifférent à mon départ et ne m'a parlé que de projets de vengeance... Ah ! Maurice, j'ai peur que tout cela ne finisse mal et qu'il n'arrive quelque jour un malheur... Aussi je préfère m'en aller... S'il y a du déshonneur, il me semble que, lorsque je serai loin, il m'atteindra moins que si je reste.

— Voyons, mon ami, interrompit Maurice, tu t'exagères les choses...

— Non, j'ai entendu les menaces de mon père et je crains d'être trop bon prophète... Seulement, je vais te demander un service, mon cher Maurice, et je fais appel à ton bon cœur et à ton âme généreuse. Demain, je verrai ma mère, car j'espère que vous lui permettrez de venir m'embrasser... pour la dernière fois peut-être.... Je lui remettrai toutes mes économies ; mais cela ne la mènera pas bien loin... Aussi je te prie en grâce de vouloir bien, quoi qu'il arrive, ne pas la rendre responsable des événements qui pourront survenir et de la garder à votre service... Ma pauvre mère, elle a été si malheureuse toute sa vie...! elle est si digne de pitié...! Tant que je la saurai aux Ajoncs, je serai tranquille, car je suis certain qu'elle ne manquera de rien, et si je viens à mourir, eh bien, je m'en irai avec moins de regret en pensant qu'elle est auprès de vous.

— Quelles tristes pensées tu as...! Il ne faut pas voir ainsi tout en noir.

— Ah ! mon cher Maurice, toi qui as pour père un honnête homme dont tu n'as reçu que de nobles exemples et dont tu as le droit d'être fier, tu ne peux te rendre compte des angoisses d'un fils qui rougit de son père, qui n'ose prononcer son nom et qui est forcé de baisser la tête et de se cacher devant le mépris encouru par celui qu'il devrait aimer et respecter... J'ai passé par de cruels moments, je t'assure, et, bien des fois, il m'est arrivé de souhaiter la mort.

— Je te plains bien, mon pauvre ami, reprit Maurice, et je te promets que nous n'abandonnerons jamais ta mère.

Après s'être donné une chaude poignée de mains, les deux jeunes gens se quittèrent (fig. 132), et Maurice revint tout songeur aux Ajoncs.

Il raconta la conversation qu'il avait eue avec le fils de Philippe et l'engagement qu'il avait pris.

— Tu as bien fait, mon enfant, dit Pierre Durier... Madame Philippe est une excellente femme, très malheureuse et très intéressante... Nous aurons soin d'elle..., son

Fig. 132. — Après s'être donné une chaude poignée de mains, les deux jeunes gens se quittèrent.

fils peut être tranquille...; je suis aussi très satisfait des bons sentiments de ce jeune homme... Quand il était enfant, il ne promettait pas trop de devenir un bon sujet...; l'école du malheur l'a amendé : cette pauvre madame Philippe aura au moins une consolation.

Le lendemain Pierre Durier autorisa la pauvre femme à aller recevoir les adieux de son fils. Elle lui portait une lettre de Maurice, qui contenait ces simples mots :

« Mon cher ami,

« Pars tranquille. Mon père a ratifié ma promesse : « ta mère ne nous quittera pas.

« Maurice Durier. »

Pendant les premiers mois qui suivirent le départ du jeune Philippe, aucun événement important ne se passa à Barville.

Prospérité des Ajoncs. — La prospérité qui continuait à régner aux Ajoncs avait été indirectement utile à tout le pays. La fabrication du beurre et du fromage avait eu pour conséquence l'augmentation du prix du lait et l'accroissement du nombre des animaux. Le bétail plus nombreux avait donné plus de fumier et les récoltes en étaient devenues plus abondantes.

Comme en économie rurale tout se tient et tout s'enchaîne, les cultures mieux soignées et plus rémunératrices avaient réclamé un plus grand nombre d'ouvriers. Les salaires avaient été augmentés, de sorte que dans la commune il n'existait plus de pauvres, chacun ayant de l'ouvrage et gagnant honorablement sa vie par son travail.

Philippe assassine le garde Lambert. — Seul Philippe ne trouvait pas d'emploi. Sa mauvaise conduite et son ivrognerie l'avaient fait renvoyer de chez tous les agriculteurs qui avaient essayé de l'employer... Il passait ses journées au cabaret, quand il avait de quoi payer sa consommation, ou bien, lorsqu'il se trouvait sans le sou, il parcourait le pays, cherchant les traces et les gîtes du gibier. Le braconnage était sa principale occupation et le seul moyen qu'il eût de se procurer un peu d'argent, par la vente en cachette de son gibier. Déjà, il avait été condamné pour ce délit et il était surveillé de très près par Lambert et les gendarmes.

Aussi leur avait-il voué une profonde haine, particulièrement à Lambert qui lui avait dressé plusieurs procès-verbaux. Maintes fois, il avait proféré des menaces contre le garde qui n'avait fait qu'en rire en disant :

— Bon, bon ! c'est un chien qui aboie, mais qui n'oserait pas mordre.

Malheureusement le chien allait mordre.

Un matin, au point du jour, Lambert, au bruit d'un coup de feu, était accouru et avait surpris Philippe au moment où celui-ci ramassait un lièvre qu'il venait de tuer.

— Ah ! vous êtes encore pris, dit Lambert... Une récidive, si peu de temps après votre dernière condamnation ! ça va vous coûter cher...! Vous êtes donc incorrigible ?

Et en parlant ainsi, il marchait vers lui pour saisir son fusil.

Philippe lui dit :

— Allez-vous-en.

— Comment ? que je m'en aille ?

— N'approchez pas, où il vous arrivera malheur.

— Voyons, voyons, pas de bêtises, fit Lambert en continuant de s'avancer.

— Allez-vous-en, vous dis-je, reprit Philippe en se reculant ; ne me tentez pas, ou je tire : il y a assez longtemps que j'ai envie de me venger de vous qui êtes cause de tous mes ennuis... Encore une fois, allez-vous-en, si vous ne voulez pas que je vous tue comme un lapin.

En disant ces paroles, il avait épaulé son fusil.

— A bas les armes, lui cria Lambert, en se précipitant sur lui.

Mais au même moment, Philippe lâcha la détente et le malheureux garde roula par terre foudroyé (fig. 133).

Philippe restait immobile devant ce cadavre, effrayé du crime qu'il venait de commettre.

— Je vais payer ça de ma tête, murmura-t-il ; mais aussi pourquoi s'acharnait-il après moi ?... Après tout la vie que je menais n'était plus supportable...; autant vaut en finir tout de suite.

Et ramassant le lièvre, il le glissa dans une poche intérieure de sa blouse, s'éloigna et gagna la ville, en prenant des sentiers détournés pour éviter le village.

Il vendit le lièvre à un aubergiste et son fusil à un brocanteur. Avec l'argent qu'il se procura ainsi, il entra dans un cabaret et se fit servir un repas copieux qu'il arrosa de nombreuses bouteilles de vin. Mais quoi qu'il fît, il ne put trouver l'ivresse...; il avait toujours devant les yeux le corps de Lambert gisant à ses pieds.

Fig. 133. — Philippe lâcha la détente et le malheureux garde roula par terre foudroyé.

Comprenant qu'il ne lui était pas possible d'échapper au châtiment, dégoûté de la vie, bourrelé de remords, il alla se constituer prisonnier chez le commissaire de police.

Des paysans, qui se rendaient à leur travail, avaient trouvé le malheureux garde baignant dans son sang et l'avaient rapporté chez lui.

Madame Lambert était dans la cour de Beauvoir au moment où l'on ramenait le cadavre de son mari. Elle crut d'abord à un accident et courut en disant :

— Lambert, mon pauvre Lambert, que t'est-il arrivé ?

Mais quand, lui ayant pris la main, elle sentit le froid de la mort, elle poussa un cri et tomba sans connaissance.

On monta le garde dans sa chambre, on le coucha sur son lit et, tandis que les uns s'empressaient auprès de madame Lambert, les autres allaient chercher son fils, avertir M. Germain et prévenir la gendarmerie.

Lorsque la pauvre veuve reprit ses sens, son fils était auprès d'elle; ils se jetèrent dans les bras l'un de l'autre et mêlèrent leurs larmes en disant : Mon pauvre mari ! mon pauvre père ! (fig. 134.)

Fig. 184. — Ils se jetèrent dans les bras l'un de l'autre, en disant : Mon pauvre mari ! mon pauvre père !

Puis tout à coup, Georges Lambert s'arracha des bras de sa mère et s'écria :

— C'est Philippe qui a assassiné mon père : je vais le venger...

— Arrêtez, Georges, dit M. Germain qui entrait en ce moment; si Philippe est l'auteur de ce crime, il sera puni...; nous n'avons pas le droit de nous faire justice nous-mêmes.

Pleurez votre excellent père qui vient de succomber, victime de son devoir... Je comprends le sentiment qui vous anime; mais, croyez-moi, mon enfant, le châtiment ne se fera pas attendre..., laissez à la loi le soin de l'appliquer

Madame Philippe avait, comme d'habitude, passé sa matinée à travailler aux Ajoncs. A son retour chez elle, à midi, elle ne trouva pas son mari. Mais elle n'en fut pas surprise, car Philippe était inexact.

Il faisait souvent de longues absences sans en prévenir sa femme qui, au courant de ses déplorables habitudes, ne lui demandait jamais l'emploi de son temps.

Elle n'avait pas voulu cesser d'habiter avec lui, d'abord parce qu'elle considérait comme un devoir de lui préparer ses aliments, de blanchir son linge et entretenir ses vêtements, ensuite parce qu'elle craignait que Philippe, complètement abandonné à lui-même, ne devînt encore pire qu'il n'était.

Elle espérait que sa présence le retiendrait. Elle pensait qu'un logis même pauvre et dénudé et la certitude de trouver une nourriture, quelque frugale qu'elle fût, pourraient être une sauvegarde pour lui. Elle n'ignorait pas que la faim et la misère sont mauvaises conseillères et que les natures perverses, poussées par le besoin, n'hésitent pas à commettre un crime pour se procurer ce qui leur manque.

Elle était donc occupée à couper le pain pour faire la soupe, quand les gendarmes arrivèrent et lui demandèrent où était son mari.

A leur vue, elle pâlit et leur répondit en toute sincérité qu'elle l'ignorait.

Les gendarmes fouillèrent la maison (fig. 135), défirent le lit pour voir si Philippe n'était pas caché entre les matelas, frappèrent sur les murs dans le but de s'assurer qu'il n'y avait pas quelque endroit pouvant servir de refuge.

Ils s'apprêtaient à s'en aller, quand elle leur demanda :

— Mais qu'y a-t-il donc...? pourquoi venez-vous faire des recherches ?

— Il y a que Lambert a été trouvé ce matin assassiné sur les terres de Beauvoir et qu'on soupçonne votre mari d'avoir fait le coup.

A ces paroles, madame Philippe éprouva une telle émotion qu'elle dut s'appuyer au mur pour ne pas tomber.

— Mon mari ! et pourquoi accusez-vous mon mari ?

— Parce que c'est un braconnier et qu'un bra-

Fig. 135. — Les gendarmes fouillèrent la maison de Philippe.

connier qui a un coup de fusil à sa disposition devient facilement un assassin, quand il est pris sur le fait... D'ailleurs, Philippe haïssait le garde-chasse qui l'avait fait condamner et il avait promis de se venger.

— On dit comme ça des choses dans le moment de la colère, répondit madame Philippe.

— Vous défendez Philippe, c'est naturel... Mais, au fait, dit un des gendarmes à son camarade..., il serait préférable qu'elle ne sortît pas...; elle sait peut-être où est son mari et serait capable d'aller le prévenir.

— Moi!... Vous m'arrêtez !

— Non, nous savons que vous êtes une honnête femme...; seulement nous vous empêchons de sortir.

— Mais je suis attendue chez M. Durier où vous savez bien que je travaille.

— Qu'à cela ne tienne.

Et, ouvrant la porte, le gendarme dit à un gamin qui passait dans la rue :

— Cours aux Ajoncs prévenir M. Durier que madame Philippe ne pourra pas aller à son ouvrage cette après-midi.

La surveillance dont madame Philippe était l'objet ne fut pas de longue durée, car bientôt on apprit que son mari s'était constitué prisonnier et avait avoué son crime.

La pauvre femme passa toute la journée en pleurs. La nuit arrivée, elle se rendit aux Ajoncs la tête baissée dans la crainte de rencontrer les regards des passants.

A peine avait-elle franchi la porte de la ferme qu'elle se trouva vis-à-vis de Marthe Durier.

Interdite, elle s'arrêta, n'osant plus avancer ; mais Marthe Durier alla au-devant d'elle et lui tendit la main.

Touchée de ce bon accueil qu'elle n'osait pas espérer, elle éclata en sanglots et tomba dans les bras de Marthe Durier. Celle-ci l'emmena dans sa chambre, où Pierre Durier vint bientôt les rejoindre.

Après avoir donné un libre cours à sa douleur, la pauvre femme s'écria :

— Que vais-je devenir ! Où me cacher ? Comment gagner ma vie ? Qui voudra de moi maintenant ?

— Madame Philippe, répondit Pierre Durier, personne n'a rien à vous reprocher... On ne peut vous rendre responsable des actes de votre mari.

— Vous dites cela, parce que vous êtes juste; mais quand j'aurai quitté le pays, quand je chercherai une place et qu'on saura que je suis la femme d'un meurtrier, chacun me repoussera.

— Pourquoi vous en aller? Vous avez un emploi ici et nous n'avons pas songé un instant à vous renvoyer.

— Vous...! vous me gardez! dit madame Philippe, levant les yeux sur Pierre Durier; oh! que vous êtes bons...! Mais vous ne pourrez pas..., tout le monde vous blâmera...; il vaut mieux que je m'éloigne, voyez-vous, pour vous et pour moi... Vous me donnerez un bon certificat, et comme j'accepterai n'importe quel emploi...

— On dira ce que l'on voudra, reprit Pierre Durier, mais vous resterez ici tant qu'il vous plaira... Nous sommes très satisfaits de votre travail... Vous avez déjà assez de sujets de chagrins...; n'ayez point d'inquiétude sur votre avenir.

Alors il lui raconta l'entrevue du jeune Philippe avec Maurice et la promesse que celui-ci lui avait faite de garder sa mère.

En entendant parler de son fils, la pauvre femme se cacha la tête dans les mains.

— Mon pauvre cher enfant...; Quand il apprendra ce malheur, quelle honte pour lui!

Il fut convenu qu'afin d'éviter les rencontres avec les habitants du village, madame Philippe viendrait aux Ajoncs avant le jour et s'en retournerait chez elle à la nuit close.

Le surlendemain, eut lieu l'enterrement du garde-chasse, accompagné par une foule émue et recueillie.

Sur sa tombe (fig. 136), M. Germain prononça quelques paroles. Il rappela d'abord la vie de Lambert, toute de dévouement et d'abnégation ; puis il prit l'engagement solennel de mettre sa veuve à l'abri du besoin, de lui assurer une existence calme et de veiller sur l'avenir de ses deux fils.

Fig. 136. — Sur la tombe de Lambert, M. Germain prononça quelques paroles.

Comme l'avait prévu madame Philippe, on blâma M. Durier de garder chez lui la femme d'un assassin, et quelques habitants du pays lui firent des observations à ce sujet. Il leur répondit que ce serait injuste et cruel de rendre cette infortunée solidaire des fautes de son mari, qu'il était satisfait de ses services, qu'elle était très à plaindre et qu'il regardait comme un devoir d'humanité de lui fournir les moyens de gagner sa vie par son travail.

M. Germain et M. Noël approuvèrent Pierre Durier, et bientôt on ne pensa plus à madame Philippe, qui évitait toutes les occasions de se faire voir. Cependant madame Lambert et son fils cessèrent de venir aux Ajoncs dans la crainte d'une rencontre qui leur aurait été pénible. Les relations entre les deux familles, qui avaient été très cordiales jusqu'à ce jour, se refroidirent.

Pierre Durier et Maurice en éprouvèrent un vif regret, car ils estimaient beaucoup Georges Lambert; mais cette contrariété ne modifia pas leur conduite : ils mettaient leur devoir au-dessus de leur intérêt personnel et ils comptaient sur le temps pour calmer et amortir l'irritation bien naturelle que la famille Lambert ressentait en ce moment.

Condamnation de Philippe. — Cependant le procès de Philippe s'instruisait rapidement. Il fut traduit devant la cour d'assises (fig. 137). Sa tenue fut très convenable... Il exprima un profond regret de son crime, et, publiquement, demanda pardon à madame Lambert et à son fils cités comme témoins.

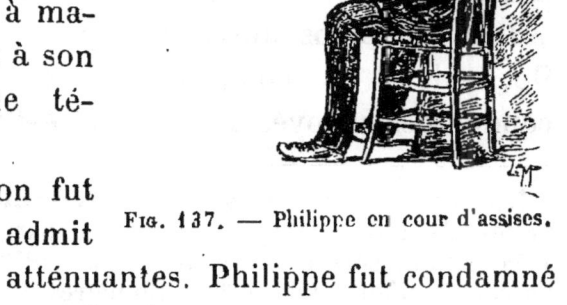

Fig. 137. — Philippe en cour d'assises.

La préméditation fut écartée, et l'on admit des circonstances atténuantes. Philippe fut condamné à vingt ans de travaux forcés.

Avant de partir, il demanda à voir sa femme une dernière fois. Celle-ci se rendit à la prison et eut une longue entrevue avec son mari qui la remercia d'être venue lui dire un suprême adieu. Il reconnut toutes ses fautes et avoua que son inconduite avait causé tous leurs malheurs.

— Ma pauvre femme! je t'ai bien fait souffrir! Si tu savais comme je me repens de mon horrible conduite... Je t'ai réduite à la misère... Que vas-tu devenir? C'est là ma préoccupation de tous les instants.

Quand elle lui eut dit que Pierre Durier avait promis de la garder et de lui donner du travail :

— L'excellent homme...! J'étais jaloux de lui, autrefois, parce qu'il valait mieux que moi... Tu lui diras que je le remercie et que je lui suis reconnaissant... Maintenant, ma chère femme, que je sais ton existence assurée, je m'en irai plus calme et plus courageux, si tu consens à me pardonner tous mes torts envers toi et si tu me donnes l'assurance que tu ne me hais pas.

— Je te pardonne! Philippe. Hélas! pourquoi ce retour au bien ne s'est-il pas produit plus tôt?

— Je t'écrirai et tu me donneras de tes nouvelles, n'est-ce pas? et de celles de mon fils, pour lequel je dois être un sujet de honte... Penses-y : là-bas, tes lettres seront ma seule consolation... Ne m'oublie pas... Adieu, ma chère femme, adieu pour toujours !

Peu de temps après, Philippe partit pour l'île de Ré, puis il fut compris dans le premier convoi de condamnés envoyés à la **Nouvelle-Calédonie**.

Leçon de choses : **Nouvelle-Calédonie**. — L'île de la **Nouvelle-Calédonie** (Océanie) découverte par le capitaine **Cook** en 1774, est une colonie française depuis 1853; elle est située dans l'océan Pacifique. Elle a 350 kilomètres de long sur 75 de large.

La capitale est *Nouméa*. Depuis une trentaine d'années, elle est affectée à la *transportation*.

Le climat de la Nouvelle-Calédonie, quoique chaud, est très salubre. L'île est fertile ; elle produit des bois estimés ; le café, le manioc, la canne à sucre et les plantes tropicales y sont cultivés avec succès. On y rencontre de riches gisements de **nickel**.

Les indigènes, appelés **Canaques**, sont belliqueux, anthropophages et peu accessibles à notre civilisation. Ils se sont révoltés plusieurs fois contre la domination française.

CHAPITRE IX

MAURICE SOLDAT

Le service militaire. — L'époque où chaque citoyen doit consacrer quelques années de sa vie pour apprendre le métier des armes et se mettre en état de défendre son pays au moment du danger, était arrivée pour Maurice qui venait d'accomplir sa vingtième année.

Marthe Durier voyait approcher avec angoisse l'instant fatal où il lui faudrait se séparer de son fils. Pierre Durier, plus calme, plus maître de lui, dissimulait les regrets d'une séparation qui allait lui enlever un compagnon, un confident et un ami.

Cet entrain, cette gaieté, cette animation que Maurice répandait autour de lui allaient disparaître... Pendant trois grandes années, on ne le verrait plus... Trois ans ! Comme tout serait changé à son retour !

Suzanne n'était pas moins affligée que madame Durier et Marie, et elle s'ingéniait à trouver le moyen de conserver Maurice à sa famille. Elle espérait, grâce aux relations de son père avec le préfet et le conseiller général du canton, appeler l'attention du conseil de revision sur la délicatesse de poitrine du jeune homme, conséquence de la grave pleurésie qu'il avait eue jadis et le faire réformer.

Les démarches devaient être tenues secrètes, car on soupçonnait que Maurice ne se prêterait pas à de pareils arrangements.

Mais il est bien difficile qu'un secret soit gardé par trois personnes. Maurice en eut connaissance et s'en montra très froissé.

— Comment avez-vous pu, dit-il à sa mère, accueillir un pareil projet, vous si droite et si loyale !... N'ai-je pas toutes les qualités physiques pour faire un excellent soldat ? Être exempté dans de pareilles conditions, serait une lâcheté, une désertion ; ce serait une mauvaise action qui empoisonnerait ma vie tout entière... Mon tour est venu de servir mon pays ; je ne veux pas me soustraire à ce devoir.

Et comme madame Durier, tout en l'approuvant du fond du cœur, laissait couler ses larmes :

— Voyons, ma chère mère, ne pleurez pas ; soyez forte. Moi aussi je souffrirai bien d'être séparé de vous tous, et soyez certaine que, lorsque je serai au régiment, ma pensée me reportera constamment au milieu de vous... Nous nous écrirons souvent...

Fig. 138. — Les conscrits.

Malgré les sollicitations de ses camarades, Maurice n'avait pas voulu orner son chapeau de pancartes et de rubans, ni prendre part aux libations que les conscrits ont coutume de faire le jour du tirage au sort (fig. 138).

D'ailleurs ces manifestations bruyantes ne signifient pas qu'on aime son pays et qu'on est heureux de le servir. Ce ne sont pas ceux qui ont le plus chanté le jour du tirage au sort qui seront les meilleurs soldats. Le vrai courage est calme, froid et raisonné.

A l'exception de ceux qui veulent faire leur carrière de l'état militaire ou qui s'engagent en devançant l'appel, les jeunes gens appelés sous les drapeaux regrettent presque tous de quitter leurs parents et d'abandonner leur profession. Ce sacrifice, que nous impose la loi, est rude et pénible ; mais il est nécessaire, car la France est une mère commune que nous devons chérir et défendre. Chargés de la protéger au cas où l'envahisseur voudrait violer ses frontières, nous lui consacrons les plus belles années de notre jeunesse, afin d'être en état, au grand jour du péril, de marcher contre l'ennemi, de le chasser de notre territoire, en faisant abnégation de nos biens, de notre famille et même de notre vie. C'est animé de ces pensées que Maurice passa les journées de la conscription et de la revision. Il reprit ensuite ses occupations journalières, s'occupant de la culture, de l'élevage et de la fabrication du beurre et du fromage. Puis il se préoccupa de trouver un bon ouvrier pour le remplacer quand il ne serait plus là ; en outre, il recommanda à Jules de distraire sa famille, de continuer les veillées et de faire en sorte qu'on s'aperçût le moins possible de son absence.

Maurice fait ses adieux à sa famille et à ses amis. — Enfin, il reçut sa feuille de route qui l'envoyait dans un régiment de ligne, en garnison dans un département du sud de la France.

La veille de son départ, il se rendit à Beauvoir pour prendre congé de M. Germain.

Celui-ci était sorti, et ce fut Suzanne qui le reçut en attendant le retour de son père.

— Mon pauvre Maurice, lui dit-elle, tu pars donc demain?

— Demain de grand matin, et je viens vous faire mes adieux.

— Comme c'est triste et comme nous allons nous ennuyer pendant ta longue absence!

— Que voulez-vous? Suzanne, c'est un devoir auquel nul ne peut se soustraire. Il faut se résigner et prendre bravement son parti.

— Quel heureux caractère tu as! Moi, je n'aurais pas ce calme et cette résignation... Enfin pourvu que tu reviennes!

— Comment?

— Oui, j'ai souvent entendu papa dire que le grand inconvénient du service militaire était de détourner les jeunes gens des travaux des champs et de les attirer vers les villes... Vois-tu si cette belle idée allait te prendre!

— Oh! répondit Maurice, ce n'est guère vraisemblable; serais-je assez fou pour chercher une place à la ville, quand j'ai une vie si agréable aux Ajoncs!

— C'est vrai, reprit Suzanne; mais tu es un bon sujet, tu te conduiras bien au régiment, tu obtiendras de l'avancement, tu deviendras caporal, sergent, officier peut-être... Pourvu que tu ne te laisses pas séduire par les honneurs et le plaisir de commander... C'est si flatteur de porter une épaulette d'or, d'avoir un bel uniforme, une épée au côté... Oh! ne fais pas cela, Maurice, reviens avec nous, jamais tu ne trouveras plus d'affection qu'ici... C'est déjà bien dur de se quitter pour si longtemps; il faut que nous ayons, pour nous consoler, l'espoir de nous revoir... Pense donc, j'aurai dix-sept ans quand tu reviendras, je serai une jeune fille.

— Rassure-toi Suzanne, dit M. Germain qui venait d'entendre les dernières paroles de sa fille, Maurice aime trop les Ajoncs, il en est trop fier, et avec juste raison, pour ne pas revenir dans ce cher domaine sitôt qu'il aura payé sa dette à la patrie... N'est-ce pas? Maurice.

— C'est tout à fait ma pensée, monsieur Germain.

— Alors je n'ai plus d'inquiétude maintenant, dit Suzanne; mais promets-moi de m'écrire souvent, afin de nous consoler de ton absence.

— Une jeune fille ne doit pas recevoir des lettres de militaires, dit M. Germain en riant.

— Oh! papa, Maurice n'est pas un militaire.

— Qu'est-ce donc alors?

— C'est Maurice tout simplement, répondit Suzanne.

Maurice soldat. — Les premières semaines passées au régiment parurent très pénibles à Maurice... Cette vie uniforme et monotone, ces mouvements toujours les mêmes, répétés à satiété, l'énervaient... Quand, les exercices terminés, les corvées accomplies, il se trouvait inoccupé, il ne savait que devenir...: il ne connaissait personne dans la ville et il détestait le cabaret. Comme on était en hiver et que le temps était horrible, il n'avait pas la ressource d'aller se promener dans la campagne pour examiner les travaux des champs...; aussi ses heures de loisir lui paraissaient-elles interminables... Souvent, au lieu d'errer par les rues dont il avait fini par connaître toutes les boutiques, il restait au quartier et passait son temps à lire et à écrire. A Barville, on avait très souvent de ses nouvelles et Suzanne n'était pas oubliée.

Les longues lettres que Maurice envoyait, réjouissaient ses parents et ses amis. On se réunissait le soir à la veillée pour les lire..., on causait du cher absent...

(fig. 139). On se chargeait à tour de rôle de lui répondre ; car il se plaignait de son isolement et laissait entendre que les nouvelles qu'il recevait lui donnaient du courage et de la gaieté, permettaient à son imagination de se transporter au milieu des siens et de partager leur vie pendant quelques instants.

Pour combattre son désœuvrement, Maurice avait offert ses services au fourrier de sa compagnie. Celui-ci, enchanté de trouver un soldat qui volontairement, voulait bien l'aider, avait accédé à sa demande avec empressement et l'avait même fait exempter de toutes les corvées. Grâce à cette occupation, Maurice finit par s'habituer

FIG. 139. — On se réunissait le soir à la veillée pour lire les lettres de Maurice.

à la vie militaire et les journées lui parurent moins longues. Enfin le retour de la belle saison lui permit de parcourir les campagnes environnantes. Au moment de la récolte, il obtint d'être compris au nombre des soldats que, chaque année, le Ministre de la Guerre met à la disposition des cultivateurs pour les travaux de la moisson; il eut le bonheur d'être envoyé chez un riche fermier qui, frappé de son habileté et de son intelligence et certain qu'il avait affaire à un jeune homme bien élevé, lui montra de l'intérêt et l'attira chez lui.

Maurice étudie les cultures de la contrée où il est en garnison. — Cette relation fut très agréable à Maurice. Il trouvait chez ce fermier une famille qui l'accueillait amicalement et auprès de laquelle il était heureux de venir passer de temps en temps quelques heures. Il lui fut ainsi facile de suivre de près différentes cultures nouvelles pour lui, telles que celles du tabac, du maïs, et du sorgho.

Le tabac. — Le tabac, dont l'État s'est réservé le monopole de la vente, n'est cultivé que dans un certain nombre de départements. Semé sur couche au mois de mars, le tabac est mis en place en mai, lorsque les

---

LEÇON DE CHOSES : **Tabac.** — Le tabac (fig. 140) est une plante de la famille des *solanées*. Il tire son nom de l'île de **Tabago** (petites Antilles) où il fut trouvé lors de la découverte de l'Amérique. Les indigènes aspiraient la fumée du tabac à l'aide d'un *calumet*.

Fernand Cortez envoya les premières graines de tabac à Charles-Quint, et, en 1560, **Jean Nicot** introduisit cette plante en France. Ceux qui les premiers usèrent du tabac en Europe furent tournés en ridicule. Dans certaines contrées, l'emploi en fut même interdit. Néanmoins l'usage s'en répandit peu à peu et aujourd'hui il est universel.

Le tabac se consomme de trois manières, en le prisant (*tabac en poudre*), en le mâchant (*tabac en corde*), en le fumant (*tabac en feuilles hachées*).

L'usage du tabac ne répond pas à un besoin naturel. C'est un plaisir factice qui se transforme en habitude. Dans certaines professions (marins, mineurs, égouttiers) et dans certaines contrées humides et marécageuses, l'emploi modéré du tabac peut être salutaire. L'abus du tabac produit un engourdissement général et émousse les facultés du cerveau. Il peut même amener des désordres très graves, car il contient un poison violent appelé **nicotine**. Le tabac est frappé en France de droits très élevés qui rapportent au trésor environ 400 millions par an.

Fig. 140. — Le tabac.

pieds ont atteint de huit à dix centimètres de hauteur, à raison de trente-cinq à quarante mille pieds à l'hectare. Un mois après, on pratique l'écimage, opération qui consiste à enlever la partie terminale de chaque tige, afin de favoriser le développement des feuilles. La récolte se fait vers le milieu de septembre. On procède ensuite à la dessiccation du tabac qui est enfin livré à l'administration.

Le maïs. — Le maïs se sème à la fin d'avril. Après avoir été butté, écimé et sarclé, il est récolté dans les derniers jours de septembre. L'égrenage se fait soit à l'égrenoir mécanique, soit avec la main qui froisse l'épi sur une tige de fer fixée à un banc.

Le maïs sert à la nourriture de l'homme et des animaux et sa paille a de nombreux emplois industriels.

Dans les pays du nord, où le maïs ne fructifie qu'exceptionnellement, on le cultive comme plante fourragère pour la nourriture du bétail qui en est très friand. On le conserve frais en l'enfermant dans des silos, ce qui permet de donner pendant l'hiver du fourrage vert aux animaux et de varier ainsi leur alimentation.

Le sorgho. — Le sorgho a quelque analogie, comme aspect, avec le maïs. Sa tige terminale en forme de plumet sert à fabriquer des balais. Ses grains sont donnés à la volaille et aux porcs. Cette plante constitue un excellent fourrage. Une variété de sorgho, originaire de Chine, renferme un jus susceptible de produire du sucre ou tout au moins de l'alcool.

Les volailles. — Dans cette contrée, l'élevage de la volaille tenait une place importante; les canards, les oies et les dindons y étaient particulièrement nombreux. Frappé de la voracité de ces volailles qui nuisent aux récoltes et salissent les prairies, Maurice se rendit compte du motif pour lequel son père n'avait voulu que des poules dans sa basse-cour.

Cette voracité est quelquefois mise à profit par les agriculteurs, ainsi qu'il fut permis à Maurice de le constater.

Un jour, il rencontra sur sa route un paysan qui conduisait une charrue et qui était suivi d'une troupe de dindons marchant gravement derrière lui.

Fig. 141. — Les dindons entraient dans le sillon et le nettoyaient à fond.

A la vue de ce cortège, Maurice intrigué suivit l'homme et les bêtes.

Quand le paysan fut arrivé sur les champs qu'il avait à retourner et qu'il eut commencé son travail, quel ne fut pas l'étonnement de Maurice de voir les dindons entrer dans le sillon et le nettoyer à fond (fig. 141) en mangeant des araignées, des **limaces**, des **vers blancs**

Leçon de choses : **Limaces**. — Les limaces (fig. 142) sont des *mollusques gastéropodes*. Elles ont le corps mou et allongé; leur peau est couverte d'une sécrétion visqueuse dont elles enduisent les corps sur lesquels elles rampent.

Fig. 142. — La limace.

Les espèces les plus connues sont : la limace rouge, dont la couleur varie du jaune orangé au brun

et de tous les insectes que le versoir mettait à découvert.

Étienne Durier perd sa place et vient habiter Barville. — Laissons notre jeune soldat finir sa première année de service militaire et étudier sa théorie afin de pouvoir obtenir les galons de caporal, et retournons à Barville où nous trouverons Étienne Durier, sa femme et sa fille qui viennent de s'y installer.

A la suite d'un changement de propriétaire dans la

---

sombre; la **grande limace grise**, qui se trouve dans les caves et les lieux humides; la **petite limace grise** ou *loche*, qui se rencontre dans les jardins potagers.

Les limaces sont très répandues en Europe et dans l'Amérique septentrionale. L'hiver elles s'enfoncent dans le sol. Pendant la belle saison, elles se nourrissent de végétaux et de fruits et causent de grands dégâts dans les jardins. Pour les écarter, on entoure de cendre ou de suie les parties que l'on veut protéger.

LEÇON DE CHOSES; **Vers blancs.** — Le **ver blanc** (fig. 143) ou *man* est la *larve* du hanneton. Cet animal d'un blanc sale a six pattes. Il dévore les racines des plantes et cause ainsi des dégâts considérables, car ce n'est que trois ans après sa sortie de l'œuf qu'il se transforme en hanneton ou insecte parfait.

Le **hanneton** (fig. 144) apparaît à la fin d'avril; il vit sur les arbres dont il mange les feuilles, et meurt au bout de cinq ou six semaines, après avoir pondu ses œufs.

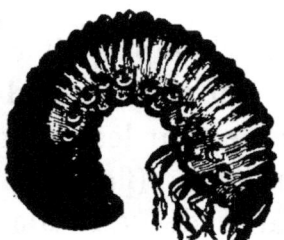

FIG. 143. — Le ver blanc.   FIG. 144. — Le hanneton.

Pour se préserver des ravages causés par les hannetons et les vers blancs, les agriculteurs ramassent les hannetons au moment de leur apparition et les détruisent. Quant aux vers blancs, il est plus difficile de s'en débarrasser. Si l'on passe au **scarificateur** les champs qui en sont infestés, ils sont ramenés à la surface du sol et l'on peut alors les faire périr. Heureusement que les **taupes** en mangent de grandes quantités.

maison de commerce où il était employé depuis plus de trente ans, Étienne Durier avait été remercié pour faire place à un ami du nouveau patron.

La perte de son emploi lui avait porté un coup terrible. Tous ses projets d'avenir se trouvaient renversés. Maintenant que ses enfants étaient élevés et ne lui étaient plus à charge, car Fabienne, qui venait de passer ses examens, commençait à donner des leçons, il espérait, en travaillant encore plusieurs années, réaliser quelques économies qui lui permettraient de laisser après lui un petit héritage. Sa vie désorganisée, l'inquiétude du lendemain, le rendirent sombre et taciturne. Il perdit l'appétit et le sommeil.

Estelle Durier, qui était restée en correspondance affectueuse et suivie avec sa belle-sœur, lui avait annoncé leur malheur et ne lui avait pas caché ses inquiétudes au sujet de l'état de son mari.

Pierre Durier, décidé à réagir contre les idées noires de son frère, l'avait prié de venir auprès de lui. Après de nombreuses hésitations, Étienne avait fini par céder aux instances de Pierre, et les deux frères qui ne s'étaient pour ainsi dire plus vus depuis leur enfance, avaient renoué des liens d'affection que le hasard de la vie et l'aveuglement paternel avaient relâchés.

Le changement d'air et de milieu, le calme et le repos avaient exercé une influence salutaire sur la santé d'Étienne qui, malgré ses regrets de ne pouvoir demeurer à la campagne, parlait déjà de repartir pour chercher une nouvelle situation.

Mais Pierre Durier pensait qu'avec ses petits revenus, de l'ordre et de l'économie, son frère pourrait vivre à Barville. Il l'emmena un jour visiter une maison bien exposée, entourée d'un jardinet rempli d'arbres fruitiers en plein rapport.

13.

— Comment trouves-tu cette maisonnette ? lui dit-il.

— Charmante ! mon rêve eût été d'en avoir une pareille, si mes projets avaient pu se réaliser.

— Elle est à vendre et tu pourrais l'acheter dans de bonnes conditions.

— Qu'en ferais-je ? puisque je ne peux pas l'habiter.

— Habitué à la vie de Paris, tu ne te rends pas compte du bon marché de l'existence à la campagne.

— Encore si l'avenir de Fabienne était assuré ; mais ce n'est pas à Barville qu'elle trouvera des leçons ?

— Qui sait ?

— Tu plaisantes, mon cher Pierre.

— Nullement ; il y a quelques années, quand ta femme et tes enfants sont venus ici, Suzanne Germain s'était prise d'une grande amitié pour ta fille, et un jour apprenant que Fabienne travaillait pour devenir institutrice, elle lui avait demandé de venir faire son éducation... Fabienne le lui avait promis... Suzanne ne l'a pas oublié et son père m'a chargé de te pressentir pour savoir si cette situation t'agréerait et conviendrait à ta fille. Les appointements seront très convenables et permettront à Fabienne de se constituer une petite dot avec ses économies.

— Fabienne, répondit Étienne Durier, m'avait bien autrefois parlé de ce projet ; mais je n'y avais prêté aucune attention... D'après ce que tu me dis, je vois que c'est sérieux et je vais écrire à Fabienne : si elle accepte..., alors nous nous consulterons, Estelle et moi... et il est probable que nous préférerons venir nous retirer ici près de nos enfants et vivre très modestement, mais sans tracas, sans inquiétude, au milieu de tous ceux que nous aimons.

Courrier par courrier, Fabienne répondait qu'elle serait très heureuse de se consacrer à l'instruction de

Suzanne, et en même temps, elle annonçait son arrivée et celle de sa mère.

Maurice vient voir sa famille. — Maurice était caporal depuis quelque temps, lorsqu'il tomba malade. Pour se rétablir complètement, il obtint un congé de convalescence qu'il vint passer dans sa famille.

Son oncle et sa tante, dégoûtés de Paris où ils s'étaient donné tant de mal sans pouvoir économiser beaucoup, malgré leur ordre et leur bonne conduite, habitaient Barville, depuis trois mois déjà.

On devine avec quel bonheur le jeune caporal fut reçu et quelle joie il éprouva de se retrouver auprès de ses parents et de ses amis.

Mort de Jules. — Mais le congé de Maurice fut attristé par un cruel événement.

Depuis qu'il habitait les Ajoncs, où il était arrivé dans un état déplorable, et presque condamné par les médecins, Jules avait pu se soutenir grâce au bon air de la campagne, au repos dont il jouissait et à l'hygiène sévère qu'on lui avait imposée.

Chaque été, avec le retour des beaux jours, sa santé s'améliorait, et sa famille se prenait à espérer sa guérison; mais aux premiers froids, la toux et les crachements de sang revenaient et faisaient renaître de nouvelles inquiétudes.

Peu après l'arrivée de Maurice, des brouillards très froids s'élevèrent du fond de la vallée qui amenèrent la recrudescence de la maladie de Jules. Ses poumons trop faibles ne purent supporter ce nouvel assaut et le jeune homme succomba à l'affection qui le minait depuis son enfance.

Le médecin qui lui donnait des soins et qui depuis longtemps ne conservait aucun espoir de le guérir, n'avait pas cru devoir cacher la situation à Pierre Durier.

— Ce jeune homme, lui avait-il dit, est une victime de la vie des grandes villes. Né avec une poitrine délicate, il lui aurait fallu l'exercice, le grand air, la nourriture frugale et saine des campagnards. Au lieu de cela, il a dû vivre enfermé dans ces petits appartements sans jour et sans soleil, où le corps le plus robuste s'étiole et s'anémie. Je me le rappelle lorsqu'il est arrivé ici, je le croyais voué à une mort prochaine. Cependant il a vécu six ans. Si la campagne lui a prolongé ses jours, alors qu'il portait en lui le germe mortel de la maladie qui l'a enlevé, que n'aurait-elle pas fait si tout jeune il était venu l'habiter ?

Maurice éprouva un immense chagrin. Jules était pour lui un véritable frère auquel il confiait toutes ses pensées, faisait part de tous ses projets et de toutes ses espérances. C'était Jules qui l'avait aidé dans la préparation des premiers fromages, qui avait fait conclure par son intelligence, un traité avantageux avec le négociant de Paris ; c'était sur ses plans que la fromagerie avait été construite ; c'était lui enfin qui avait dessiné la marque de fabrique de leurs produits. Il semblait à Maurice qu'un vide affreux venait de se creuser auprès de lui, un vide que rien dans l'avenir ne pourrait combler. Dans sa douleur, il bénissait le ciel de s'être trouvé là pour recevoir son dernier soupir, le veiller jusqu'au dernier moment et le conduire à sa dernière demeure.

Les parents de Jules, quoique bien inquiets depuis longtemps, ne pouvaient sécher leurs larmes. Étienne Durier qui était inoccupé et qui, par suite, ne trouvait aucun dérivatif à sa douleur, était encore plus accablé que sa femme. Il restait absorbé des journées entières, songeant à son fils auprès de la tombe duquel il passait la plus grande partie de son temps.

Pierre Durier préoccupé de l'état de son frère, fit part de ces inquiétudes à Maurice qui lui dit :

— Il faudrait que mon oncle pût trouver l'emploi de son temps... il était habitué au travail; l'oisiveté lui sera certainement funeste.

— C'est vrai; mais que peut-il faire à Barville ?

— Remplacer son fils chez nous... L'expédition du beurre et du fromage entraîne une correspondance et une comptabilité peu compliquées; mais cependant trop considérables pour que vous puissiez seul y faire face. Il faudra donc que vous preniez quelqu'un pour vous aider. Ce travail occupera mon oncle et lui permettra avec la rémunération que vous lui donnerez d'augmenter ses revenus qui sont bien faibles.

— Tu as raison, Maurice, je n'y avais pas songé... Mon frère ne demandera pas mieux, j'en suis convaincu, que de remplacer son fils..., et il éprouvera un charme douloureux à cette occupation qui lui rappellera à toute minute son cher absent.

Le régiment de Maurice est envoyé en Afrique. — Maurice regagna sa garnison. Six mois après, son régiment était envoyé en Afrique. Quel que fût son regret de quitter la France et de s'éloigner encore des siens, il se félicitait du hasard qui lui permettait d'effectuer un voyage en Algérie et de voir des cultures et des productions qui lui étaient inconnues.

Après avoir débarqué à Alger, son bataillon fut dirigé sur Bouffarik.

C'était heureusement débuter. Bouffarik est une des villes les plus agréables de l'Algérie. Placée dans la Mitidja, elle est au centre des cultures les plus avancées. Ici, ce sont d'immenses vignobles créés depuis longtemps, auxquels s'ajoutent chaque jour de nouvelles plantations; plus, loin des cultures de primeurs, petits pois, fèves, haricots verts, artichauts qui s'expédient pendant l'hiver sur les marchés du continent; ailleurs, des plantes à parfums, roses, géraniums, jasmins, tubéreuses, comme dans les environs de Nice.

En parcourant cette contrée si riche, en se promenant sous les frais ombrages de cette ville si coquette et si française, il admirait ce que peut faire la volonté et l'énergie de l'homme. Cinquante ans auparavant, Bouffarik, situé au milieu d'eaux stagnantes, était réputé comme un des endroits les plus malsains de l'Algérie. Les fièvres paludéennes* y décimaient nos soldats, et les premiers colons qui s'y établirent payèrent de leur vie cette audace; cependant leur ardeur ne se ralentit pas. On donna de l'écoulement aux eaux, on planta des arbres, les récoltes succédèrent aux récoltes et aujourd'hui Bouffarick est regardé comme une des localités les plus salubres de la colonie.

Les oranges. — De Bouffarick, le bataillon de Maurice fut envoyé à Blidah, où il arriva au moment de la récolte des oranges. Maurice venait d'être nommé sergent. Il s'empressa d'annoncer cette bonne nouvelle à sa famille et il lui envoya en même temps une caisse de mandarines accompagnée d'une lettre dont nous extrayons le passage suivant :

« **Mes chers parents,**

« Pendant que vous souffrez du froid et que la neige
« couvre vos champs, nous jouissons ici d'une tempé-
« rature printanière. Les pluies de l'automne ont fait
« reverdir la campagne ; la terre est recouverte de
« fleurs, et, n'était le calendrier qui rappelle que l'on
« est en décembre, on se croirait au mois de mai.

« Je viens d'être promu sous-officier. Je suis très

« heureux de cet avancement qui va me rendre la vie
« militaire beaucoup plus agréable. Aussi, pour que
« vous fêtiez mon nouveau grade, je vous envoie une
« caisse d'oranges cueillies devant moi.

« Blidah renferme de nombreuses orangeries, qui
« sont arrosées par des canaux d'irrigation très ingé-
« nieusement aménagés et qui sont dérivés de l'*Oued-
« el-Kébir*, dont les eaux sont retenues par un barrage
« (fig. 145) établi à l'entrée des gorges du petit Atlas.

Fig. 145. — Barrage de l'Oued-el-Kébir, à Blidah.

« Les fruits, après avoir été cueillis, sont versés sur des
« nattes en palmier où les femmes coupent la queue du
« fruit et le mettent dans des paniers qui sont trans-
« portés dans des magasins. Là, les oranges, placées
« sur de la paille, achèvent de murir; puis, au bout de
« cinq à six jours, elles sont triées suivant leur gros-
« seur et expédiées sur les marchés du continent.

« Cette culture est très rémunératrice. Une orangerie
« rapporte au moins 800 francs net par hectare et quel-
« ques-unes rapportent beaucoup plus [1].

---

1. L'Algérie exporte en France, année moyenne, 4 millions de kilo-

« Les olives qu'on va bientôt récolter m'ont rappelé
« les promenades que je faisais avec M. Germain lors-
« que nous étions à Cannes; j'ai pu apprécier une fois
« de plus combien étaient exacts et précis les rensei-
« gnements qu'il me donnait. En Afrique, les oliviers
« sont des arbres énormes qui sont aux oliviers de la
« Provence ce que chez nous les noyers sont aux noi-
« setiers. Il paraît que la **Kabylie** en possède d'ad-
« mirables; peut-être l'imprévu de la vie militaire me
« fournira-t-il l'occasion de les voir . . . .

. . . .

La lettre de Maurice entrait ensuite dans de nombreux détails sur ses occupations quotidiennes, demandait des renseignements sur ce qui se passait aux Ajoncs, et joignait un mot de souvenir et d'affection pour tous ceux qu'il aimait.

Maurice était à Blidah depuis quelques mois à peine, avec l'espoir d'y finir tranquillement son service mili-

---

LEÇON DE CHOSES : **Kabylie**. — La **Kabylie** est une partie du territoire algérien, située au nord-est de la province d'Alger, sur la limite de celle de Constantine, dans un massif montagneux appelé **Djurdjura**, qui est une ramification de l'Atlas. **Tizi-Ouzou**, sous-préfecture du département d'Alger, se trouve en Kabylie.

Le Kabyle de race berbère peut être considéré comme le véritable habitant indigène de l'Afrique septentrionale. Refoulé dans les montagnes par les invasions successives dont l'Algérie a été le théâtre, converti à l'islamisme, il n'a rien de commun avec l'Arabe qui est un nomade. Les Kabyles sont travailleurs et industrieux; ils vivent dans des villages et possèdent une véritable organisation communale. Leur situation au milieu des montagnes escarpées leur a permis de rester longtemps indépendants.

Ce fut en 1857 que la France, par une dernière expédition, acheva la conquête de la Kabylie, et assura sa soumission par la construction du **Fort-National**, place de guerre qui domine le pays.

---

grammes d'oranges, représentant une valeur de 2 500 000 francs environ. L'Espagne est le principal pays de production de ce fruit. Elle en expédie chaque année en France environ 40 millions de kilogrammes. L'Italie n'en envoie que 2 500 000 kilogrammes.

faire, lorsqu'un mouvement insurrectionnel éclata dans le Sud. Son régiment, désigné pour faire partie de la colonne chargée de rétablir l'ordre, fut dirigé sur les hauts plateaux [1].

Les cultures algériennes. — En traversant l'Algérie du nord au sud, il se rendit compte des ressources agricoles de notre colonie qui n'attend que des bras pour être fécondée, et qui, par ce qu'elle produit, quelques années seulement après la conquête, montre ce qu'elle pourra donner après une longue période de paix et de travail.

Les principales productions algériennes sont les céréales, la vigne, l'alfa, le tabac, le liège, les dattes.

Les céréales occupent une superficie de plus de 3 millions d'hectares, dont la plus grande partie (2 376 000 hectares) est cultivée par les Arabes. Les rendements sont extrêmement faibles et ne dépassent pas en moyenne 7 hectolitres à l'hectare. Il faut remarquer que l'Arabe se borne à gratter la terre avec une charrue des plus primitives, qu'il ne débarrasse pas le sol des plantes sauvages et qu'il ne le fume jamais. Les Européens obtiennent des résultats un peu supérieurs, mais encore bien faibles, eu égard à la fécondité de ce pays qui fut autrefois le grenier de Rome. Il y a lieu de remarquer que la production du blé dur est plus importante que celle du blé tendre, et que l'orge tient une place considérable, car elle occupe plus de la moitié de la surface ensemencée en céréales. Elle remplace l'avoine pour la nourriture des chevaux.

La culture de la vigne a pris un très grand dévelop-

---

1. L'Algérie est divisée en trois zones parallèles à la mer : 1º Le Tell qui est la partie la plus au nord et qui longe la Méditerranée ; c'est la région la plus petite et la plus agréable à habiter ; 2º Les hauts plateaux au sud du Tell dont l'altitude est de 8 à 900 mètres ; 3º enfin le Sahara ou région des Oasis.

pement en Algérie depuis la destruction des vignobles méridionaux de la France par le phylloxera. Au début, les vins algériens, mal préparés, ne trouvaient pas de débouchés ; peu à peu les colons ont amélioré leur vinification, et grâce aux progrès réalisés, les vins algériens entrent aujourd'hui dans la consommation de la métropole.

Les forêts produisent en abondance les chênes-lièges, dont l'exploitation prend chaque jour une plus grande importance. L'écorce de ces arbres fournit le liège dont les emplois industriels sont connus. Pendant longtemps, cette richesse forestière n'a pu être utilisée par suite de l'absence de routes nécessaires à l'expédition facile des produits et aussi en raison des incendies allumés par les Arabes, soit par malveillance, soit par incurie, soit pour augmenter leurs terres de parcours.

Sur les hauts plateaux, c'est-à-dire sur ces plaines élevées qui séparent le Tell du Sahara se trouve l'alfa qui couvre environ 5 millions d'hectares.

L'alfa est une plante fibreuse utilisée pour la fabrication du papier et des objets de sparterie *. Le principal centre de production de cette plante se trouve dans la province d'Oran aux environs de Saïda. Un chemin de fer spécial a été établi pour faire arriver économiquement les ballots d'alfa au port d'Arzew, d'où ils sont expédiés en Europe et particulièrement en Angleterre.

Sur les hauts plateaux vivent également en grande abondance les moutons dont l'élevage appartient presque exclusivement aux Arabes qui sont surtout un peuple pasteur. Ces immenses territoires pourraient nourrir vingt millions de moutons et suffire largement aux besoins de la France, tandis qu'elle est obligée chaque année de s'adresser à l'Allemagne pour lui demander les animaux de l'espèce ovine nécessaires à sa consommation.

Après l'expédition contre les tribus rebelles, le bataillon de Maurice fut dirigé sur Laghouat, dans une oasis du Sahara, à cent lieues au sud d'Alger.

Les oasis. — L'oasis est une partie du désert où se trouve en abondance l'eau qui permet à la végétation de se développer avec une richesse et une puissance extraordinaires. Le principal produit de l'oasis est le palmier-dattier (fig. 146), dont le fruit sert de nourriture aux indigènes et forme un important article d'exportation. Sous le palmier, poussent les orangers, les céréales, les fruits et les légumes de toute sorte.

Fig. 146. — Le palmier-dattier donne un fruit qui sert de nourriture aux indigènes.

La fertilité des oasis est en raison directe de la quantité d'eau qui les arrose; aussi les rigoles d'irrigation sont-elles l'objet de soins particuliers.

La science et l'industrie sont parvenues, dans ces dernières années, à modifier le désert, en ravivant les sources qui menaçaient de tarir et en créant des oasis artificielles au moyen de **puits artésiens** dont l'eau

---

Leçon de choses: **Puits artésiens**. — Les **puits artésiens** sont des trous profonds percés dans la terre et d'où s'échappe une eau

fait naître la végétation là où auparavant on ne rencontrait que du sable ou des pierres.

Malgré tout le plaisir qu'il éprouvait à parcourir ce pays si curieux, à étudier cette végétation si plantureuse, à vivre au milieu de cette population si pittoresque, Maurice avait, par moments, la nostalgie* de son pays natal ; aussi voyait-il s'avancer avec bonheur le moment de sa libération et comptait-il les semaines qui le séparaient du moment où il recevrait son congé.

Maurice est renvoyé dans ses foyers. — Le jour du renvoi de sa classe était enfin arrivé et Maurice regagnait Alger avec un certain nombre de soldats libérés comme lui. Parmi ceux-ci se trouvait un turco nommé Ibrahim. Maurice l'avait fréquemment rencontré à Laghouat et l'avait remarqué à cause d'une balafre* qui lui coupait le front et lui avait enlevé une partie du sourcil.

Le turco. — Le turco s'était pris de sympathie pour Maurice. Durant les longues étapes, il marchait à ses côtés et prenait plaisir à causer avec lui.

Dans une de leurs conversations, Maurice lui ayant demandé si la cicatrice qu'il avait au front provenait d'une blessure, Ibrahim répondit :

— Non, sergent, non ; ce n'est pas un coup de sabre qui m'a ainsi défiguré. Je me suis toujours connu ainsi,

---

jaillissante. Ils sont ainsi nommés parce que le premier puits de ce genre fut creusé à *Lillers*, en **Artois**.

Ces puits descendent en terre jusqu'à la rencontre d'une *couche d'eau* qui puisse produire un jet au-dessus du sol : parfois ils atteignent une profondeur de six à sept cents mètres. Leur **forage** présente de nombreuses difficultés et exige un temps considérable. Le forage du puits artésien de Grenelle, à Paris, a duré sept ans. Pour soutenir les terres qui pourraient s'effondrer et obstruer le passage de l'eau, on garnit de fonte ou de bois la paroi des puits artésiens.

et comme je n'ai ni parents ni amis qui puissent me renseigner sur ce point, j'ignorerai probablement toujours d'où cela me vient.

— Comment ! vous êtes seul au monde.

— Absolument...: j'ai été arrêté comme vagabond et élevé dans un orphelinat agricole, jusqu'au jour où je me suis engagé. J'ignore le nom de mes parents et même mon propre nom... A l'orphelinat, on m'appelait François, parce que j'y étais entré le jour de la Saint-François, et au régiment où j'ai fait deux congés, on m'a nommé Ibrahim. Voilà, sergent, ce que je sais de mon origine. Mon enfance a été misérable... Quel est l'avenir qui m'attend?... Ah ! vous êtes heureux, vous, et j'envie votre sort... Vous allez rentrer chez vous, embrasser vos parents qui vous attendent avec impatience, revoir votre village, car il me semble vous avoir entendu dire que votre père était cultivateur.

— En effet, répondit Maurice, à Barville.

— Barville ! répéta le turco.

— Vous connaissez ce pays ?

— Non... Pourtant il me semble que ce n'est pas la première fois que j'entends prononcer ce mot... Barville...! j'ai dû passer par là...; en tous cas, il y a bien longtemps.

— C'est un village, dit Maurice, placé sur le flanc d'un côteau et dont la rue principale descend vers la vallée où se trouve une petite rivière bordée de riches prairies.

— Oui, mais j'en ai tant vu de villages comme celui dont vous parlez.

— Vous avez donc beaucoup voyagé ? Vous venez pourtant de me dire que vous avez été élevé dans un orphelinat agricole.

— Oui, après avoir été arrêté comme vagabond ; mais auparavant, j'avais parcouru toute la France.

— Que faisiez-vous donc ?

— Du plus loin qu'il me souvienne, reprit Ibrahim, je me vois avec des gens ayant de grands cheveux noirs et luisants, vêtus de costumes bizarres, habitant sous des tentes et parlant un langage qui n'était pas le français. Il y avait parmi eux un homme qui était le chef de la bande. Il tenait à la main une grande canne, et tous, hommes et femmes, lui obéissaient aveuglément.

Dans les pays où nous nous arrêtions, on ne nous permettait de camper que loin des habitations. Ah ! que j'ai souffert avec eux ! Ils me faisaient faire des exercices qui me désarticulaient les membres ; ils m'apprenaient à marcher sans qu'on entendît mes pas, à passer mon corps par des ouvertures si petites qu'on les aurait crues à peine suffisantes pour un chat. Ils me dressaient à prendre des cailloux dans la poche d'un habit couvert de grelots, et quand par malheur je les faisais résonner, j'étais roué de coups... Vous le voyez, ils me préparaient au vol... Quoique bien petit, j'avais conscience du vilain métier qu'ils voulaient m'enseigner... J'aurais bien voulu m'échapper, mais ils me surveillaient et ne me laissaient jamais seul.

Cependant une nuit qu'ils m'avaient emmené pour les aider à dévaliser une maison isolée, je pus, en donnant l'alarme, faire manquer leur tentative criminelle, me soustraire à leur surveillance et m'affranchir de leur joug.

Me trouvant libre, je me réfugiai dans une forêt où je me tins caché pendant la nuit. Le lendemain matin, mourant de faim, je gagnai une route que je suivis dans l'espoir de trouver une habitation où l'on voudrait bien me donner un morceau de pain, lorsque je rencontrai une caravane composée de plusieurs voitures aux formes bizarres, traînées par des chevaux efflanqués et escortées par des hommes et des femmes habillés comme des ouvriers.

Je m'approchai et leur parlai dans le jargon que les Bohémiens m'avaient appris.

Ils ne me comprirent pas... Alors, pensant qu'il fallait gagner le pain que je demandais..., je me mis à faire des cabrioles, des dislocations, des sauts périlleux qui firent leur admiration... La caravane s'arrêta, m'applaudit et le plus âgé de la troupe me parla.

Je compris bien ses questions, mais je n'y pus répondre, car j'avais oublié ma langue maternelle et je fis entendre par signes que j'avais faim... Il me donna à manger et me demanda si j'étais perdu, si je voulais venir avec lui... J'acceptai comme vous le pensez, et c'est ainsi que je devins clown* dans la troupe de saltimbanques dirigée par le père Langoiron.

Le père Langoiron était un brave homme, traitant bien ses artistes, comme il les appelait, ayant même pour eux des soins presque paternels, quand l'un d'entre eux était malade ou seulement indisposé.

Ce genre de vie, succédant à l'existence de misère à laquelle j'avais été condamné jusque-là, me parut délicieux; je continuai mes exercices de souplesse et de dislocation, et comme j'attirais le public, je fus l'objet d'attentions toutes particulières.

Pendant deux ans, nous avons parcouru tout le midi de la France, de Bayonne à Menton; puis, un beau jour, le père Langoiron fut frappé d'une attaque d'apoplexie foudroyante. Sa troupe se dispersa; chacun, songeant à ses intérêts, s'en alla d'un côté différent et je me trouvai de nouveau seul sur les routes.

C'est alors que la gendarmerie me ramassa et que je fus envoyé dans une colonie agricole. On m'y apprit à travailler la terre, à lire et à écrire, jusqu'au moment où l'on me jugea assez fort pour me permettre de m'engager; car, n'ayant pas d'état civil, ne connaissant pas le lieu ni la date de ma naissance, j'ignorais et j'ignore encore quel est mon âge.

Maurice retrouve le fils de Jeannette.
— Le récit d'Ibrahim, l'existence de sa cicatrice dont il ne connaissait pas la provenance, sa vie avec des Bohémiens alors qu'il était enfant, frappèrent vivement Maurice et firent naître en lui la pensée que peut-être il pourrait l'aider à retrouver sa famille et son pays.

Dans ce but, il le questionna de nouveau et chercha à préciser ses souvenirs.

— Quand vous étiez tout petit, avant l'époque où vous viviez avec les Bohémiens, ne vous appelait-on pas Émile?

— Émile?

— Oui, cherchez bien.

Ibrahim se recueillit... Après un moment de silence, il reprit :

— Je crois en effet me rappeler qu'on me donnait ce nom..., Émile; mais tout cela est si vague et si confus dans mon esprit que je n'ose rien affirmer... Mais, vous croyez donc savoir qui je suis, que vous me posez cette question.

— Attendez, reprit Maurice... Au temps où l'on vous appelait Émile, n'alliez-vous pas à l'école chez un instituteur qui se nommait M. Noël?

— C'est possible... Comment était-il ce maître d'école?

— C'était un homme grand, brun, sévère, ne riant jamais.

— N'avait-il pas, ajouta vivement Ibrahim, une grande baguette pour montrer les lettres sur les tableaux de lecture?

— En effet... Et le nom de Jeannette Bernard n'évoque-t-il aucun souvenir dans votre esprit?

— Si... Si... Attendez, il me semble qu'un voile se déchire... Je me revois tout petit... Oh!... je n'ose espérer... Jeannette Bernard, c'était... Non..., c'est impossible.

— Jeannette Bernard est votre mère, et vous vous nommez Émile Bernard.

— Qui peut vous le faire croire?... Ne vous jouez pas de moi, ne faites pas naître en moi une espérance qui pourrait s'évanouir... : ce serait trop affreux.

— Écoutez, reprit Maurice... Ces noms de Barville, de Noël, de Jeannette qui frappent votre esprit; ces souvenirs que mes questions ont éveillés en vous et dont la confusion s'explique par le long espace de temps écoulé, me font croire que vous êtes le fils de Jeannette Bernard. Si vous êtes bien ce fils, la cicatrice que vous avez au front et dont vous ignorez l'origine, provient d'une chute que vous avez faite, étant tout jeune, sur le coupant de la marche de votre maison. Le fils de Jeannette a été volé sur la lande de Barville par des Bohémiens qui étaient venus s'y installer et que l'enfant avait été voir malgré la défense de sa mère. Voilà bien des indices qui me font croire que mes suppositions sont exactes... Au reste, puisque vous rentrez en France, venez avec moi à Barville. Jeannette vous verra, et si vous êtes son fils, il est impossible que son cœur de mère ne vous reconnaisse pas.

— Elle vit donc encore? et où habite-t-elle?

— Elle est depuis bien longtemps servante chez nous... C'est la meilleure femme du monde; je l'aime de tout mon cœur, et je serais bien heureux si je pouvais lui rendre son fils qu'elle pleure depuis de si longues années.

— Et mon père ? dit Ibrahim.

— Il est mort... Votre mère est devenue veuve peu de temps après votre disparition... Elle se trouvait sans ressources, quand mon père la recueillit un peu par charité... Sa bonne action a été largement récompensée, car elle nous a payé en affection, en travail et en dévouement, le service que nous lui avons rendu.

Maurice avait écrit pour annoncer son retour ; mais il n'avait pas fixé le jour de son arrivée, préférant rentrer à Barville seul avec Ibrahim... Celui-ci, en traversant le village, reconnut l'église, l'école,

Fig. 147. — Ibrahim s'arrêta longuement devant une pauvre maison.

la mairie et s'arrêta longuement devant une pauvre maison (fig. 147), qui était précisément celle que Jeannette habitait autrefois avec son mari.

Arrivée de Maurice aux Ajoncs. — Quand Maurice aperçut les Ajoncs, il éprouva une telle émotion, un tel bonheur de revoir les siens qu'il ne se sentit plus la force d'avancer. Il s'appuya sur le bras d'Ibrahim, qui, le voyant pâlir, lui demanda :

— Qu'avez-vous donc sergent ?

— C'est là, fit Maurice, en montrant la ferme.

— Les Ajoncs ?

— Oui.

— Eh bien, courez vite embrasser vos parents ; il ne faut pas qu'un étranger trouble votre joie. Je vais m'asseoir sous cet arbre, et, quand vous le jugerez à propos, vous viendrez me chercher.

Maurice courut vers la porte... A peine eût-il franchi le seuil qu'un cri s'éleva auquel répondirent d'autres cris.

— Maurice ! voilà Maurice...! Maurice est revenu !

Et en même temps, son père, sa mère, Marie, Jeannette et Michel se jetaient dans ses bras et l'embrassaient, riant et pleurant à la fois.

— Enfin, te voilà revenu et pour toujours !

— Tu dois avoir faim, mon enfant, dit madame Durier ; vite Jeannette, tuez un poulet, faites une omelette.

— Oui, madame, tout de suite, répondit Jeannette, en courant vers ses fourneaux.

— J'ai avec moi un camarade, dit Maurice, avec qui j'ai fait route depuis Laghouat ; si vous le permettez, nous lui donnerons à manger et à coucher, et demain il continuera son chemin.

— Certainement, dit Pierre Durier ; où est-il ?

Pendant le court trajet à faire pour rejoindre Ibrahim, Maurice instruisit son père de ce qu'il savait sur le turco, et lui fit part de son espérance d'avoir retrouvé le fils de Jeannette.

— Entrez, mon ami, dit Pierre Durier à Ibrahim, vous êtes le camarade de mon fils, soyez le bienvenu chez moi... Nous allons fêter son retour..., et vous qui avez partagé ses fatigues, vous ne refuserez pas de participer à notre joie.

Et, arrivé dans la grande salle où Jeannette mettait sur la table une nappe bien blanche, il dit :

— Jeannette..., vous mettrez un couvert de plus ; Maurice a ramené un camarade qui soupera avec nous.

Au nom de Jeannette, Ibrahim sentit sa poitrine se serrer ; il s'arrêta et considéra Jeannette qui, de son côté, à la vue de ce militaire, était devenue toute pâle.

— Eh bien, qu'avez-vous donc Jeannette ? dit Pierre Durier.

— Rien, monsieur, rien... J'avais cru trouver une ressemblance, mais je me suis trompée, et elle continua à mettre le couvert tout en ne quittant pas des yeux le nouveau venu.

A table, Maurice avait fait placer Ibrahim en face de Jeannette, de façon à ce que celle-ci pût bien l'examiner.

La pauvre femme était en proie à une émotion qu'elle ne pouvait dominer, et chaque parole que disait ce soldat remuait toutes les fibres de son cœur.

Pendant la première partie du repas, on oublia Ibrahim pour ne songer qu'à Maurice que chacun accablait de questions, jusqu'au moment où Pierre Durier, débouchant une bouteille de bon vin, en versa un verre à chaque convive et proposa de boire à la santé de son fils et de son compagnon.

— A propos, militaire, dit-il au turco, j'ignore votre nom.

— Je m'appelle Ibrahim.

— Mais, c'est un nom arabe !

— C'est celui que je portais au régiment ; avant d'être soldat, on me nommait François.

— François est un prénom... Votre nom de famille ?

— Je n'ai pas de famille, monsieur ; j'ai été élevé dans une colonie agricole où j'avais été recueilli.

— Vous êtes donc un enfant trouvé ?

— Enfant trouvé ou volé, car je me souviens que, tout jeune, j'étais avec des Bohémiens qui me maltraitaient.

Jeannette reconnaît son fils. — Les yeux de Jeannette ne quittaient pas Ibrahim ; sa poitrine haletait, ses mains tremblaient, et quand, à une question que Pierre Durier adressa au turco sur l'origine de la cicatrice qu'il avait au front, celui-ci eut répondu qu'il l'avait toujours eue, la pauvre femme se leva, et, d'une voix étranglée, s'écria :

— Émile !

— Ma mère ! répondit-il, en tombant dans ses bras (fig. 148).

— Mon enfant, dit-elle, au milieu de ses sanglots et des baisers dont elle le couvrait, je

Fig. 148. — Ma mère ! répondit Ibrahim en tombant dans ses bras.

te retrouve après plus de vingt ans, quand je n'osais plus espérer te revoir jamais…! Et c'est toi, mon petit Maurice, qui m'as ramené mon fils… Ton père m'avait recueillie alors que j'étais sans asile. Ah ! soyez tous deux bénis, et que Dieu vous rende tout le bonheur que vous me faites éprouver !

CHAPITRE X

LES AJONCS ET BEAUVOIR

Maurice et Suzanne. — Le lendemain de son arrivée, Maurice s'était rendu chez M. Germain qui, informé de son retour, l'attendait, ainsi que Suzanne.

Celle-ci, dès qu'elle le vit entrer, courut à lui et l'embrassa.

Maurice, tout surpris de la transformation opérée en Suzanne qu'il avait quittée petite fille, se trouva gêné et balbutia un remerciement.

Suzanne, étonnée, lui dit :

— Eh bien, qu'as-tu donc?... Est-ce que le régiment t'a changé? Avant ton départ, tu n'étais pas ainsi.

— Avant mon départ, vous étiez encore une enfant, et maintenant...

— Je suis une demoiselle... Crois-tu, Maurice, que mon affection pour toi se soit modifiée?... ; parce que je porte des robes plus longues que jadis? Je t'aime comme un frère et je veux que tu me traites comme ta sœur... N'est-ce pas, papa, que Maurice ne doit pas faire toutes ces cérémonies ?

— Ma chère enfant, répondit M. Germain, je ne puis qu'approuver la réserve de Maurice. Ce qui était sans conséquence entre enfants serait blâmable entre jeunes gens. Plus tard, quand tu te marieras, ton mari pourrait trouver mauvais qu'un jeune homme te tutoyât et t'embrassât.

— Ah! par exemple, reprit Suzanne, celui-là ne m'épousera jamais qui ne me permettra pas d'aimer mes amis et de le leur prouver.

— C'est un enfantillage, Suzanne; les familiarités ne sont pas des preuves d'affection.

— C'est possible, mon cher papa, mais me conçois-tu disant : Bonjour, monsieur Maurice, comment vous portez-vous ?... Mais ça me serait aussi impossible que de porter un sac de blé à bras tendu.

Après avoir fait ses visites et revu tous ses amis de Barville, Maurice avait été mis au courant par son père de tout ce qui s'était passé aux Ajoncs pendant son absence.

L'exploitation n'avait cessé de prospérer; le trou-

Fig. 140. — Michel conduisait au chemin de fer les caisses de fromages.

peau contenait des animaux de premier choix; la vente du fromage et du beurre continuait de donner de très beaux bénéfices.

— Maintenant, mon cher Maurice, dit Pierre Durier à son fils, c'est toi qui vas diriger la ferme; je me repose absolument sur toi.

— Je vous remercie de cette confiance, mon cher père, mais je connais trop votre expérience et votre habileté pour rien faire sans vous consulter.

Maurice avait donc pris en main la gestion du domaine.

Michel, qui commençait à se faire vieux, avait été chargé des travaux les moins durs... C'était à lui qu'incombait le soin de conduire au chemin de fer les caisses de fromages (fig. 149) que l'on expédiait presque tous les jours.

Il avait été remplacé par le fils de Jeannette que l'on continuait à appeler Ibrahim. Élevé, ainsi qu'on l'a vu, dans un orphelinat agricole, il s'était promptement remis aux travaux de la campagne, et, comme il était intelligent et travailleur, il était devenu en peu de temps un très bon ouvrier.

Adrien vient à Barville. — Quelque temps après le retour de Maurice aux Ajoncs, Adrien vint voir ses parents à Barville.

A sa sortie de l'École commerciale, il était entré dans une importante maison de commission qui avait des comptoirs sur différents points du globe. Il arrivait, en dernier lieu, de l'Amérique du Sud, où il avait passé deux ans, pendant lesquels il avait parcouru le Brésil et la République Argentine.

Maurice lui montra les améliorations qui avaient été apportées à la ferme, et lui fit examiner en détail l'installation de la fromagerie dont la production augmentait d'année en année.

Exportations agricoles. — Un jour que toute la famille réunie achevait de dîner et savourait le fromage, Adrien dit à Pierre Durier :

— Mon oncle, pourquoi n'expédiez-vous pas ce fromage à l'étranger? Je suis sûr qu'il serait très apprécié et ce serait pour vous un débouché nouveau.

— A l'étranger? dit Pierre Durier en riant, tu plaisantes !

— Mais, pas du tout : on exporte bien le Brie et le Camembert ; pourquoi n'en serait-il pas de même du fromage des Ajoncs qui les vaut bien, s'il ne leur est pas supérieur?

— Mais, mon ami, comment veux-tu que je m'y prenne? Je ne connais personne à l'étranger, et puis il me faudrait voyager, quitter ma ferme.

— Ah ! que vous êtes bien Français, mon cher oncle. La France est un pays béni du ciel... Elle récolte tout, depuis les produits du nord jusqu'à ceux des tropiques, grâce à l'Algérie et à la Tunisie ; ses fruits, ses légumes, ses animaux sont supérieurs à ceux des autres contrées, et par la nonchalance de ses habitants qui n'osent quitter leur sol natal, elle se laisse enlever les marchés de l'univers. Les Anglais et les Allemands ont des représentants partout. Ils se mettent en relations avec les peuplades les plus sauvages, s'inquiètent de leurs besoins et de leurs goûts. Ils font tous leurs efforts pour les satisfaire.

Il en résulte que les produits français, qui étaient recherchés à cause de leur qualité, sont peu à peu délaissés et remplacés par des marchandises étrangères vendues meilleur marché. Pour nous supplanter plus facilement, certaines maisons allemandes n'hésitent pas, lorsque les acheteurs tiennent à nos produits, à les imiter et même à contrefaire nos marques de fabrique. Ils trouvent dans cette manœuvre le double avantage de porter préjudice à notre commerce et de faire croire que les négociants français livrent maintenant des objets ou des denrées de mauvaise qualité.

— Mais, c'est odieux! s'écria Pierre Durier. Et on ne poursuit pas ces faussaires?

— Comment les poursuivre dans ces pays lointains? Au reste, personne n'est là pour représenter nos intérêts. Les vins de Champagne et les eaux-de-vie de Cognac, si célèbres dans le monde entier et si recherchés par les étrangers, sont particulièrement l'objet d'une contrefaçon colossale. Les Allemands livrent sous ces deux noms des boissons frelatées, composées avec leurs alcools de pommes de terre, et comme ils les vendent bon marché, ils trouvent des clients nombreux.

— Mais comment faire pour résister à une pareille concurrence? demanda Maurice.

— Il faut lutter, répondit Adrien; il faut que nos négociants aient de l'initiative, qu'ils aillent trouver l'acheteur chez lui et ne l'attendent plus dans leurs magasins. Il importe aussi que les objets envoyés à l'étranger soient de bonne qualité... J'ai souvent entendu dire à des fabricants: « c'est bien bon pour l'exportation! »... C'est une faute. La main-d'œuvre, plus élevée en France que chez nos voisins, nous oblige à vendre plus cher. Nous devons donc compenser cette cause d'infériorité par la supériorité de nos produits. Les Français s'imaginent trop volontiers qu'au delà de nos frontières il n'y a que des imbéciles: c'est une idée absolument fausse. Partout on rencontre des gens intelligents et ingénieux, et tenez, je vais vous en donner un exemple bien frappant.

Les raisins de serre. — Vous savez que les raisins français sont supérieurs aux autres raisins et que les chasselas, particulièrement ceux de Fontainebleau, ont une réputation incontestable et méritée. Eh bien, l'étranger trouve moyen de nous envoyer des raisins de table..., et ne croyez pas que ces raisins viennent d'Espagne et d'Italie... Non, ils sont produits par la Belgique, un pays où la vigne ne fructifie pas.

— Je ne comprends pas, dit Pierre Durier.

— Si le raisin ne peut mûrir en pleine terre, en

Fig. 150. — Si le raisin ne peut mûrir en pleine terre, en serre, il n'en est pas de même.

serre (fig. 150) il n'en est pas de même ; comme la **houille** est à très bon marché chez eux, quelques hor-

---

LEÇON DE CHOSES : **Houille**. — La **houille**, vulgairement appelée **charbon de terre**, est une substance noire, formée de carbone et de bitume, que l'on trouve en couches considérables dans certaines régions de la croûte terrestre.

La houille produit en brûlant une très grande chaleur ; aussi est-elle recherchée par l'industrie qui, chaque année, en fait une consommation de plus en plus considérable.

En dehors de son emploi comme **combustible**, la houille, soumise à une préparation spéciale, sorte de distillation, fournit le **gaz d'éclairage** qui est composé de *carbone* et d'*hydrogène*. Les principaux résidus de cette distillation sont le *coke*, les *goudrons*, les *huiles lourdes*. Le coke sert comme combustible. Des goudrons de houille, on extrait des matières colorantes nombreuses, recherchées par les teinturiers.

En Europe, c'est l'Angleterre qui possède les mines de houille

ticulteurs belges ont établi d'immenses serres où le raisin, grâce à une température artificielle, arrive à maturité à toute époque de l'année. La production de ces raisins est considérable et la France en importe chaque année pour une somme importante. Cette production n'est pas spéciale à la Belgique ; elle existe aussi en Angleterre, et dans les îles normandes, particulièrement à Jersey.

Georges Lambert part pour l'Angleterre avec Adrien. — Adrien était depuis trois semaines auprès de ses parents, lorsqu'il dut partir pour l'Angleterre.

Il eut pour compagnon de route le fils Lambert qui se proposait de visiter les principaux établissements horticoles de l'Angleterre et de revenir ensuite en France passer quelques mois chez les grands pépiniéristes des environs d'Angers.

Fiançailles de Georges Lambert avec Marie Durier. — Ainsi qu'on l'a vu plus haut, Georges Lambert était très assidu aux veillées des Ajoncs... Il avait cessé d'y venir pendant quelque temps après l'assassinat de son père par Philippe, dans la crainte de rencontrer la femme du meurtrier. Cependant il n'avait pas rompu ses relations avec la famille Durier. Comme il ne rencontrait jamais aux Ajoncs madame Philippe qui, persuadée que sa présence devait être cruelle à ce jeune homme, se retirait dès qu'elle l'apercevait, il avait repris ses anciennes habitudes, attiré par le charme de ces soirées intimes et par la

---

les plus considérables. Viennent ensuite, la Belgique, l'Allemagne, la France, l'Autriche et la Russie.

Les principaux *bassins houillers* de la France se trouvent dans le Nord et le Pas-de-Calais ; dans la Loire, près de Saint-Étienne ; dans le Gard, près d'Alais.

sympathie qu'il ressentait pour les personnes qu'il y rencontrait.

Georges Lambert venait d'avoir vingt-huit ans et songeait à s'établir. Pénétré de reconnaissance envers M. Germain qui avait été si bon pour sa mère et pour lui, il n'avait pas voulu prendre cette détermination sans le consulter. Il lui avait dit qu'il avait fait, depuis qu'il était à son service, des économies suffisantes pour créer un établissement de pépiniériste, qu'un terrain favorable situé dans le faubourg de la ville voisine pouvait être acquis dans des conditions avantageuses; mais qu'auparavant, il avait voulu lui demander son agrément.

Ce projet avait reçu l'adhésion de M. Germain qui lui avait conseillé de se marier dès qu'il serait établi. Le jeune homme avait alors avoué qu'il serait très heureux d'épouser mademoiselle Marie Durier et avait prié M. Germain de vouloir bien pressentir M. Durier pour savoir si sa demande serait agréée.

Pierre Durier appréciait beaucoup Georges Lambert. Il le savait travailleur et intelligent. L'affection qu'il portait à sa mère et les soins dont il l'entourait faisaient prévoir qu'il serait un bon père de famille. Après avoir consulté sa femme et sa fille, il avait donné son consentement et les deux jeunes gens avaient été fiancés. Il avait été convenu que le mariage aurait lieu dans six mois, afin de laisser le temps au jeune homme de visiter les établissements horticoles qu'il voulait prendre pour modèles.

Désintéressement de Maurice. — Maurice, très heureux de voir Georges Lambert entrer dans sa famille, avait demandé à son père d'avantager Marie, en lui donnant une dot suffisante pour faciliter l'installation du jeune ménage. Pierre Durier s'y était d'abord refusé en lui faisant observer que bientôt lui aussi se marierait et qu'il entendait accorder les mêmes avantages à chacun de ses deux enfants.

— Me marier? avait dit Maurice, mais je n'y pense pas.

— Tu n'y penses pas aujourd'hui; mais tu devras y songer bientôt. Un cultivateur doit se marier jeune. Il lui faut une compagne auprès de laquelle il puisse se reposer de ses fatigues et qui lui rende son logis agréable, afin qu'il se plaise chez lui et que son existence s'écoule entre le travail dans le jour et la vie de famille le soir... Je veux bien accéder à ton désir et avantager ta sœur ; mais à une condition, c'est que je t'associerai dans mon exploitation dont tu partageras les bénéfices avec moi.

— Par exemple ! mon cher père, pourquoi modifier ce qui va si bien...? Je me sens très heureux comme je suis et je ne désire pas changer mon sort ; je ne veux pas d'association... Vous êtes le maître des Ajoncs et vous le resterez votre vie durant.

Cadeau de M. Germain. — Au retour de son voyage, Georges Lambert fut agréablement surpris de voir sur le terrain qu'il avait acheté, une jolie maison construite pendant son absence, avec des serres froides, tempérées et chaudes. C'était le cadeau de noces de M. Germain aux jeunes époux. C'était un témoignage de reconnaissance pour le dévouement du garde Lambert et pour l'affection que Marie avait témoignée à sa fille depuis sa naissance.

Maurice et Suzanne garçon et demoiselle d'honneur. — Le mariage de Georges Lambert et de Marie Durier fut célébré en grande pompe. L'église parée de fleurs et brillante de lumières, ne pouvait contenir la foule venue pour assister à la cérémonie, Maurice et Suzanne étaient garçon et demoiselle d'honneur. Maurice dans tout l'éclat de sa jeunesse, respirait la force et la santé; Suzanne, mince et délicate, exhalait la grâce et l'esprit. Vêtue d'une robe crème, coiffée d'un petit chapeau qui encadrait à merveille sa tête mutine, elle riait à tout le monde et paraissait très heureuse et très fière de la mission qui lui avait été confiée et que d'ailleurs elle avait recherchée. En effet, Georges Lambert n'aurait pas osé s'adresser à la fille de son ancien maître, si celle-ci ne lui avait pas fait savoir qu'elle désirait être sa demoiselle d'honneur.

Fig. 151. — Chacun admirait ce joli couple.

Pendant la quête, alors que Suzanne, donnant la main à Maurice, présentait la bourse aux assistants, chacun admirait ce joli couple (fig. 151) et regrettait que l'inégalité des fortunes ne permît pas de les unir.

Le dîner de noces avait été donné à Beauvoir et le soir, dans le parc de M. Germain, illuminé par de nombreuses lanternes de couleur suspendues aux arbres, un bal champêtre avait réuni les nombreux amis des jeunes époux et terminé gaiement cette belle journée.

Marie dans son ménage. — Le départ de

Marie avait causé un grand vide aux Ajoncs. C'était madame Durier qui souffrait surtout de cette séparation. Pour la consoler, Maurice redoublait d'affection et de prévenances. Quelquefois, quand il la voyait plus mélancolique que de coutume, il lui disait :

— Maman, mettez votre chapeau ; je vais atteler et nous allons passer une heure auprès de Marie.

Et ils partaient gaiement, certains de voir leur arrivée saluée par des cris de joie.

Ils trouvaient Georges et Marie au travail : lui dans son jardin, occupé à soigner ses semis et à repiquer ses plants ; elle préparant des bouquets, des corbeilles ou des couronnes de fleurs (fig. 152), car, suivant l'exem-

Fig. 152. — Marie préparait des bouquets, des corbeilles de fleurs.

ple de sa mère, elle secondait son mari et s'était réservée tout ce qui dans la profession qu'il exerçait est du ressort d'une femme.

Le concours de Paris. — Quelques mois après le mariage de sa fille, Pierre Durier revenait de la ville avec M. Germain. Ils avaient assisté à une séance du comice dans laquelle on avait donné connaissance de l'arrêté du concours agricole qui se tient chaque année à Paris au mois de février. Au cours de leur conversation qui roulait sur cette exposition, M. Germain dit à Pierre Durier :

— Dans ces derniers temps, j'ai remarqué, parmi vos

animaux, un taureau qui promettait beaucoup; je vais, en passant, m'arrêter aux Ajoncs et le revoir de nouveau.

Arrivés à la ferme, ils envoyèrent chercher Maurice et entrèrent dans l'étable...; puis, afin de mieux considérer l'animal, il le firent sortir dans la cour.

Après un examen des plus minutieux, M. Germain déclara que la bête (fig. 153) était superbe.

— Moi aussi, dit Maurice, je trouve ce taureau parfait; j'ai beau lui chercher des défauts, je ne puis arriver à en trouver.

— C'est qu'il n'en a pas, mon

Fig. 153. — M. Germain déclara que la bête était superbe.

ami, reprit M. Germain... Eh bien, il n'y a pas à hésiter, il faut l'envoyer au concours de Paris, où il obtiendra certainement une récompense.

— Au concours de Paris! fit Maurice.

— Pourquoi pas?

— C'est que, reprit Maurice, nous ne sommes que de petits cultivateurs, et nous nous trouverons en présence des plus grands éleveurs de France.

— Le jury ne s'occupe ni de la situation ni de la fortune des exposants; il n'examine que les animaux...

Tu es trop modeste, mon cher Maurice ; crois-en ma vieille expérience, ce taureau aura certainement un prix, soigne-le bien jusqu'au moment du concours, afin qu'il soit bien en forme, et présente-le avec confiance.

Maurice suivit le conseil de M. Germain, fit la déclaration réglementaire et partit pour Paris où il conduisit son taureau au palais de l'Industrie (fig. 154).

Fig. 154. — Maurice conduisit son taureau palais de l'Industrie.

Maurice obtient le prix d'honneur. — Les membres du jury furent unanimes à admirer ce bel animal qui n'avait aucune tare. Ils lui décernèrent le prix dans sa catégorie, et ensuite le prix d'honneur sur l'ensemble de tous les animaux exposés.

Lors de sa visite au concours, le Ministre avait vivement félicité Maurice de son succès, et dans le dîner offert aux lauréats, il lui avait annoncé qu'il se proposait de lui donner la croix du Mérite agricole (fig. 155).

Le Mérite agricole. — Maurice, profondément touché, remercia le Ministre, mais le pria de vouloir bien accorder cette distinction à son père qui en était plus digne que lui.

En peu de mots, il rappela les services que Pierre Durier avait rendus à l'agriculture, et termina en disant que, si lui n'avait encore rien fait pour mériter une distinction aussi flatteuse, cette croix récompenserait justement la carrière de son père qui, par son intelligence et par ses utiles exemples, avait puissamment contribué au progrès agricole dans sa commune.

Fig. 155. — Croix du Mérite agricole.

— Je vous félicite de vos sentiments, Monsieur, dit le Ministre. C'est donc votre père que nous décorerons aujourd'hui... Votre tour viendra plus tard, j'en suis certain.

Maurice vendit très cher son taureau qu'on se disputa aux enchères, et s'empressa de revenir à Barville. A peine arrivé, il remit à son père un petit écrin en lui disant :

— Voilà ce que le Ministre m'a donné pour vous (fig. 156).

— Pour moi? dit Pierre Durier en riant.

— Oui, voyez.

Pierre Durier ouvrit l'écrin et s'écria :

— La croix du Mérite agricole!... Ah! mon cher enfant, cela

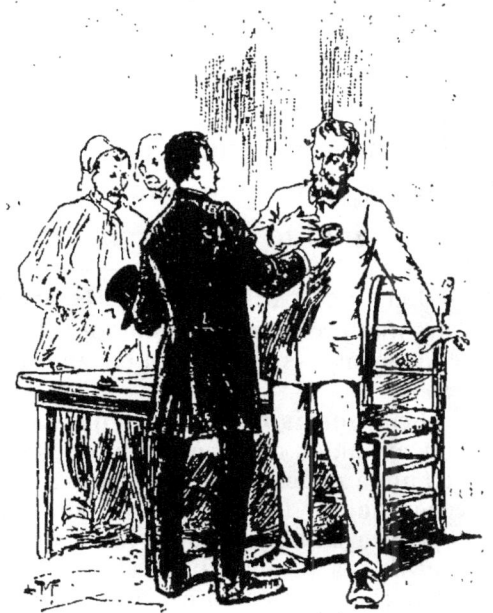

Fig. 156. — Voilà ce que le Ministre m'a donné pour vous.

me fait un bien grand plaisir... Jamais je n'aurais osé espérer un tel honneur et la surprise double ma joie... Mais tu y as autant de titres que moi : car le succès obtenu est ton œuvre personnelle, et en portant cette croix, je me parerai des plumes du paon.

— Ne dites pas cela, dit Maurice, en embrassant son père qui ne sut jamais que cette distinction lui avait été accordée uniquement sur les instances de son fils.

Le syndicat professionnel. — Pendant son voyage à Paris, il avait eu l'occasion de s'entretenir avec les agriculteurs les plus distingués de notre pays et avait été frappé des avantages que les cultivateurs peuvent retirer de l'association.

Aussi, dès son retour aux Ajoncs, après avoir entretenu M. Germain et M. Noël, dans la sagesse desquels il avait la plus haute confiance, prit-il l'initiative de la constitution d'un syndicat professionnel agricole.

Il réunit un soir dans la salle de la mairie tous les cultivateurs de la commune et leur parla ainsi :

— Mes amis, je vous ai souvent entendu vous plaindre de la difficulté que vous rencontriez à vous procurer des **engrais artificiels**, tels que phosphates de chaux, superphosphates, nitrates, etc., et de la mauvaise qualité des marchandises qui vous étaient livrées.

Leçon de choses : **Engrais artificiels.** — On appelle **engrais** des matières que l'on mêle au sol afin d'en augmenter la fertilité.

Les engrais se divisent en *engrais naturels* et en *engrais artificiels*.

Les **engrais naturels** comprennent toutes les matières végétales ou animales en décomposition, telles que les fumiers, les débris d'animaux, les chiffons de laine, les peaux, les débris de corne, les coquillages, les herbes, les feuilles, les varechs, les cendres, etc.

Grâce aux progrès de la chimie, on a découvert les *principes actifs* des fumiers naturels, et l'on a reconnu que certains corps minéraux possèdent ces mêmes principes, et peuvent produire, par leur mélange avec la terre, les mêmes effets que les fumiers ordinaires. Ces substances minérales, *nitrates*, *phosphates de chaux*, etc, constituent les **engrais artificiels**.

Une loi de 4 février 1888 frappe de peines sévères les *falsificateurs* d'engrais artificiels.

— C'est vrai, c'est vrai ! crièrent les assistants.

— Vos plaintes étaient fondées... Mon père et moi nous avons éprouvé les mêmes ennuis que vous. Je viens vous offrir le moyen d'empêcher les fraudes dont vous êtes victimes et de vous procurer des substances de bonne qualité à un prix inférieur à celui que l'on vous demande actuellement.

— Comment cela ? demandèrent quelques paysans.

— Isolés, n'achetant chacun que quelques petites quantités d'engrais, vous êtes obligés de vous adresser à des courtiers, représentant des maisons plus ou moins sérieuses, qui vous vendent des substances dépourvues souvent des éléments fertilisants demandés et promis. Il y aurait bien un moyen de vérifier les livraisons qui vous sont faites : ce serait de les faire analyser ; mais vous reculez devant les pertes de temps et les frais qu'entraîne une expertise. Ce que vous ne pouvez pas faire individuellement, sera d'une exécution facile si vous vous associez... Une loi du 28 mars 1884 sur les syndicats professionnels vous donne le droit de vous réunir pour la défense de vos intérêts. Si vous le voulez, nous allons constituer une association de cette nature à Barville ; nous payerons une cotisation d'un franc par an pour les frais de correspondance et nous chargerons notre syndicat de s'adresser directement aux meilleurs marchands d'engrais et de leur commander les quantités qui nous sont nécessaires. Ces engrais nous reviendront bien moins cher, d'abord parce que nous ferons une commande plus importante, ensuite parce que nous supprimerons le bénéfice du courtier. Enfin nous n'en prendrons livraison qu'après les avoir fait analyser par des chimistes qui vérifieront s'ils contiennent exactement les principes fertilisants énoncés dans le contrat. Nous pourrons de même avoir à meilleur compte les graines de semence, les instruments, en un mot, toutes les choses nécessaires à l'exploitation du sol.

Des acclamations accueillirent la proposition de Maurice. Tous les cultivateurs de la commune se firent inscrire comme membres du syndicat dont M. Noël fut chargé de rédiger les statuts.

Quelques jours après, le syndicat était organisé. La présidence avait été offerte à M. Germain qui avait décliné cet honneur et avait invité les membres à porter leurs suffrages sur Pierre Durier. Les achats d'engrais furent faits immédiatement et livraison n'en fut prise qu'après analyse. L'économie réalisée s'éleva à quinze pour cent et chacun eut la certitude de mettre dans ses terres les quantités d'**azote**, de **potasse** et de **phosphore** qui leur étaient si nécessaires.

Retour à Barville de Félix Lambert. —

Leçon de choses : **Azote**. — L'azote est un gaz incolore, inodore, insipide, qui entre pour les quatre cinquièmes dans la composition de l'air atmosphérique. Il ne peut entretenir la respiration ; il éteint les corps en *combustion*.

L'azote forme un des éléments de l'ammoniaque, de l'acide nitrique, et du salpêtre. Il joue un rôle considérable dans la nature et est utilisé comme engrais artificiel sous forme de *nitrate*.

Leçon de choses : **Potasse**.— La **potasse** est un corps solide, gris ou blanchâtre, d'une saveur âcre et brûlante. On l'obtient en incinérant* certaines plantes.

La potasse a de nombreux emplois dans l'industrie : on s'en sert pour *blanchir* les étoffes et pour les *dégraisser*. Elle est utilisée pour la *fabrication* des savons, du verre et de l'eau de javelle.

La potasse joue un rôle considérable en agriculture ; certaines plantes, telles que la vigne, en sont très avides.

On l'emploie aussi en médecine (potasse caustique).

Leçon de choses : **Phosphore**. — Le **phosphore** est un corps solide, jaunâtre, d'une odeur alliacée. C'est un poison violent. Comme il s'enflamme très facilement, sa manipulation demande des soins extrêmes et on le conserve en le plaçant dans l'eau.

Les brûlures par le phosphore sont très dangereuses et difficiles à guérir ; le plus sûr moyen d'y remédier est d'appliquer

Au moment de la constitution du syndicat, Georges Lambert annonça le prochain retour de son frère Félix, qui, soldat d'infanterie de marine depuis plus de dix ans, rentrait en France avec le grade de sergent et la médaille militaire.

Le lendemain de son retour, Félix Lambert vint avec sa mère aux Ajoncs. Après avoir renoué connaissance avec la famille Durier, il demanda à voir madame Philippe.

— Madame Philippe ! fit Pierre Durier.

— Oui, n'est-elle pas employée chez vous ?

— En effet.

— Vous seriez bien aimable de la faire prévenir ; ma mère et moi avons à lui parler.

Madame Philippe, qui travaillait à la fromagerie, s'empressa d'accourir, dès qu'elle sut que Pierre Durier la demandait ; mais à la vue de madame Lambert, elle s'arrêta sur le seuil de la porte.

— Entrez, madame Philippe, ne craignez rien, dit madame Lambert...; c'est moi qui désire vous parler... Il y a huit ans, lors du malheur qui m'est arrivé, j'ai été injuste envers vous...; j'en ai même voulu à M. Durier de vous avoir gardée chez lui. J'ai eu tort, mais mon excuse était dans mon chagrin... Je viens vous prier de me pardonner les mauvais sentiments

---

sur la plaie de la charpie imbibée d'eau de chaux ou de baryte battue avec de l'huile.

Le phosphore sert à la fabrication des **allumettes** dont il détermine l'inflammation par le frottement.

Le *phosphore amorphe*, si précieux pour prévenir les accidents est un phosphore qui, à la suite d'un chauffage lent, a perdu son odeur et une partie de son inflammabilité.

Le phosphore entre dans de nombreuses combinaisons désignées sous le nom de **phosphates**. Le *phosphate de chaux* est une des parties essentielles des os des animaux. Les phosphates forment un des engrais les plus puissants et les plus utilisés en agriculture.

que j'ai nourris à votre égard, d'autant plus que, si j'ai eu le bonheur d'embrasser mon fils, je le dois au dévouement... Mais Félix qui revient de la Nouvelle-Calédonie vous racontera cela mieux que moi.

Récit de Félix Lambert. — Il y a six mois, dit Félix Lambert, j'étais en détachement avec une quinzaine d'hommes dans un petit poste fortifié aux environs de Bourail. La résidence était loin d'être gaie... Nous n'avions autour de nous que quelques forçats, dont la bonne conduite leur avait valu, de la part de l'administration, des concessions de terres, et des indigènes qui, très soumis quand ils se sentent les plus faibles, n'hésitent pas à vous assassiner, lorsqu'ils se supposent les plus forts et se croient certains de l'impunité.

A cette époque, le Gouverneur de la colonie avait été informé que les Canaques, soulevés par un de leurs chefs, projetaient de nous attaquer. Pour que nous ne fussions pas pris à l'improviste, on nous avait recommandé de nous tenir sur nos gardes...; mais, comme depuis plusieurs semaines les indigènes restaient tranquilles, nous commencions à nous relâcher de notre vigilance. Nous aurions payé cher notre imprudence, si nous n'avions pas été avertis à temps.

Une nuit, nous fûmes tout à coup réveillés par un concessionnaire qui accourait tout essoufflé en nous criant :

— Alerte, alerte...! prenez les armes ! Les sauvages se dirigent en grand nombre sur le poste qu'ils espèrent surprendre ; ils viennent de massacrer les **concessionnaires** des environs et de brûler leurs maisons... J'ai pu

---

LEÇON DE CHOSES : **Concessionnaire.** — On donne, dans les *colonies pénitentiaires*, le nom de **concessionnaires** aux condamnés qui, par leur bonne conduite, ont mérité un adoucissement à leur

m'échapper, mais ils me poursuivent de près... Vous n'avez que le temps de vous préparer à la défense.

En un instant, le poste fut sur pied, et quand les Canaques arrivèrent, ils furent reçus par une décharge tirée à petite distance qui en coucha un bon nombre par terre (fig. 157).

Surpris de cette résistance inattendue, ils reculèrent

Fig. 157. — Les Canaques furent reçus par une décharge qui en coucha bon nombre par terre.

en nous accablant de leurs sagaies*; heureusement, nous étions à l'abri et leurs javelots n'atteignirent légèrement que deux hommes qui avaient eu l'imprudence de se découvrir.

Au bout de deux heures de lutte, les Canaques, convaincus de l'inutilité de leurs efforts, prirent le parti de s'éloigner. Nous fîmes bonne garde jusqu'au jour dans la crainte d'une embuscade.

---

peine. Au lieu d'être soumis au régime rigoureux du bagne, ils jouissent d'une liberté relative.

L'administration leur attribue un terrain sur lequel ils bâtissent une cabane et leur fournit des instruments, des semences, etc.; elle les met ainsi à même de *réhabiliter* leur passé par le travail et la bonne conduite.

Les concessionnaires peuvent faire venir leurs femmes, si celles-ci y consentent; lorsqu'ils sont célibataires, la permission de se marier leur est accordée.

Lorsque le soleil se leva, nous eûmes la certitude que les sauvages s'étaient retirés. Aux abords de notre poste, gisaient une vingtaine de cadavres qu'il importait d'enterrer rapidement, afin d'empêcher l'air d'être empoisonné par la décomposition des corps. Dans ce but, je sortis avec quelques hommes et je fis creuser un large fossé. Pendant que ce travail s'exécutait, un des Canaques étendus par terre et que nous croyions mort, se souleva, saisit sa sagaie et me la lança au moment où je passais à une petite distance de lui.

Le concessionnaire qui était près de moi vit le mouvement et me cria :

— Gare à vous ! sergent...! Et en disant ces mots, il s'élança pour me protéger avec une telle rapidité qu'il me fit un rempart de son corps et me sauva la vie.

Le sauvage fut immédiatement cloué sur terre par un coup de baïonnette qui l'acheva, mais le concessionnaire était tombé mortellement blessé.

Nous le transportâmes au poste et nous lui donnâmes tous les soins possibles, mais inutilement, car les blessures faites par ces javelots terminés par un fer dentelé sont terribles.

Malgré l'espérance que nous cherchions à faire renaître en lui, le malheureux ne se faisait aucune illusion sur son état et voyait approcher la mort comme une délivrance, car ses souffrances étaient horribles.

Je lui exprimai toute ma reconnaissance et lui demandai son nom pour signaler sa belle conduite au Gouverneur.

— Mon châtiment va bientôt finir, dit-il, car je n'ai plus que quelques instants à vivre...; prenez mon nom, afin qu'on informe ma famille... Peut-être les miens, en apprenant ma mort, me donneront-ils quelques larmes de regrets, quoique j'en sois bien peu digne et que j'aie été pour eux une cause de malheur et d'opprobre... Je m'appelle Philippe.

— Philippe!... m'écriai-je.

— Vous me connaissez, demanda-t-il en me regardant fixement.

— Oui, mon père était garde-chasse chez monsieur Germain.

— Vous êtes le fils Lambert? C'est votre père que j'ai... Ah! je suis maudit!

— Non, lui dis-je... Dieu vous pardonne, puisqu'il vous a permis de racheter votre crime en sauvant la vie du fils de celui que vous avez tué.

Ces paroles calmèrent ses angoisses... Il

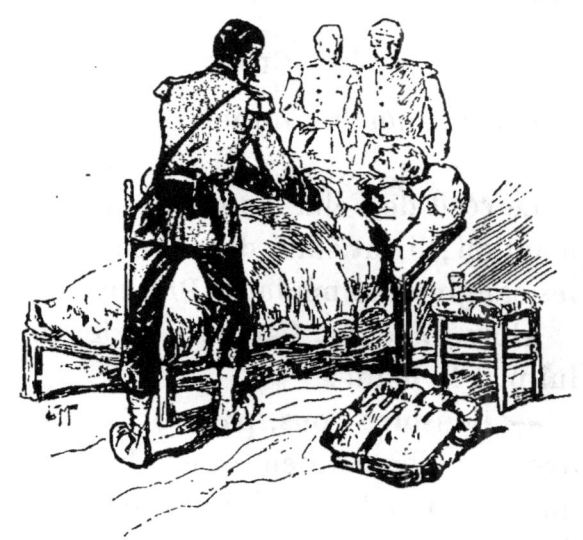

Fig. 153. — Je suis heureux de vous avoir sauvé la vie.

resta silencieux un moment. Tous, rangés autour du lit sur lequel il était couché, nous voyions la pâleur s'étendre sur son visage..., quand tout à coup, faisant un violent effort, il se souleva et prononça ces dernières paroles :

— Quand vous retournerez à Barville..., c'est un mourant qui vous en supplie, allez trouver ma femme ; elle travaille chez M. Durier qui a bien voulu la garder et lui donner les moyens de gagner sa vie... Dites-lui que, depuis mon crime, je me suis bien conduit, que j'ai bien pleuré sur mes fautes passées...; dites-lui que ma dernière parole a été pour elle et pour mon fils qui est soldat comme vous... Puis me prenant la main... Je suis heureux de vous avoir sauvé la vie, j'espère que la miséricorde divine me... (fig. 158).

Il ne put achever... Sa tête retomba...: il avait cessé de vivre.

Nous avons creusé sa tombe auprès du poste que son dévouement avait préservé, et, sur la croix qui indique le lieu où il repose, nous avons écrit ces mots :

Ci-gît Philippe

Les soldats du 2ᵉ d'infanterie de marine reconnaissants.

Le récit de Félix Lambert avait causé une profonde émotion; il fut suivi d'un silence que troublaient seuls les sanglots de madame Philippe.

Alors, madame Lambert, se levant, alla vers elle, et lui prit la main :

— Consolez-vous, pauvre femme, lui dit-elle, vous avez été bien malheureuse... Votre mari a bien terminé une vie coupable : je lui pardonne tout le mal qu'il m'a fait.

Madame Philippe demande à Maurice de prendre son fils comme ouvrier. — Madame Philippe pria Maurice d'écrire à son fils.

— Vous raconterez cela mieux que je ne saurais le faire, monsieur Maurice, et mon pauvre enfant sera plus touché par votre lettre qu'il ne pourrait l'être par la mienne. Il saura que son père a racheté par sa mort toutes ses fautes..., et puis, monsieur Maurice, si vous vouliez être bien bon et assurer le bonheur de la fin de mes jours..., vous..., mais je n'ose pas.

— Pourquoi hésitez-vous? demanda Maurice, parlez..., si c'est possible, je le ferai.

— Mon fils va bientôt quitter le service... S'il vous était possible, quand il reviendra, de l'employer chez vous, nous pourrions vivre ensemble... Maintenant que madame Lambert m'a pardonné, la vue de mon fils ne saurait lui être pénible... Il était à deux cents lieues d'ici au moment du malheur... Vous savez, c'est un garçon qui a de la conduite... On était satisfait de lui dans la ferme où il travaillait avant de s'engager... Vous trouverez en lui un homme reconnaissant et dévoué, et moi, vous me rendrez bien heureuse... Je n'ai jamais connu les douceurs de la vie de famille; après une existence tout entière passée dans les larmes, je pourrais ainsi avoir une vieillesse entourée d'affection et de tendresse... Oh! promettez-moi cela, monsieur Maurice, promettez-moi cela!

— Mais bien volontiers, madame Philippe. J'en parlerai à mon père qui, j'en suis certain, sera enchanté de vous être agréable... D'ailleurs votre fils, la veille du jour où il s'est engagé, m'avait dit qu'il serait heureux de travailler aux Ajoncs... S'il est toujours dans les mêmes dispositions, ce sera chose faite.

M. Germain offre à Pierre Durier la main de Suzanne pour Maurice. — Quelque temps après le retour de Félix Lambert, M. Germain, qui était indisposé et forcé de garder la chambre, pria Pierre Durier de venir lui parler.

Celui-ci se rendit immédiatement à Beauvoir. Il trouva M. Germain étendu sur une chaise longue, ayant auprès de lui Suzanne, qui devint très rouge à la vue de Pierre Durier et qui se retira après lui avoir souhaité le bonjour.

— Asseyez-vous, mon ami, dit M. Germain j'ai à causer sérieusement avec vous; mais auparavant donnez-moi des nouvelles des vôtres.

— Tout mon monde se porte à merveille, je vous remercie, monsieur Germain.

— Et Maurice, reprit M. Germain, vous ne le mariez donc pas ? Quel âge a-t-il ?

— Vingt-sept ans.

— Vingt-sept ans, mais c'est là le moment où un jeune homme doit entrer en ménage.

— C'est ce que je lui dis souvent ; mais il répond qu'il n'est pas pressé, qu'il se trouve très heureux. Cependant, comme il a la plus grande déférence pour vos avis, je lui ferai part de votre conseil.

Fig. 159. — Mon ami, je me sens vieillir.

— Vous ferez bien... Mais venons au motif qui m'a fait vous demander.

Mon ami, je me sens vieillir (fig. 159), mes forces m'abandonnent peu à peu, et je crains de disparaître avant d'avoir...

— Oh ! M. Germain, quelles tristes pensées ! interrompit Pierre Durier.

— Un homme sage doit tout prévoir ; or, une de mes grandes préoccupations, c'est Suzanne dont l'avenir n'est pas assuré... Si je venais à manquer, que deviendrait-elle ? Nous n'avons que des parents éloignés avec lesquels j'ai peu de relations... Elle se trouverait isolée, sans protecteurs naturels, à la tête d'une grosse exploitation à diriger... Le seul moyen de calmer mes craintes serait de la marier... Les partis ne lui manqueraient pas si elle voulait...; mais Suzanne est très difficile, et les jeunes gens qui se sont présentés ont tous été refusés après la première entrevue... Elle veut, et en ceci je ne puis que l'approuver, un mari qui aime comme elle la vie des champs et qui soit en état, quand je ne serai plus là, d'administrer Beauvoir où elle désire habiter toute sa vie. Ses exigences sont un obstacle sérieux à son mariage. Cependant, je crois avoir trouvé un jeune homme qui conviendrait à Suzanne; je l'ai pressentie à ce sujet et elle a approuvé mon choix. Avant de me décider, j'ai voulu vous consulter, car vous êtes mon vieil ami. Vous avez vu naître ma fille... Madame Durier a entouré son jeune âge de soins vraiment maternels, que Suzanne n'a pas cru pouvoir mieux reconnaître qu'en l'appelant « maman Durier »... Elle a pour vous une véritable affection, et, après moi, c'est vous et les vôtres qu'elle aime le plus.

— Vous êtes bien bon, monsieur Germain, dit Pierre Durier très touché de ces paroles.

— Le jeune homme auquel je serais heureux de confier le bonheur de Suzanne est intelligent, instruit et très au courant de la culture; sa famille est des plus honorables; mais..., car, mon cher Pierre, rien n'est complet en ce monde..., mais il n'a qu'une modeste fortune... Eh bien, mon ami, j'ai la plus grande confiance dans la rectitude de votre jugement... Si vous étiez à ma place, que feriez-vous ?

— Monsieur Germain, répondit Pierre Durier, vous savez que j'ai toujours considéré la fortune comme un bien secondaire... Si le jeune homme plaît à mademoiselle Suzanne, s'il vous convient, si vous croyez qu'il la rendra heureuse, donnez-la lui...; elle est assez riche pour deux, et ce serait une folie de risquer le bonheur pour une question d'argent.

— Alors, insista M. Germain, si vous étiez à ma place...

— Je n'hésiterais pas.

— Je n'hésite donc plus, dit gaiement M. Germain... Le jeune homme dont je viens de vous parler et dont vous me conseillez de faire mon gendre..., c'est votre fils.

— Maurice !

— Lui-même.

— Mais, monsieur Germain, vous n'y pensez pas...? Il y a une telle distance entre vous et moi...! Rappelez-vous que j'ai été à votre service, que nous ne sommes que de petits cultivateurs, des paysans...

— J'ai pour vous la plus haute estime et cela me suffit... Sans savoir de qui il était question, vous m'avez vous-même dicté ma conduite... S'il s'agissait d'un autre que votre fils, vous trouveriez mon choix convenable, et parce qu'il s'agit de votre enfant, vous vous dérobez... Je ne connais que deux classes de gens, ceux qui sont honnêtes et ceux qui ne le sont pas. Nous sommes des premiers...; il ne peut pas y avoir de mésalliance entre nous.,. Allez, mon ami, faites part de ce projet à votre femme et à votre fils et venez bientôt me donner leur réponse.

Pierre Durier, tout joyeux, revint rapidement aux Ajoncs et reproduisit à sa femme la conversation qu'il venait d'avoir avec M. Germain.

Marthe Durier qui, comme toutes les mères, plaçait son fils au-dessus de tous les autres jeunes gens, trouva le choix de M. Germain tout naturel... Néanmoins, comme elle n'avait jamais osé rêver une telle fortune pour Maurice, elle s'en montra extrêmement heureuse et fière et s'écria : Mon cher enfant! que de joie tu me donnes!

Hésitations de Maurice. — Quand Maurice apprit ce dont il était question, il devint extrêmement pâle, un tremblement le saisit et, très émotionné, il demanda :

— Qu'avez-vous répondu, mon père?

— Mais, de la façon dont M. Germain s'y était pris, je ne pouvais faire autrement que de le remercier de la bonne opinion qu'il avait de toi et d'accepter une offre dont, ta mère et moi, nous sommes si flattés. Il ne manque plus que ton consentement qui ne se fera pas attendre, je suppose, car il me semble que tu aimes Suzanne.

— Oui, j'ai une grande affection pour elle...; mais jamais cette idée ne m'était venue qu'un jour je pourrais l'épouser..., et je vous demande à réfléchir avant de donner ma réponse.

Cependant, il ne se prononçait pas; il était hanté par cette crainte qu'on ne supposât qu'il avait habilement manœuvré pour faire un mariage riche. Il en avait perdu le sommeil, l'appétit et l'ardeur au travail.

Il parcourait la campagne, la tête baissée, sans rien voir de ce qui se passait autour de lui. Cette attitude, si différente de sa manière d'être habituelle, avait frappé certaines personnes qui en avaient parlé à son père, et celui-ci tremblait que la raison de son fils n'eût été ébranlée par cette proposition si inattendue.

Ce projet de mariage, qui se présentait sous de si heureux auspices, menaçait d'être la cause d'un malheur. Pierre Durier avait fait part de ses craintes à M. Germain. Suzanne était désolée. Aussi, afin de brusquer la solution, résolut-elle, contrairement aux convenances, d'aller trouver Maurice et d'avoir une explication avec lui.

Elle fit atteler son panier et parcourut toute la commune. Après avoir longtemps cherché Maurice, elle le rencontra, assis au bord d'un fossé, la tête dans ses mains. Il était tellement absorbé qu'il ne l'entendit pas approcher.

Entrevue de Maurice et de Suzanne.
— Quand elle fut tout près de lui, elle arrêta sa voiture et lui dit :

— Maurice, que t'ai-je donc fait, pour que tu m'infliges un tel affront ?

A la voix de Suzanne, Maurice fit un sursaut et s'écria en se levant :

— Mademoiselle Suzanne !

— Oui, mademoiselle Suzanne qui a du chagrin et qui souffre de voir qu'une affection sur laquelle elle comptait, lui fait défaut.

— Vous ne le croyez pas..., vous ne le croyez pas, mademoiselle...! Vous savez bien que je donnerais ma vie pour vous.

— Alors je ne comprends pas... Tu m'aimes et tu refuses d'être mon mari.

— Nos situations sont si différentes !

— Et cette pensée que les écus que tu as et ceux que j'apporte n'ont pas un poids égal, t'effraye..! Écoute, mon cher Maurice, ces scrupules sont ridicules... Je te croyais parfait et je vois que tu as un défaut..., le défaut de tes qualités... Mais, mon pauvre ami, laisse donc parler ton cœur et impose silence à ta raison qui, en ce moment, ne t'inspire que des sottises.

Tu sais combien j'adore mon père ; je veux rester dans ce domaine qu'il aime et que j'aime aussi... Il se sent souffrant, il s'affecte...; il voudrait me marier, et son rêve serait de me garder auprès de lui avec un gendre qui administrerait Beauvoir... Eh bien...! il paraît que c'est très difficile à trouver... On m'a présenté des jeunes gens très bien mis, très bien coiffés, très parfumés, qui promettaient tout ce qu'on voulait, et qui, une fois dans les champs, étaient incapables de distinguer le trèfle du sainfoin. On m'en a présenté d'autres connaissant la culture, mais rustres, épais, mal élevés... Aussi je les ai tous refusés les uns après les autres... Si tu ne veux pas de moi, je serai forcée de rester vieille fille, parce que jamais je ne consentirai à épouser quelqu'un pour lequel je n'éprouverais ni estime ni affection... Penses-y, Maurice, nous avons été élevés ensemble...; depuis ma naissance, nous ne nous sommes jamais quittés...; ta mère a remplacé la mienne quand j'étais toute petite...; ta sœur est presque ma sœur... Souviens-toi que tu m'as sauvé la vie...! N'est-ce rien tout cela?

Maurice en entendant parler la jeune fille sentait un bien-être infini se répandre en lui...; une détente se produisait..., des larmes coulaient le long de ses joues.

— Mon cher Maurice, reprit Suzanne, si je n'avais pas de fortune, ou si j'avais une dot en rapport avec celle que te donneront tes parents, m'accepterais-tu pour compagne?

— Sans hésiter, mademoiselle, car je vous aime.

— Je ne peux pourtant pas brûler Beauvoir... Mais j'y pense, je demanderai à papa de ne pas me donner de dot et de me déshériter.

— Non, non, Mademoiselle, la joie m'avait rendu fou... Maintenant la raison me revient... Je cours chez M. Germain lui dire qu'il me rend le plus heureux des hommes et le prier de vouloir bien me pardonner un moment d'égarement.

— Puisque tu vas à Beauvoir, monte dans mon panier...; je vais t'y conduire.

Maurice ramène Suzanne à Beauvoir.
— Le jeune homme s'assit auprès de Suzanne. Elle rassembla les guides; mais, au moment de partir, se tournant vers Maurice, elle lui dit en riant :

— J'y pense, tu es si susceptible, mon pauvre ami, que le fait de te conduire pourrait être considéré par toi comme un mauvais présage. Or, je ne veux pas que cela soit; tu vas devenir mon mari, c'est à toi de me diriger.

Fig. 160. — Maurice ramena sa fiancée à Beauvoir.

Maurice protesta; mais la jeune fille ne voulut pas céder, et le jeune homme ramena sa fiancée à Beauvoir (fig. 160).

Mariage de Maurice et de Suzanne. — Le mois suivant, on célébrait le mariage de Maurice et de Suzanne. L'adjoint qui les unit, en l'absence du maire, vieux et malade, leur lut une petite allocution, fort bien tournée, dans laquelle il félicitait les jeunes époux, louant le jeune homme du brillant mariage dont il s'était rendu digne par sa bonne conduite et son travail, et la jeune fille de la sagesse dont elle donnait l'exemple en préférant les qualités essentielles du cœur et de l'intelligence aux biens passagers de la fortune.

L'adjoint fut vivement félicité de son discours, à la rédaction duquel les méchantes langues prétendirent que M. Noël n'était pas étranger.

Trois mois après, Pierre Durier fut nommé maire de Barville. En cette qualité, il maria lui-même sa nièce Fabienne, que M. Germain avait dotée généreusement sur la demande de Maurice et de Suzanne.

Maurice avait transporté son troupeau à Beauvoir, laissant les vaches laitières aux Ajoncs, où Jeannette et Ibrahim, madame Philippe et son fils secondaient Pierre Durier.

LEXIQUE

[Ce lexique ne renferme que les mots marqués d'un astérisque (*) dans le corps de l'ouvrage.]

Acide sulfurique. Acide obtenu en combinant le soufre avec l'oxygène. On le désigne souvent sous le nom d'*huile de vitriol*.

Actif. Tout ce qu'une personne possède et tout ce qu'on lui doit, sans tenir compte de ses dettes.

Affinage. Opération qui consiste à épurer un produit pour le rendre meilleur et plus fin.

Alluvion (terrain d'). Accroissement de terrain résultant des dépôts de terre ou de sable apportés par un cours d'eau.

Anémier (s'). Souffrir de l'anémie, maladie qui provient de l'appauvrissement du sang. Le traitement de cette affection consiste dans l'emploi des fortifiants, des amers et des ferrugineux.

Balafre. Cicatrice que laisse une blessure à la face.

Bilan. Tableau résumé de la situation financière d'un commerçant, c'est-à-dire de son *actif* et de son *passif*. (V. ces mots.)

Blanc (de champignons). Filaments blancs et spongieux que l'on trouve dans les vieilles couches de champignons et qui servent à la reproduction de nouveaux champignons.

Camargue (la). Grande île formée par les deux bras du Rhône à son embouchure.

Chai. Cellier où l'on emmagasine les vins.

Cheptel. Animaux d'une ferme.

Chrysalide. État d'un insecte qui s'est enfermé dans une sorte de coque d'où il sortira ensuite à l'état d'insecte parfait.

Clapier. Lieu où l'on nourrit les lapins domestiques.

Clavelée. Maladie de la peau particulière à l'espèce ovine. Elle est contagieuse et se manifeste par l'éruption de clous et de pustules. Elle prend fréquemment un caractère épizootique.

Clayonnage. Assemblage de pieux et de branches d'arbres en forme de claies pour protéger un pâturage, etc.

Clown. Saltimbanque qui fait des tours d'adresse et de dislocation.

Communal (le). Terrain qui appartient à une commune et sur lequel les habitants envoient paître leurs bestiaux.

Dame-jeanne. Sorte de très grosse bouteille qui sert à garder ou à transporter l'huile, le vin, l'eau-de-vie, etc.

Délaitage. Opération qui consiste à débarrasser le beurre du petit-lait qu'il renferme.

Diphtérie. Maladie de la gorge caractérisée par la formation de fausses membranes dans l'appareil respiratoire. Cette maladie dangereuse qui atteint fréquemment les jeunes enfants, se nomme vulgairement *angine couenneuse*.

Douane. Taxe établie sur certaines marchandises à l'entrée ou à la sortie d'un État.

Flegmes. Produit brut de la distillation et que l'on transforme en alcool.

Gulf-Stream. Grand courant marin qui part du golfe du Mexique, longe les côtes ouest de la France, baigne l'Irlande et se perd dans l'océan Glacial du nord. Ce courant élève considérablement la température des rivages qu'il baigne.

Hypothèque. Droit donné à un créancier sur les immeubles qui appartiennent à son débiteur. Si le débiteur ne paye pas à l'échéance, le créancier hypothécaire a le droit de faire vendre les immeubles donnés en gage et de s'en attribuer le prix jusqu'à concurrence de ce qui lui est dû par préférence aux autres créanciers.

Hypothéquer. Emprunter en garantissant le remboursement au moyen d'une hypothèque. (V. *hypothèque*.)

Incinérer. Réduire en cendres, brûler.

Levûre de bière. Écume que produit la bière en fermentant. Une petite quantité de levûre ajoutée au moût de bière en détermine la fermentation. On emploie aussi la levûre de bière pour faire lever le pain, les gâteaux, etc.

Linteau. Pièce de bois ou de pierre qu'on met en travers au-dessus d'une porte ou d'une fenêtre, pour soutenir la maçonnerie.

Lotissement. Action de diviser en lots une chose commune.

Macération. Opération qui consiste à laisser séjourner un corps solide dans un liquide afin que les parties solubles puissent se dissoudre.

Magnanerie. Lieu où l'on élève des vers à soie, appelés *magnans* dans le midi.

Mas. Nom donné à une ferme dans le midi de la France.

Météorologie. Science qui a pour objet l'étude des phénomènes de l'atmosphère, leurs causes et leurs effets.

Microscope. Instrument à l'aide duquel on voit les objets considérablement grossis.

Nostalgie. Douleur que l'on éprouve lorsqu'on est éloigné de son pays natal.

Once. Ancienne mesure de poids valant environ 31 gr. L'once de graines de vers à soie est de 25 gr.

Paludéenne (fièvre). Fièvre causée par l'évaporation des eaux stagnantes qui contiennent des matières organiques en décomposition.

Panier. Petite voiture basse dont la caisse est en osier ou imite l'osier.

Parasite. Qui vit aux dépens des autres.

Parrain. Personne qui en présente une autre dans une société et qui en garantit l'honorabilité.

Passementerie. Industrie qui a pour objet la fabrication des franges, glands, galons, lacets, etc.

Passif. Tout ce qu'une personne doit.

Pèse-lait. Petit instrument à l'aide duquel on peut reconnaître les falsifications du lait.

Pleurésie. Inflammation de la membrane qui enveloppe le poumon. Cette maladie est causée le plus souvent par un refroidissement et elle est caractérisée surtout par une douleur nommée *point de côté*.

Praliner. Se dit des terres que l'on remue pour en opérer le mélange.

Présure. Substance qui se trouve dans l'estomac des veaux soumis au régime du lait et que l'on emploie pour faire cailler le lait.

Primeurs. Fruits et légumes que l'on obtient avant l'époque ordinaire.

Prorata (au). En proportion.

Répartiteur. Celui qui est chargé de faire un partage et d'attribuer à chacun le lot auquel il a droit.

Roscoff. Port de pêche du département du Finistère, arrondissement de Morlaix, célèbre par ses importantes cultures de légumes.

Sagaie ou **zagaie.** Javelot de certains peuples sauvages.

Saumure. Liquide salé dans lequel on conserve certaines denrées alimentaires: viandes, légumes.

Sélection. Choix que l'on fait parmi les animaux d'un troupeau dont on ne conserve que les plus parfaits pour la reproduction.

Servitude. Charge imposée à une propriété pour l'usage et l'utilité d'une autre propriété. Les principales servitudes sont les servitudes de passage, de vue, de mitoyenneté, d'écoulement des eaux.

Sparterie. Tissu fabriqué avec les fibres de certaines plantes.

Spéculer. Faire des opérations de commerce en prévision de la hausse ou de la baisse future des marchandises.

Square. Jardin public situé au milieu d'une place.

Stabulation. Vie à l'étable.

Sulfocarbonate de potasse. Combinaison du sulfure de carbone et de la potasse.

Sulfure de carbone. Combinaison du soufre et du carbone. Le sulfure de carbone est un liquide très inflammable, d'une saveur âcre et d'une odeur fétide.

Syncope. Évanouissement; perte subite et momentanée du sentiment.

Taller. Pousser des rejets.

Topaze. Pierre précieuse de couleur jaune.

Toxique. Qui contient du poison.

Valétudinaire. Maladif, sujet à des indispositions.

Vinasses. Liquides qui ont servi à la fabrication de l'alcool. Les vinasses exhalent une odeur désagréable.

Zootechnie. Science qui apprend à connaître, à utiliser, à entretenir les animaux domestiques.

TABLE DES MATIÈRES

Chap. premier. — **Pierre Durier**.

Pierre Durier vient d'acheter les Ajones.— Enfance de Pierre Durier. — Comment Pierre Durier devient cultivateur. — Pierre Durier chef de culture. — Les inquiétudes de Marthe Durier. — Le déménagement. — Le berger Jérôme. — Pierre Durier prend congé de M. Germain. — L'installation aux Ajones. — La visite du domaine. — Les araignées et les rats. — Pierre Durier fait restaurer sa ferme. — La plate-forme à fumier et la fosse à purin. — L'étable. — Le hangar. — Ce que pensaient les habitants de Barville. — Où l'on fait connaissance de Philippe. — Mademoiselle Jamin. - Le gendarme Lambert. — M. Noël. — La comptabilité 3

Chap. II. — **Les Ajones**.

Les Ajones restaurés. — Jeannette. — L'emploi du temps aux Ajones. — Les moyettes. — Pierre Durier fait analyser sa terre ; les amendements. — Maurice va à l'école. — Maurice désobéissant. — Histoire du fils de Jeannette. — Pierre Durier s'assure. — Maurice veut être agriculteur. — Maurice sait lire. — Les lapins. — Les animaux améliorés. — Marthe Durier vend son lait à la ville. — Le pèse-lait. — L'échenillage. — M. Baron. — Le père de Philippe. — Maurice vend ses lapins. — Pierre Durier donne une chèvre à sa fille. — La caisse d'épargne. — Pierre Durier augmente sa production fourragère. — Le plâtrage. — Maurice protège sa sœur 49

Chap. III. — **La laiterie**.

Naissance de Suzanne. — Le nid de fauvettes. — Suzanne grandit. — Le drainage. — Les composts. — La cressonnière. — Pierre Durier apprend à nager à ses enfants. — Installation d'une laiterie. — Les vers à soie. — La grêle. — Le père de Philippe abandonne son bien à son fils. — Le ménage de M. Baron. — Philippe et M. Baron. — Le chien enragé. M. Baron spécule. — Ruine de M. Baron 88

Chap. IV. — **Le Comice agricole**.

La vente de M. Baron. — Le semoir. — La réunion des parcelles. — Les élections au Conseil municipal. — Le Comice agricole. — Maurice s'intéresse aux travaux des champs. — Les imprudences de Suzanne. — Histoire de la brebis et de ses deux agneaux. — La transhumance, le déboisement et le reboisement des montagnes ; les fruitières. — Suzanne tombe à l'eau. — Maladie de Maurice. — M. Germain emmène les enfants dans le Midi. — Le colmatage. — Le mirage. — La Camargue. — Les vendanges. — Le phylloxera. — Lettre de Maurice à ses parents. — Maurice se rétablit. — Retour à Barville 124

Chap. V. — **Débuts de Maurice**.

Mauvaise conduite de Philippe. — Lambert devient garde-chasse chez M. Germain. — Maurice horticulteur : les primeurs. — Maurice obtient une médaille au concours horticole. — Les champignons. — Le chanvre. — Lettre d'Étienne Durier. — Les biens de Philippe sont saisis. — Mort du père de Philippe 169

Chap. VI. — **Les vacances**.

Estelle Durier et ses enfants arrivent aux Ajones. — Visite de la ferme. — Pierre Durier présente sa famille à M. Germain. — Une excursion. — La pêche aux grenouilles. — La vipère. — La pêche aux écrevisses. — Pierre Durier vide son étang. — Les conserves et les confitures. — La récolte des châtaignes, des noix, des pommes, des poires : le cidre et le poiré. — Départ d'Estelle Durier et de ses enfants 196

Chap. VII. — **L'école pratique**.

L'instruction agricole. — L'école pratique. — Les cultures de l'école pratique. — La brasserie. — La distillerie. — La sucrerie. — Les vacances. — Le fils de Philippe. — Retour à l'école pratique. — Le concours régional. — Les principales races d'animaux domestiques. — Pierre Durier achète un taureau. — Maurice revient aux Ajones 232

Chap. VII. — **La fromage des Ajones**.

Maurice est heureux de se retrouver au milieu des siens. — Modifications à la culture proposées par Maurice. — Essais de fabrication de fromages. — Les premiers fromages fabriqués laissent à désirer. — La réussite. — La marque de fabrique. — Pierre Durier conclut un marché avec un négociant de Paris pour la vente de ses fromages. — Construction de la fromagerie. — Madame Philippe entre au service de Pierre Durier. — Activité de Maurice. — Les veillées. — Le troupeau des Ajones. — Le fils de Philippe s'engage. — Prospérité des Ajones. — Philippe assassine le garde Lambert. — Condamnation de Philippe 264

Chap. IX. — **Maurice soldat**.

Le service militaire. — Maurice fait ses adieux à sa famille et à ses amis. —

Maurice soldat. — Maurice étudie les cultures de la contrée où il est en garnison. — Le tabac. — Le maïs. — Le sorgho. — Les volailles. — Étienne Durier perd sa place et vient habiter Barville. — Maurice vient voir sa famille. — Mort de Jules. — Le régiment de Maurice est envoyé en Afrique. — Les oranges. — Les cultures algériennes. — Les oasis. — Maurice est renvoyé dans ses foyers. — Le turco. — Maurice retrouve le fils de Jeannette. — Arrivée de Maurice aux Ajoncs. Jeannette reconnaît son fils 287

CHAP. X. — **Les Ajoncs et Beauvoir**.

Maurice et Suzanne. — Adrien vient à Barville. — Exportations agricoles. — Les raisins de serre. — Georges Lambert part pour l'Angleterre avec Adrien. — Fiançailles de Georges Lambert avec Marie Durier. — Désintéressement de Maurice. — Cadeau de M. Germain. — Maurice et Suzanne garçon et demoiselle d'honneur. Marie dans son ménage. — Le concours de Paris. — Maurice obtient le prix d'honneur. — Le Mérite agricole. — Le syndicat professionnel. — Retour à Barville de Félix Lambert. — Récit de Félix Lambert. — Madame Philippe demande à Maurice de prendre son fils comme ouvrier. — M. Germain offre à Pierre Durier la main de Suzanne pour Maurice. — Hésitations de Maurice. — Entrevue de Maurice et de Suzanne. — Maurice ramène Suzanne à Beauvoir. — Mariage de Maurice et de Suzanne. 318

TABLE ALPHABÉTIQUE DES LEÇONS DE CHOSES

Alcali (l') 221	Lapin (le) 68
Âne (l') 50	Limaces (les) 295
Araignée (l') 36	Linge (le) 12
Argile (l') 40	Lithographie (la) 267
Assolement (l') 235	Litière (la) 22
Azote (l') 334	Loir (le) 23
Bouleau (le) 213	Loup (le) 117
Briques (les) 103	Marécages (les) 26
Bronchite (la) 102	Marne 59
Caisse d'Épargne (la) . . . 82	Marque de fabrique (la) . 261
Carrières (les) 27	Menuisier (le) 257
Cendres (les) 98	Mouton (le) 16
Charançons (les) 206	Mûrier (le) 31
Chat (le) 38	Muscles (les) 55
Chaux (la) 42	Nid (le) 92
Chemins de fer (les) . . . 197	Nouvelle-Calédonie (la) . 286
Chêne (le) 51	Ours (l') 147
Chenilles (les) 73	Papier (le) 52
Chèvre (la) 81	Parfums (les) 166
Chien (le) 4	Pétrole (le) 271
— enragé (le) 116	Phosphore (le) 334
Concessionnaire 336	Pins (les) 166
Crapaud (le) 221	Plâtre (le) 84
Écrevisse (l') 222	Potasse (la) 334
Engrais artificiels (les) . . 332	Poterie (la) 97
Étain (l') 266	Puits artésiens (les) . . . 307
Eucalyptus (l') 165	Rat (le) 37
Fauvette (la) 93	Refroidissement 155
Fièvre (la) 86	Respiration (la) 154
Flamant (le) 160	Rosée (la) 201
Foin (le) 22	Sable (le) 60
Fouine (la) 69	Silo (le) 6
Gelées tardives (les) . . . 179	Tabac (le) 293
Grêle (la) 111	Télégraphe (le) 121
Grenouilles (les) 214	Thermomètre (le) 177
Houille (la) 323	Tourteaux (les) 70
Irrigation (l') 158	Tuiles (les) 104
Kabylie (la) 304	Vers blancs (les) 296
Landes (les) 18	Volaille (la) 31

Paris. — Imp. E. CAPIOMONT et Cie, rue des Poitevins,

Émile LAVISSE

LIEUTENANT AU 8ᵉ BATAILLON DE CHASSEURS À PIED.

TU SERAS SOLDAT

Histoire d'un Soldat français. — Récits et leçons patriotiques d'Instruction et d'Éducation militaires. — 200 grav., 5 cartes, lexique. 1 v. in-12, cart. 1 40

Honneur et Patrie.

Dans ce livre destiné à la jeunesse des écoles, l'auteur a groupé autour de personnages imaginaires, de nombreux récits authentiques, choisis autant que possible dans les temps les plus proches de nous.

Il rappelle les souvenirs de l'invasion, les leçons de la guerre de 1870-71. Il expose l'organisation de notre armée, il prouve que la France est forte et fait naître la confiance dans l'âme de l'enfant.

Il lui explique aussi la noble mission de l'armée et rapporte de nombreux exemples de discipline et de dévouement pour lui faire aimer cette armée et le préparer à remplir un devoir sacré, le service militaire.

Fig. 37. — Un drapeau décoré (Chasseurs à pied).

Des récits attachants alternent avec les leçons. Deux cents gravures illustrent les épisodes du texte, ou facilitent la compréhension des explications techniques.

Paris. — Imp. E. CAPIOMONT et Cie, rue des Poitevins, 6.

www.ingramcontent.com/pod-product-compliance
Lightning Source LLC
Chambersburg PA
CBHW050800170426
43202CB00013B/2495